J．S．ミルの市民論

下　條　慎　一　著

中央大学出版部

まえがき

ジョン＝スチュアート＝ミル（一八〇六―一八七三年）は『国会改革論』において「政治的なことがらへの参加をまったくゆるされないひとは市民でない。かれは市民の感情をもたない」とのべている。かれはこのように「市民」ということばを古代からの伝統的な意味でもちいているけれども、ミルの思想は現代において、ますます重要なものとなりつつあるようにおもわれる。本書は、序章をのぞけば三部九章から構成されている。各章の位置づけを明確にするために、序章では主として『自由論』『代議政治論』『女性の隷従』に依拠して、ミルの思想の基本構造を俯瞰している。

ミルは『代議政治論』において「普通教育が普通参政権に先行しなければならない」とのべている。第Ⅰ部第一章は労働者階級を対象とするミルの教育論について考察するものである。つづく同第二章はミルの労働者選挙権論の特徴を究明するものである。『代議政治論』は国民の「道徳的・知的・活動的な資質」を育成すること、その「すぐれた資質」を利用すること、しかもそれを「ただしい目的」のために活用することを善政の三つの基準として設定している。これらのすべてをみたしうるのは代議政治であって、専制政治ではなかった。右記の基準に即していえば、代議政治は「市民」の「公共精神」の涵養、「熟練した立法・行政」、万人の「権利・利益」の保障を可能にするものであった。労働者の選挙権は、とくにその「市民」としての「公共精神」の涵養と「権利・利益」の保障に不可欠なものであった。同第三章はミルの女性選挙権論を追究するものである。『自由論』は大衆社会の問題を予見し「多数者の専制」に抗して各人の「個性」を擁護した。『代議政治論』は「すべての市民」の政治参加を要求した。その第一の論拠は、国民の「受動性」を克服するために「市民」としての「公共精神」を涵養することにあった。第二の論拠は、貴族支配の残存、産業革命による労働問題・社会問題の発生、女性差別の存続などを背景として、万人の「権利・利益」を保障することにあった。ミルの個性擁護論と政治参加論に一貫していたのは『女性の隷従』で明示された、人間の「幸福」が「自分自身の道徳的責任のもとで、自分自身の運命を開拓する意識」をもって生活することに存するという観念であった。

第Ⅱ部第四章は選挙浄化をめざしたミルの言動に焦点をあてて、その思想的特質を究明するものである。かれにとって腐敗行為とは、国民の道徳的資質の育成と利益保障を阻害するものにほかならなかった。同第五章はミルの地方政治にかんする改革論を追究するものである。治安判事たちが支配する地方政治の改革においてミルが主としてめざしたのは、地方自治による「市民」の「公共精神」の育成と中央集権による「熟練した立法・行政」であった。同第六章はミルがイギリス国教会の改革を、究極的にはその廃止を積極的に主張した一八三〇年代を主たる考察対象とするものである。かれにとってイギリス国教会とは万人の「権利・利益」の保障をさまたげるものであった。かれはその基本財産を国民の知的・道徳的陶冶にもちいることをのぞんだ。ミルのイギリス国教会廃止論の要諦はこうした政治参加論と表裏一体をなす特権階級批判にあった。

第Ⅲ部第七章はミルのアイルランド国教会（アイルランドのイギリス国教会）廃止論を検討するものである。かれはアイルランドについて、イギリスとの「合同」を維持しながら、アイルランド人を「進歩」させ、代議政治に適合させることを究極的な理想としていたのではなかろうか。ミルにとって、アイルランド国教会はそうした過程における障壁にほかならなかった。現代では「文明化した」支配国による「専制政治」を正当化せずに、隣国の善政をめざしたミルの意志を継承していく必要があろう。同第八章はアイルランドの革命秘密結社フィーニアンにかんするミルの言動を検討して、そのアイルランド統治論の特質を究明するものである。かれはフィーニアンを厳罰に処することに反対した。それはイギリスから独立する要求を承認したからではなくて、かれらが英雄あつかいされて独立の気運がたかまるのを阻止するためであった。ミルがアイルランドの独立に反対した政治的な理由は、アイルランドに自治をみとめるよりもイギリスが統治したほうが善政を期待しうるということにあった。ミルの判断によれば、進歩した文明国は「進歩のおくれたひとびと」の利益を促進する可能性を有していた。かれのアイルランド統治論は、イギリス国内で抑圧されていた子ども・労働者・女性の自由を拡大しようとしたこころみと軌を一にしている。ミルの主要な関心事は「人間の自由」を擁護することであって「個々の民族の文化か生活様式」を保護することではなかった。同第九章はミルの論文「不介入にかんする小論」をとおして外国への介入についての理論をみたあと、イギリスがアメリカ南北戦争にどのように対応すべきであるとかれがかんがえていたのかを究明するものである。南北戦争にたいするミルの態度は、論文「不介入にかんする小論」でおこなった外国の問題への介入にかんする道徳上の根拠についての分析を反映していた。かれによれば、南北戦争は奴隷制度を拡大しようとする南部とこれを阻止しようとする北部の内戦であり、ミルは後者を支持した。とはいえ、イギリスが後者を軍事的に支援すべきであるとまではのべていない。イギリスが介入することによって、北部の国民の「自由の精神」をよわめてはならなかった。イギリスで許容されるのは「世論による道徳的な支援」だけであった。現在はミルの時代とことなって「国際市民社会」が発展し、NGOという非軍事的な組織が他国の自由政治を、その国民に必要な「自助」をそこなわずに支援している。ミルがいまいきていれば、こうしたかたちでの介入を志向するのではなかろうか。

ミルの国際政治思想から国内政治思想に目を転じれば、かれはイギリスの教育制度を拡充したうえで労働者や女性に選挙権をあたえることによる「市民」としての「公共精神」の涵養と「権利・利益」の保障を目的とした政治参加論を展開している。また、選挙浄化・地方政治の改革・イギリス国教会の廃止などをめざして特権階級批判をおこなっている。その延長線上にアイルランド国教会の廃止論と、アイルランドの革命秘密結社フィーニアンを厳罰に処することへの反対と、南北戦争においてアメリカ黒人奴隷を解放すべくおしすすめた国際道徳論が存在する。「市民」の創出と「国際市民社会」の発展のためにミルが一歩ずつつづけた努力を継承していくことは、なお重要な課題であるようにおもわれる。

ミルの著作は『ジョン゠スチュアート゠ミル著作集』John M. Robson et al. ed., *Collected Works of John Stuart Mill*, 33 vols. (Toronto : University of Toronto Press ; London : Routledge & Kegan Paul, 1963-1991) を利用し、註においてCWと略記した。Mill, John Stuart, *Considerations on Representative Government* (1861), CW, XIX については各章末に註記した訳書のほかに、山下重一訳『代議政治論』関嘉彦責任編集『ベンサム：J・S・ミル』（中央公論社、一九六七年）と水田洋・田中浩訳『代議制統治論』『ミル』（河出書房、一九六七年）を参照した。

二〇一三年四月

著者

目次

まえがき
序章　思想の基本構造……1
はじめに　1
一　個性擁護論　3
二　政治参加論　4
三　女性解放論　7
おわりに　8
第Ⅰ部　政治参加論
第一章　労働者教育論……15
はじめに　15

一　貴族政との対決　15
二　専制・温情主義にたいする批判　21
三　初歩教育の拡充　27
おわりに　35
第二章　労働者選挙権論……45
はじめに　45
一　庶民院議員当選以前の思想形成　48
二　グラッドストン選挙法改正法案の擁護　58
三　労働者階級の代表にたいする支援　63
おわりに　70
第三章　女性選挙権論……85
はじめに　85
一　思想形成　86
(1)　一八五〇年まで　86
(2)　一八六〇年まで　91
(3)　『代議政治論』以後　94

二　庶民院議員としての言動　96
(1)　請願の提出　96
(2)　国会での演説　99
(3)　運動の支援　106
三　晩年の活動　110
(1)　一八六九年以前　110
(2)　一八七〇年　116
(3)　一八七一年以後　120
おわりに　125

第Ⅱ部　特権階級批判

第四章　選挙浄化論……141
はじめに　141
一　腐敗防止の運動　144
二　腐敗防止法案をめぐる論戦　147
三　庶民院議員落選と腐敗行為　154
おわりに　157

第五章　地方政治改革論……167
はじめに　167
一　フランスの中央集権批判　168
二　イギリスの地方政治改革　172
三　中央集権と地方自治の両立　176
おわりに　182
第六章　イギリス国教会廃止論……191
はじめに　191
一　国民教育論　192
二　トーリ主義批判　198
三　政教分離論　202
おわりに　205
第Ⅲ部　国際道徳論
第七章　アイルランド国教会廃止論……213
はじめに　213

一　ジャーナリストとしての活躍　214
（1）一八三四年以前　214
（2）一八三五年以後　218
二　庶民院議員としての言動　223
おわりに　229
第八章　アイルランド統治論
——革命秘密結社フィーニアンへの対応を中心として——……239
はじめに　239
一　T・F・バークの助命　241
二　イギリスの悪政にたいする批判　246
三　「ジャクメル」号事件にかんする言動　253
おわりに　255
第九章　介入／不介入論
——アメリカ南北戦争を事例として——……263
はじめに　263
一　外国への介入にかんする理論　264

(1) イギリスの外交政策にたいするヨーロッパ大陸の認識 265
(2) イギリスの意見の誤伝 267
(3) スエズ地峡の問題 268
(4) インド藩王国と英国の関係 269
(5) ある自由政府がほかの自由政府を援助してよい方法 271
二 アメリカ南北戦争についての言動 274
(1) 一八六二年以前 274
(2) 一八六三年以後 279
(3) 終 戦 後 283
おわりに 286
あとがき 299
人名索引

序章　思想の基本構造

はじめに

一八世紀後半にイギリスではじまった産業革命の結果、大規模な機械制工場があらわれ、大量生産によって安価な商品を供給しうる大工場を経営する資本家の社会的な地位が向上し、資本主義体制が確立する。かれらは一八三二年の第一次選挙法改正によって選挙権を獲得し、政治的な発言力を強化した。こうしたうごきを推進したのは、ジェレミ゠ベンサムとジェイムズ゠ミルを中心とする哲学的急進派であった。かれらは貴族階級の支配が根づよくのこるイギリスの急進的な改革をめざす思想と運動を展開していった。

ベンサムは『統治論断章』（一七七六年）において「正邪の尺度は最大多数の最大幸福である」と主張した。[1]『道徳と立法の諸原理序説』（一七八九年）では「自然は人類を苦痛と快楽という、二人の主権者の支配のもとにおいてきた」とのべている。[2]ジェイムズ゠ミルの長男ジョン゠スチュアート゠ミルは一八二一年にベンサムの著作をはじめてよんで、功利主義にもとづく世界の改革をめざしたけれども、一八二六年に精神の危機すなわち「よろこびあるいは愉快な興奮を感じられない鈍感な神経の状態」におちいった。[3]その一因はミルのそれまでうけてきた教育によって「分析の習慣が感情を磨滅」させたことにあった。[4]かれは翌年に精神の危機を脱却したあと、幸福になるには「自分自身の幸福」ではなくて「他者の幸福」「人類の進歩」「芸術あるいは研究」などに精神を集中しなければならず――ミルによれば、このような「自分自身の幸福」以外のものをめざす途中で幸福をみいだすのであって「人生のよろこび」が愉快なものとなるのは、それを「第一の目的」とせずに「とおりすがりに」獲得するときであった――「感情の陶冶」が必要であると認識する。(5)

ミルの『功利主義』(一八六一年)によれば「行為は、幸福を増進するのに役だつ程度に比例してただしく、幸福の逆をうむ程度に比例してあやまっている。幸福が意味するのは快楽と、苦痛の不在である。不幸が意味するのは苦痛と、快楽の欠如である。(6)」この点で、ベンサムとミルの功利主義はおなじだけれども、貴族階級の支配するイギリスで「最大多数の最大幸福」を主張したベンサムの快楽が量的に還元しうるものであったのにたいして、ミルは快楽の質的な差異を重視した。かれは「満足した豚よりも不満足な人間であるほうがよく、満足したばかものよりも不満足なソクラテスであるほうがよい」とのべている。(7)

同書によると、外見上まあまあ幸運なひとびとが人生を価値のあるものにするのに十分なよろこびをみいだしえないのは、自分自身だけを愛するからである。(8)公的な愛情をも私的な愛情をもいだかないものにとって、人生を刺激するものは非常に削減され、あらゆる利己的な関心がなくなる死がちかづくにつれて、人生の価値は次第に縮小する。しかるに、私的な愛情の対象を死後にのこすものは、とくに人類の共同利益にたいする共感を陶冶したものは、死の直前でも、わかさと健康によって活発だったときとおなじく、人生にたいする関心をいきいきともちつづける。「利己心」のつぎに、人生を不満足なものにする要因は「精神的陶冶の不足」である。陶冶された精神は周囲のあらゆるもの――「自然の事物・芸術品・詩的構想・歴史上のできごと・過去と現在の人類の進路と、その未来の展望」――に無尽蔵の興味の源泉をみいだす。(9)いかなる人間も「利己的なエゴイスト」であるというわけではかならずしもなかった。ただしくそだった人間は、純粋な私的な愛情と「公益」にたいする誠実な関心をもつことができる。人間の苦難を除去するのはなげかわしいほど緩慢であり、それを克服するまで長期にわたって何世代ものひとびとがきえさるけれども、その努力がどれほどわずかなめだたぬものであっても、けだかいよろこびをうみだすであろう(10)。以下において、ミルの幸福観を具体的にみていきたい。

一　個性擁護論

ミルが『自由論』（一八五九年）を執筆した背景には「多数者の専制」すなわち個人の「魂」を「奴隷」にする「支配的な世論・感情」が「個性」の発達に足枷をかける事態があった(11)。ミルはそれに抗して各人の「良心の自由」すなわち「思想と感情の自由」ならびにそれと不可分の「意見を表明・公表する自由」および「趣味と職業の自由」「結合の自由」を重視した(12)。私生活においては自己の「個性」を発揮するのがのぞましいのであって、他者の「伝統か慣習」に束縛されるのは「幸福」でなかった(13)。

自己の生活を自分自身の方法でいとなむ正当な権利をもつのは、精神的に優越するひとだけでなかった(14)。まあまあの常識と経験を有するならば、自己の生活を設計する自分自身の流儀が最善である。それ自体が最善だからではなくて、それがかれ自身の流儀だからである。人間は羊と同様でなかった。

ミルはひとびとの性格を形成する環境の「同質化」を促進する要因として、政治的平等の進行、教育の拡張、交通手段の改良、商工業の増進をあげている(15)。これらよりも「人間の一般的な類似」をつよくもたらしているのは「国家における世論の優位の完全な確立」であった(16)。このように大衆社会が到来しつつあるなかで、ミルは「個性」の権利を主張し「強制的同質化」に抵抗し「生活を一つの画一的な型にほとんどはめこむ」ことを阻止しようとした。『自由論』が非凡にも予示していたのは、政治的自由が拡大して「民主主義国における世論といういっそうあたらしい、はるかにとらえがたい障害」が生じるさいの「自律的な個人」の問題であった[17]。一九世紀は「政治上の平等な権利の拡張」と同時に「多数の凡庸なひとびとの支配」が進行する時代であった[18]。ミルが感知していたのは、大多数のひとたちが「勤勉な羊」となって「集団的凡庸」が独創性と個人的才能を次第に窒息させる社会がうまれつつあるということであった[19]。

ミルは『自由論』の最後において、その主題と密接に関連するけれども厳密にいえばそれに属さない問題を指摘した[20]。そこでかれは「自由原理」に依拠せずに政府の干渉に反対する事例として、個人が役人ほど適切になしえないかもしれないけれども、かれら自身の「精神教育」のためにみずからなすほうがのぞましいことをあげている。その具体例は「陪審審理」「自由にして民主的な地方・都市制度」「自発的な結社による授産的・博愛的な事業運営」である。これらは「自由」ではなくて「発展」にかかわる問題であった。すなわち「市民に特有の訓練」であって、ひとびとを個人・家族本位のせまい範囲からつれだして「共同の利害」を理解させ「共同の関心事」を処理させ「公共的か半公共的な動機から行動」させるものであった。この点を敷衍したのが『代議政治論』における政治参加論である。

二　政治参加論

『代議政治論』（一八六一年）は国民の「道徳的・知的・活動的な資質」を育成すること、その「すぐれた資質」をらのすべてをみたしうるのは代議政治であって、専制政治ではなかった。「絶対権力」という観念は国民の「受動性」を含意している。[23]「すぐれた専制政治」とは「まったくまちがった理想」「もっとも無意味にして危険な妄想」であって「おとった専制政治」よりも有害であった。[24]「国民の思考・感情・精力」をいっそう「弛緩・衰弱」させるからである。ミルは「すべての市民」の政治参加を要求した。

代議政治は万人の「権利・利益」を保障するものであった。[25]それはミルがベンサムと父ミルから継承した観念であった。ミルは精神の危機以後、かれらとは異質な思想を吸収していったけれども「急進主義者・民主主義者」でありつづけた。[26]ミルによれば、イギリス国制における貴族階級の支配は除去しなければならない「悪弊」であった。もっとも、ベンサムと父ミルを中心とする哲学的急進派が資本家階級に期待をよせたのにたいして、ミルは産業革命による労働問題・社会問題の発生を背景として、労働者階級の政治参加を積極的に主張するようになる。かれらに選挙権をあたえる第二次選挙法改正がおこなわれたのは、ミルの国会議員在職中の一八六七年だった。

ミルによれば、何人も「対等な立場から出発する」ことは、その「自助と独立独行」の精神にとって大変な刺激となる。[27]国制から除外され「自分の運命の決定者に戸外から嘆願する」状態におちいっていることは、大変な落胆をもたらす。人間の「自由」がその「性格」を活気づけるのは、他者と同様に十分な特権を有する「市民」であるか、そうなることを期待しているときであった。また「教養のあるひと」になるためには陪審や教区の職務につくことが有効であった。こうした「公務に参加」する「公共精神の学校」がなければ、ひとは他者と「競争」するだけであろう。[28]「共同の利益」をもとめて「共通の仕事」に従事しなければ「隣人」は「競争相手」にすぎず「私的道徳」は損壊し「公共道徳」は消滅する。そうなれば、立法者か道徳家の念願は社会の大部分のひとびとを、ならんで無邪気に牧草をはむ「羊の群」にすることだけとなろう。このような「受動的にして羊のような性格」をつくるのは「政治的な倦怠と無気力」であり「いっそう活発な」性格を形成するのは「活動」すなわち「政治参加」であった。[29]『代議政治論』における国民の「受動性」にたいする批判は『自由論』における個性擁護論とおなじ問題意識にもとづくものであった。[30]

ミルの設定した善政の三つの基準に即していえば、代議政治は「市民」の「公共精神」の涵養、「熟練した立法・行政」[31]、万人の「権利・利益」の保障を可能にするものであった——「公共精神」はミルにとって重要な用語である。それが意味するのは公共の問題にたいして公平に、自分自身の利益だけでなく「公益」を促進するために参加する意欲であり、共和主義が要請する「市民的な美徳」という資質と同義である[32]——。かれはとくに「市民」としての「公共精神」の涵養と「権利・利益」の保障を根拠として、労働者階級の選挙権を要求した。「選挙権」とともに「陪審理」「都市の公職への就任」「討論のできるかぎり最大の公開と自由」などによる「市民」「参加」も重要であった。[33]「肉体労働者」という日常の職業のために自分の関心がまわりのせまい範囲にかぎられているものが「同胞市民」に同情・共鳴して、大規模な社会の一員に自覚してなるのは、政治にかんする討論と共同の政治行動によってであった。[34]それには「投票権」が不可欠であった。ミルは労働者階級の選挙権と同様の論拠にもとづいて女性の選挙権を要求し、[35]選挙浄化を主張した。[36]また「市民」としての「公共精神」の涵養と「熟練した立法・行政」という観点から、地方分権と中央集権の両立をめざした。[37]

ミルはこうした政治原理をイギリスの属領にも適用した。ただし、かれはカナダやオーストラリアのように「支配国と同様の文明をもつ国民が構成する、代議政治が可能な、それに絶好の」ところと、インドのように「こうした状態から、なお非常にへだたっている」ところを識別した。[38]前者には「最大限の国内自治」を承認したけれども、後者については、その国民の「進歩」を助長するための「文明化した」支配国による「専制政治」を正当化した。[39] ミルによれば、それは「未開あるいは半未開の国民にたいする自由な国民の理想的な支配」であった。[40] かれのインド統治論は「文明化」を尺度として東洋人を西洋人よりもおとったものとみなして「帝国主義」を正当化する「オリエンタリズム」の典型とされている。[41] こうした思想は産業革命をへて「世界の工場」となり、自由貿易によってアジア等を従属させたイギリスの歴史と軌を一にするものであった。

三　女性解放論

『女性の隷従』（一八六九年）によれば、多数の女性は男性の支配に抗議していた。[42] それは具体的には「国会議員の選挙権」をもとめる請願、「男性と同様の教育」と「女性にとざされた職業・業務」の開放にたいする要求、「夫の虐待」への不平としてあらわれていた。[43] また、既婚女性の財産は「事実上」夫のものとなっていた。[44] 母親は子どもの親権を有しなかった。[45] 妻が夫と別居するには、裁判所の判決をまたなければならなかった。女性の権利・利益を保障するには、選挙権を獲得して「自己防衛」する必要があった。[46]

「食物・衣服という根本的な必需品をのぞけば、自由は人間の本性にとって最初にして最大の必要物である。[47]」こうした「自由」あるいは「個人の独立」は「幸福の一要素」であった。このことは「国民」についても「同様」である。[48] この記述は『自由論』における個性擁護論と『代議政治論』における政治参加論の結節点をしめす重要な個所であるとおもわれる。ミルによれば「自由国家の市民」は「自由を放棄すれば、適切な熟練した行政を提供してやる」といわれても、これに応じないであろう。他人の意志によって支配される国民は「適切な熟練した行政」をうけることができるかもしれないけれども「自分自身の道徳的責任のもとで、自分自身の運命を開拓する意識」は「公務の細部におけるはなはだしい粗雑さと不十分さにたいする気もち」を「相殺」するものであった。「自由な統治」は「人心を高尚にする。」すなわち「あらゆる能力」に「気力と活力」をあたえ「知性と感情」に「いっそう広大にして崇高な目的」をしめし「いっそう利己的でない公共精神」と「義務にたいするいっそう冷静なひろい見方」をうみだし「道徳的・精神的・社会的存在としての個人を向上させる。」これらは「個人の幸福の重要な部分」であった。

活動的にして精力的なひとは「自由」をあたえられなければ「権力」をもとめる。(49) 自己支配をゆるされないものは、他者を支配しようとすることでその「強烈な個性」を主張する。自分自身の問題の処理を他者に妨害されるものは、そのうめあわせとして、自分自身のために他者の問題に干渉しようとする。女性が自分の「美貌・衣装・衒気」に熱中するのも、有害な贅沢や社会的な不道徳などのあらゆる害悪をうみだすのも、こうした理由によってである。「権力愛と自由愛は永久に対立する。」

おわりに

『自由論』は大衆社会の問題を予見し「多数者の専制」に抗して各人の「個性」を擁護した。『代議政治論』は「すべての市民」の政治参加を要求した。その第一の論拠は、国民の「受動性」を克服するために「市民」としての「公共精神」を涵養することにあった。第二の論拠は、貴族支配の残存、産業革命による労働問題・社会問題の発生、女性差別の存続などを背景として、万人の「権利・利益」を保障することにあった。ミルの個性擁護論と政治参加論に一貫していたのは『女性の隷従』で明示された、人間の「幸福」が「自分自身の道徳的責任のもとで、自分自身の運命を開拓する意識」をもって生活することに存するという観念であった。

（1）Bentham, Jeremy, *A Fragment on Government*, J. H. Burns and H. L. A. Hart ed., *The Collected Works of Jeremy Bentham* (Oxford：Clarendon Press；New York：Oxford University Press, 2008), p. 393.　永井義雄訳『統治論断片』『ベンサム』（講談社、一九八二年）一五八頁。

（2）Do., *An Introduction to the Principles of Morals and Legislation*, J. H. Burns and H. L. A Hart ed., *The Collected Works of Jeremy Bentham* (Oxford：Clarendon Press, 1996), p. 11.　山下重一訳『道徳と立法の諸原理序説』関嘉彦責任編集『ベンサム：J・S・ミル』（中央公論社、一九七九年）八一頁。

（3）Mill, John Stuart, *Autobiography* (1873), CW, I, p. 137.　山下重一訳註『評註ミル自伝』（御茶の水書房、二〇〇三年）二〇三―二〇四頁。

（4）*Ibid.*, p. 141.　二〇六頁。

（5）*Ibid.*, pp. 145, 147.　二一〇―二一一頁。

（6）Do., *Utilitarianism* (1861), CW, X, p. 210.　川名雄一郎・山本圭一郎訳『功利主義』『功利主義論集』（京都大学学術出版会、二〇一〇年）二六五頁。

（7）*Ibid.*, p. 212.　二六九頁。

（8）*Ibid.*, p. 215.　二七四頁。

（9）*Ibid.*, p. 216.　二七五頁。

（10）*Ibid.*, p. 217.　二七七頁。

（11）Do., *On Liberty* (1859), CW, XVIII, pp. 219–220.　早坂忠訳『自由論』関前掲書二一九頁。

（12）*Ibid.*, pp. 225–226.　二二七―二二八頁。

（13）*Ibid.*, p. 261.　二七九頁。

（14）*Ibid.*, p. 270.　二九二頁。

（15） *Ibid.*, pp. 274-275. 二九九―三〇〇頁。
（16） *Ibid.*, p. 275. 三〇〇頁。
（17） Riesman, David with Nathan Glazer and Reuel Denney, *The Lonely Crowd : A Study of the Changing American Character*, abridged edition with a new foreward (New Haven : Yale University Press, 1961), p. 255. 加藤秀俊訳『孤独な群衆』（みすず書房、一九六五年）二三八頁。
（18） Habermas, Jürgen, *Strukturwandel der Öffentlichkeit : Untersuchungen zu einer Kategorie der bürgerlichen Gesellschaft* (Frankfurt am Main : Suhrkamp, 1990), S. 213. 細谷貞雄・山田正行訳『公共性の構造転換：市民社会の一カテゴリーについての探究』（未来社、第二版一九九四年）一七五―一七六頁。
（19） Berlin, Isaiah, "John Stuart Mill and the Ends of Life," John Gray and G. W. Smith ed., *J. S. Mill, On Liberty in Focus* (London : Routledge, 1991), p. 140. 泉谷周三郎・大久保正健訳「J・S・ミルと生活の目的」『ミル『自由論』再読』（木鐸社、二〇〇〇年）四〇頁。
（20） Mill, J. S., *On Liberty*, p. 305. 早坂訳三四〇頁。
（21） Do., *Considerations on Representative Government* (1861), *CW*, XIX, pp. 390-391. 水田洋訳『代議制統治論』（岩波書店、一九九七年）五一頁。
（22） 関口正司『自由と陶冶：J・S・ミルとマス・デモクラシー』（みすず書房、一九八九年）四二〇頁。
（23） Mill, J. S., *Considerations on Representative Government*, p. 400. 水田訳七〇頁。
（24） *Ibid.*, p. 403. 七七頁。
（25） *Ibid.*, p. 404. 七九頁。
（26） Do., *Autobiography*, p. 177. 山下訳二三〇頁。
（27） Do., *Considerations on Representative Government*, p. 411. 水田訳九四頁。
（28） *Ibid.*, p. 412. 九六頁。
（29） Ball, Terence, "Competing theories of character formation : James vs. John Stuart Mill," Georgios Varouxakis and Paul Kelly ed., *John Stuart Mill—Thought and Influence : The Saint of Rationalism* (London : Routledge, 2010), p. 50.

(30) 山下重一『J・S・ミルの政治思想』（木鐸社、一九七六年）一八五頁。
(31) Mill, J. S., *Considerations on Representative Government*, p. 433. 水田訳一四二頁。
(32) Miller, Dale E., *J. S. Mill: Moral, Social and Political Thought* (Cambridge, U. K.: Polity, 2010), pp. 172-173.
(33) Mill, J. S., *Considerations on Representative Government*, p. 436. 水田訳一四五頁。
(34) *Ibid*., p. 469. 二一五—二一六頁。
(35) *Ibid*., pp. 479-481. 二三七—二四三頁。
(36) *Ibid*., pp. 496-498. 二七五—二八〇頁。
(37) *Ibid*., pp. 535-536, 544. 三五三—三五四、三六九頁。
(38) *Ibid*., p. 562. 四〇七頁。
(39) *Ibid*., pp. 563, 567. 四一〇、四一九頁。
(40) *Ibid*., p. 567. 四二〇頁。
(41) Said, Edward W., *Orientalism* (New York: Pantheon Books, 1978), p. 14. 今沢紀子訳『オリエンタリズム』（平凡社、一九八六年）一四頁。
(42) Mill, J. S., *The Subjection of Women* (1869), CW, XXI, p. 270. 大内兵衛・大内節子訳『女性の解放』（岩波書店、一九五七年）五五—五六頁。
(43) *Ibid*., pp. 270-271. 五六—五七頁。
(44) *Ibid*., p. 284. 八二頁。
(45) *Ibid*., p. 285. 八四頁。
(46) *Ibid*., p. 301. 一一四—一一五頁。
(47) *Ibid*., p. 336. 一八四頁。
(48) *Ibid*., p. 337. 一八五頁。
(49) *Ibid*., p. 338. 一八七頁。

第Ⅰ部　政治参加論

第一章　労働者教育論

はじめに

イギリスでは、産業革命によって発生した労働問題・社会問題にたいして国家が自由放任主義を脱却し、一八三三年に初歩教育にたいする国庫助成を開始するなど、さまざまな国家干渉政策をとるようになる。一八六七年の第二次選挙法改正による労働者階級の政治参加にあわせて、一八七〇年には初歩教育法を制定する。ジョン゠スチュアート゠ミルは『代議政治論』において「普通教育が普通参政権に先行しなければならない」とのべている(1)。かれによれば、ひとびとは自分のことを自分で始末して自分自身とそのもっとも親密なひとびとの利益を聡明に追求するための必要条件を身につけたうえで、他者と社会全体にたいする権力を行使すべきであった。本章は、労働者階級を対象とするミルの教育論について考察するものである。

一　貴族政との対決

ミルはジェレミ゠ベンサムと父ジェイムズ゠ミルの思想を継承して「貴族寡頭支配」を批判し、その「全面的な改革」を主張した[2]。一八二三年にミルは「知識の有用性」と題する演説で、自然科学の進歩が富を増大・普及させたことによって、労働者階級が「余暇」をもち「社交」と「教育」をもとめ、正邪を識別し、他者から「監視」されていることをしって「道徳性」を促進してきたと指摘した[3]。そのうえで、貴族や聖職者がかれらの「悪政」にたいする国民の不満の噴出をおそれて知識の普及に反対することを批判した[4]。

同年、マルサス主義に反対するトマス＝ジョナサン＝ウラを主筆・発行者とする週刊紙『ブラック＝ドゥオーフ』に、ウラへ反論するミルの手紙が掲載された[5]。ミルによれば「腹がふくれれば頭はしぼむ[6]」としても、人間はかろうじて生計を確保するための金銭を必要とする状態でいるかぎり、書物あるいは子どもの教育に多額の金銭をついやすことはありそうになかった[7]。生計をたてるために二四時間のうち一四時間労働しなければならないものは自己を教育する時間をまったくもたず、非常に疲労困憊しているので重要な問題に注意をむけることができなかった。ミルは人口制限をとおして労働者階級の「物的生活の改善から生じた余裕」を「政治的精神的な自覚と向上」にむけることによって、政治改革を完遂することを展望していた[8]。

一八二六年にミルが「英国の国制」についておこなった演説によれば、学校を設立して大多数の国民に安価・有益な出版物を普及させる必要があった[9]。国民がまだ自分自身の問題を処理するのに適さないとかんがえて、参政権を拡大する「国会改革」に「抵抗」するものは、まず国民をそれに適するものにしようとしなければならなかった。そうしようとせずに「国会改革」に「抵抗」するものは「善政にたいする純粋な愛」以外の動機を有していた。かれらは国民教育のためのあらゆる提案に「頑固」に「憤激」して「異議」をもうしたてた。その目的は、国民が高度の知性を獲得して現行制度に不満をもつことを阻止するために、かれらの知性を「家畜」をこえない程度にとどめることであった[10]。

同年秋にミルは精神の危機におちいり、翌年にそれを脱却したあと、ベンサム・父ミルとは異質な思想を吸収していく。かれは一八二九年一一月七日にサン゠シモン主義者のギュスタヴ゠デシュタールにあてた手紙で「国民の大部分すなわち教育のないひとびと」が道徳と政治について「教育をうけたひとびと」の「精神的権威」に敬意をはらって服従する状態を究極的な目標とみなすサン゠シモン主義者に賛成・敬服している[11]。当時のミルはアンリ゠ドゥ゠サン゠シモンの「弟子」を自称するオーギュスト゠コントの影響によって「邪悪な利益をもたない思考力のある教育をうけたひとびと」の政治・社会上の問題にかんする意見がほとんど一致し「群衆」がその「権威」にしたがうことを理想とするなど、ベンサム・父ミルから学習したのとことなる思考様式をしめしていた[12]。

とはいえ、ミルはベンサム・父ミルとおなじく「急進主義者・民主主義者」でありつづけた。かれによれば、イギリス国制における貴族階級の支配は除去しなければならない「悪弊」であって、イギリスに「重大な堕落的作用」をもたらすものであった。その第一の理由は、かれらが国家において「公益」よりも「私益」を優先させ、階級利益のために立法権を濫用することによって、統治行為を「ひどい公的な不道徳行為の手本」にすることにあった。第二の理由は、イギリスで政治的に重要な地位につくためのほとんど唯一の手段が富であるため、群衆がほとんど富だけを尊重し、国民がその生涯を主として富の追求にささげることにあった。上流富裕階級が政権を掌握しているかぎり、大部分の国民の教育・進歩は、その支配を脱するほど国民を強力にする傾向があるので、上流富裕階級の自己利益に反することであった[13]。ロンドンでも下層階級のものは「不完全な学校教育」をときどきうけているにすぎなかった[14]。

月刊誌『マンスリ゠リポジトリ』の経営者ウィリアム゠ジョンソン゠フォックスが執筆したとおもわれる論説「聖月曜日」[15]――これはヘンリ゠ブラウンという職人による同名の詩集の書評である[16]――は、貧者がその知性を自己訓練しなければならず「貧困階級の真の教師」がその階級に属するものでなければならないといている[17]。ミルは一八三三年一二月一五日付の週刊紙『イグザミナ』においてフォックスに同意しつつ、貧困階級よりも上位の階級にいてすぐれた教育の機会を有するひとびともまた、排他的特権階級に特有の狭量な精神をまったくもたずに、労働者階級のうちの読書する一部のひとびとの知性を十分正当に評価して「恩きせがましい教師」とならないようにしているならば、貧困階級のもっとも有能な教師たりえようとのべている。[18] 貧者の教育にふさわしくない「紳士」とは、貧者にたいする優越感をもち「不自然にして因習的な階級意識」をもっとも侮辱的な方法で、すなわちその意識をあらわさないことで称賛されるという方法で、あらわすものであった。かれらは知力を有する労働者にたいして、対等なものとしてはなすことを習得しなければならなかった。

一八三四年四月一四日に財務国務大臣トマス゠スプリング゠ライスは庶民院で、[19] 同月一六日には大法官ヘンリ゠ブルムが貴族院で、[20] それぞれ師範学校の設立に言及した。ミルは翌一七日に「新聞ノート」という表題を付して『マンスリ゠リポジトリ』にかいた「国民教育」についての時評のなかで、師範学校の設立を「わずかな費用」で「最大の利益」をもたらすこととして歓迎した。[21] かれによれば、重要なのは学校を増設して、いっそう多数の子どもをおしえることであった。教育は「名ばかり」にすぎないものであった。にもかかわらず、教育が普及してきたとはなはだ誇張されたため、ほとんどのひとは大部分の国民が教育の手段をまったく欠如させていることに気づいていなかった。教育の「量」をふやすことも必要だけれども、その「質」をたかめることのほうが重要であった。

労働者階級の子どものための初歩学校は、ほとんどことばをおしえることだけを、しかも書物をもちいないでことばをおしえることだけを、めざしていた。[22] 観念を伝達するか知力を喚起するこころみはまったくなされていなかった。教師と子どもの心がふれあうことは一度もなかった。このような教師がなしうることはことごとくロボットでもなしうることであった。当時のイギリスの労働者階級を対象とする初歩教育は、宗教団体がヴォランタリな慈善事業としておこなうものにすぎなかった。一六九八年からは「キリスト教知識普及協会」が個人の寄付をえて、慈善学校を設立してきた。一八一一年にイギリス国教会系の「貧者の教育を促進するための国民協会」が、一八一四年に非国教会系の「英国内外学校協会」が、それぞれ結成され、一八三三年以降は両協会が補助金の交付による国庫助成をうけてヴォランタリ＝スクールを運営してきた。両協会の指導者は、こうした初歩学校の欠陥に気づいて、それを是正することをねがっていたけれども、人材が不足していた。なにをおしえるべきかをしっている教師を確保することさえできなかった。なるほど校舎か、その建築資金を確保し、教育器具をことごとく完備していたかもしれない。書物を、はなはだしい欠陥があるとはいえ、供与していたかもしれない。すなわち一冊の立派な書物をあらわしたら、その複写を際限なく増刷していたかもしれない。しかし、不足しているのは煉瓦塀でも器具でも書物でも役にたたない印刷物でもなかった。「精神は精神によっておそわらなければならな」かった。教師の質が学校の質を決定づけるというプロイセンの教育制度にかんする格言はただしかった。イギリスの教員の大部分がしっていたのは、書物にしるされたことばだけであった。地理学や歴史学についても、出題している内容以外のことをしらなかった。

ブルムは、政府がすべての教区に学校を設置すれば、非常に多額の補助金を支出しているヴォランタリ＝スクールが無駄になるという理由で、国民教育に反対を表明した[23]。しかし、ミルによれば、学校の数も授業の質も不十分であった。たんによむことができるということに本質的な価値はあまりないのに、子どもはそれすらまなんでいなかった。かれらの大半は流暢によむことができず、骨おって一字一字よんだことばの意味を説明されず、いつもよんでいる書物をよむことしかできなかった。これを「教育」と称することはできなかった。こうしたことのつみかさねによって、国民教育は無用なものとされてきた。ミルは国会議員ジョン＝アーサ＝ロウバックの動議によって、学校教育の質を確認・報告する委員会を設立することを期待した[24]。一八三四年の救貧法改正にさいして王立委員会がおこなった救貧行政の調査とおなじくらい綿密にして包括的な教育状態の調査が必要であった。このような調査をおこなって、国民の教育を有効にして有能な監督のもとにおかなければならなかった。ロウバックは同年六月三日に庶民院で「国民教育の制度を確立する方法を調査する特別委員会の設立」を提案した[25]。ウィリアム＝モウルズワースがこの動議にたいする賛成演説のなかで断言したように――ミルにとって、モウルズワースもロウバックとおなじく、第一次選挙法改正後に最初に施行された選挙で庶民院議員に当選した「急進派の友人・知人」だった[26]――、イギリス下層階級の教育は質量ともに不十分であり、国民教育の制度を導入することは政府の義務であった[27]。

ミルのえていた情報によれば[28]、まったく教育なしに放置されている多数の子どもはかなしむべきものであったけれども、慈善学校の状況も同様であった[29]。慈善学校は、生徒に手仕事をさせ、その製品を売却して運営資金に充当しようとしていた。したがって、そこでの教育の動機は「金もうけ」であり、教育方法を「機械力によっていとなむ大規模な製造業」との類推によって考案していた。「拝金主義」を「教育に生気をあたえるもの」とみなし、精神的・道徳的な能力の存在を無視し、宗教の「精神」ではなくて「字面だけの意味」をおしえていた。イギリスの貧困階級にたいする教育は、このようなものであった[30]。

『政治家』（一八三六年）の著者ヘンリ＝テイラは、ほとんどの国民が「道徳的・宗教的・知的な教育」を必要と感じていないとのべている[31]。ミルはその書評を『ロンドン・ウェストミンスタ評論』一八三七年四月号に掲載して、テイラの見解を否定した[32]――ミルは哲学的急進派の機関誌として一八三五年に創刊された『ロンドン評論』とその後継誌『ロンドン・ウェストミンスタ評論』の主筆を一八四〇年までつとめ、一八三七年からは後者の経営をもおこなった[33]――。ミルによれば、こうした教育の必要を感じていないのは貴族階級であった。政治家は貴族階級の「いいなりになる手先」であった。イギリスの行政は、それを「麻痺」させる貴族階級の支配を脱却しきっていなかった。教育という「国民に必要なすべてのもののなかで第一のもっとも重要なもの」をほどこすには、強力な民主的統制からうまれて、その統制をおこなうのにふさわしいものに国民をしなければならないとつよく認識する政府が必要であった。「行政改革」を実現するには、行政官の人格・能力・意志力を向上させなければならなかった。その前提となる「青年にたいする公務にかんする職業のための教育」として、テイラが「経済学」を入念におしえるべきであるとかんがえたのにたいして[34]、ミルはそれにおとらず有益なものとして「人間」と「政治」にかんする「哲学」をあげている。

プロイセンとアメリカ合衆国の政府は国民教育の普及に関心をもってきたけれども、イギリスのトーリ党は普通教育に反対してきた[35]。かれらが国民を教育するのに同意するのは、イギリス国教会に追従させる手段としてだけであって、それ以外のばあいは「偏狭なとげとげしさ」をもって反対してきた。しかし、ミルが『ロンドン・ウェストミンスタ評論』一八三九年四月号で発表した論説「革新政党の再編成」で推測したところによれば、労働者階級が投票権をもてば、支配階級は労働者階級の「無知の結果」を心配して、かれらの「教育」「知的進歩」を切望するであろう[36]。

二　専制・温情主義にたいする批判

一八四〇年以降はミルの「精神的進歩の第三期」にあたる。一八二六年の精神の危機以前にベンサム主義を信奉していたのが第一期であり、それにたいする「反動がいきすぎた」のが第二期であり、第三期はそこから「完全にひきかえした」時期である。従来のミルは、普通教育と自発的な人口制限によって、貧者の生活を改善することを期待するだけであった。しかし、第三期以後はハリエット＝テイラとともに社会主義に接近し、地球上の原料を共有して

「個人の行為の自由」と「万人にたいする協働の利益の平等な分配」とを結合することをめざした。ミルによれば、このような「社会変革」のためには「労働大衆を構成する教養のない民衆」と「かれらの使用者の大多数」の「性格」を変化させる必要があった。双方の階級とも「偏狭な私心のある」目的だけでなく「寛大な」「公共的・社会的な」目的のために労働・協同することを実践によってまなばなければならなかった。「教育・習慣・感情の陶冶」によって、普通のひとが「祖国」のためにはたらくようになるには、時間がかかる。「公益」にたいする関心がよわいのは「私益」のみを追求しているからである。「利己心」が社会にふかく根づいているのは、現行の制度がそれを助長しているからである。個人が公共のために報酬をうけとらずになにかをするよう要求されることは、古代の小国家におけるよりもはるかにすくない。ミルは現行制度をことごとく「たんに暫定的なもの」とみなして「協同的な社会」のようなえりぬきの個人による「社会主義の実験」を歓迎した。それは成功しても失敗しても、参加するものの「公益」をめざして行動する能力を陶冶する「もっとも有益な教育」とならずにはいられなかった。(37) 体制変革にかんするミルの思想の要諦は、公共精神の育成にあった。

ミルは『エジンバラ評論』一八四五年四月号のなかで、労働者にたいする温情的保護政策を主張したキリスト教博愛主義者アーサ＝ヘルプスの著書『労働者の諸要求』を批判して、労働者の自助を重視した。(38) ミルによれば、富者が貧者を援助する方法は、貧者にかれら自身を援助する気にさせること以外になかった。(39) 授業に出席する必要がないと貧者におしえこむのは、その自助の要求を理解していない証拠であった。こうしたことをつづければ「社会主義革命」によって社会を「破裂」させるとしても、貧困をいっそう悪化させるであろう。

貧者にたいする「もっとも明白な救済策」は「教育」であった。それは「主要な救済策」ではなくて「唯一の救済策」であった。学校を維持する「金銭」は不足していなかったけれども、教育をおこないたいという「希望」が欠如していた。子どもに聖書のよみかたと教理問答の暗唱以外のことをおしえることにたいする「断固たる反対」があった。[40] 教員はほかの公務員と同様に、要求されること以上のことをまれにしかしようとしなかった。教師が「気力」をもって熱心に教育しようとしても、学校の後援者・経営者は貧者が「教育をうけすぎる」ことを懸念した。そこで、教師は普通の初歩的知識をおしえる許可をえるために「ごまかし」をしなければならなかった。四則計算はしばしばヤコブの子羊、あるいは一二使徒か主教の人数にかんするばかげた問題をとおして黙認されるだけであった。子どもは地球がヨーロッパ・アジア・アフリカ・アメリカからなることをまなぶべきであったのに、地理学はパレスチナの地図をとおしておしえられるだけであった。

イギリスの労働者からなる最下層階級の知力がひくいことは、かれらの「道徳上不愉快なこと」を助長していた。かれらは推理力と計算力の不足によって、自分自身の「直接的にして個人的な利益」に無感覚になっていた。かれらに「もっとも普通の世才」を徐々におしえこんで、かれらを「自分本位の慎重な計算」をなしうるものにすることは、かれらの生活上の行為を改善し「ただしい感情と尊敬すべき性癖のための土壌を清潔にする」であろう。しかるに、スコットランドの小作農は「内省的にして注意ぶかい、それゆえに当然独立心のある道徳的な成功した人間」であった。[41] かれらは「読書して議論する」ものだったからである。それはスコットランドの教区学校の成果であった。

貧者にその能力を行使する機会と、かれらの理解しうる観念を、いくらあたえてもあたえすぎることはなかった。そのため、ミルはかれらが安価で利用しうる図書館の設立を歓迎した。しかし、労働者階級のための教育を構成するのは「書物と机上の学問」だけではなかった。「読書のための学校」が「実業学校」と一体化して、かれらを「労働者」としても「人間」としても「進歩」させることができなければならなかった。ミルがのぞむ学校とは、貧者の子どもがかれらの「手」の使用方法だけでなく、それを指導するための「精神」の使用方法をまなぶところであった。

すなわちかれらに手段と目的を実際に適合させることをおしえこむところであり、かれらが同一の目標をさまざまな手順で達成することに習熟して、作業方法の正誤をかれらの知性によって理解するところであった。そこで、かれらは「手先の器用さ」だけでなく「秩序と調和の習慣」を習得して「理性」と「洞察力」をそなえた「まったく非常識な感情と行動に支配されない存在」となろう。

ミルが一八四七年一月一日付『モーニング＝クロニクル』に寄稿した「アイルランド情勢」にかんする論説は大飢饉にくるしむアイルランドへの救済策として、貧困階級に土地を占有させて普通教育をおこなうことを提案している。[42]『経済学原理』によれば、労働者階級の勤労を生産的なものとするには普通教育が必要であった。[43]労働者の知性は、労働の生産性にとってもっとも重要な要素であった。[44]労働者階級の習慣を改善するには、有効な国民教育が不可欠であった。[45]ミルは「労働者階級の将来の幸福が主としてかれら自身の精神的陶冶に依拠する」とかんがえた。[46]貧者は一本だちしていて、かれらを子どものように統治あるいは処遇することはもはやできなかった。かれらに必要なのは「依存」ではなくて「自立」という美徳であった。ミルによれば、教育は、とくに初歩教育は、政府が国民に提供すべきものであって、それに自由放任主義を適用してはならなかった。[47]社会にうまれてきた人間はことごとく幼年時代に、ある一定の知識とその習得方法を身につけるべきであった。親か保護者は子どもに教育をうけさせることができるのに、それをおこたるならば、子ども自身にたいしてと、同胞の無知・教育不足によって損害をこうむる社会の成員にたいして「二重の義務違反」をおかすことになる。それゆえ、子どもに初歩教育をさずける法的義務を親に課すという政府の権力行使は、許容しうるものであった。[48]しかし、こうしたことを公正におこなうには、このような教育をつねに無料かわずかな費用でうけることを保障する措置を講じなければならなかった。[49]不熟練労働者の平均的な賃金から初歩教育にかかる費用の全額をしはらうことは不可能であった。ヴォランタリ＝スクールの教育は質量ともに不十分であったため、政府が初歩学校に金銭上の援助をあたえて、貧者の子どもがことごとくそれを無料か少額の費用で利用しうるようにしなければならなかった[50]。とはいえ、政府は教育にかんする「独占権」を要求してはならなかった[51]。たとえば特定の教師をおしつけるなどというような、国民の教育にたいする「完全な支配力」を有してはならなかった。それは「専制的」なことであった。国民の意見と感情をその青少年時代から造型しうる政府は、国民を政府のこのむようにあつかうことができた。したがって、政府があらゆる国民に一定の教育をうけることを要求するのは正当化されるけれども、教育方法と教師を指定することは不当であった。

権威にもとづいておこなう教育はほぼことごとく「正真正銘の道徳」と対立する[52]。貧者に必要なのは、他者の意見をおそわることではなくて、自分で思考しうることであった――ミルが国民の「活動的な性質」の育成に関心を有していることによって、かれはベンサムよりも民主主義的であるようにみえる。ミルは道徳的・知的・活動的な性質というベンサムの分類を受容しているとはいえ、ミルがほとんど国民の性質を育成することだけにこの概念をもちいているのにたいして、ベンサムの関心は統治者か統治者になりそうなひとの性質を発達させることにむいている[53]――。

かれらはよみかき計算を学習したあとで――とくに計算は「的確さと正確さの習慣」を身につけるためのもっとも重要な訓練であるにもかかわらず、かれらはこれを十分におこなっていなかった――「もっとも多方面の知識」を習得して、その「能力をもっとも多彩に行使」しうるようになるのがのぞましかった。かれらはいくらたくさん読書しても、しすぎることはなかった。その量が質よりも重要であった。必須となるのは、人間の生活・慣行すなわち地理、航海・旅行、風俗・習慣、架空のことに関連するあらゆる書物であった。かれらはこれらをよむことによって想像力を喚起し、自己犠牲と英雄的行為をおこないうる人間的な陶冶された存在となろう。労働者階級を教育するには、それをおこなう上流・中流階級が自分自身を教育する必要があったとはいえ、万人の幸福を希求して重大な社会問題に関心をよせる上流・中流階級が労働者階級を「対等なもの」とみなして自由に討論することは、労働者階級にとって「最良の教育」となろう。[54] 労働者階級が富と社会的利益の平等な分配をのぞむのは、まったく正当であるけれども、それを恒久的におこなうには他者にたいする「公共精神と自己犠牲」が必要であると同時に、かれら自身が「思慮分別と自制心」をもたなければならなかった。[55] 労働者階級がほかの階級のものをたんに奪取するだけならば、事態がいっそう悪化するからである。かれらは「社会改革」をもとめるさいに「官能的な道楽」をするために「賃金」をふやして「労働」をすくなくすることだけをかんがえていた。たしかに工場主から独立して、かれら自身のために労働し、すべての生産物を分配することは「大望にあたいする目的」であった。けれども、それに成功するのは、私益のために労働するときとおなじ精力・熱意をもって社会のために労働しうるひとびとであり、たかい給料とすくない労働とを即座に期待せずに「解放」されるまで「窮乏」を甘受するのをいとわないひとびとであった。

『自由論』によれば、労働者階級を子どもか未開人としてあつかう「束縛の教育」をしてはならなかった。[56] それは「専制的な、あるいはいわゆる温情主義的な統治」であった。[57] 普通教育制度を整備したら、政府は教育をおこなう場所と方法の決定を親にまかせて、貧困階級の子どもの授業料のしはらいを援助すればよかった。[58] 国民教育の全部か大部分が国家の手中にあるというのは、非難すべきことであった。それは「個性と、意見・行動様式の多様性」とおなじく「教育の多様性」をそこなうからである。国家による教育が国民を「鋳型」にながしこんで国民の「精神にたいする専制」「身体にたいする専制」を確立することは、あってはならなかった。

三　初歩教育の拡充

一八六五年七月六日、庶民院議員にウェストミンスタで自由党の候補者として立候補したミルは、リージェント＝ストリートで選挙演説をおこなった。かれはそのなかで、教育のないひとを投票者とすることに反対し、投票のさいに「よみかきと簡単な計算にかんする試験」をおこなうことを提案した。(59) アメリカの南北戦争によってランカシャの綿工業は衰退した。(60) 南部連合国から綿花を入手する経路が連邦軍によってたたれたため、とくに一八六二年から一八六三年まで、ランカシャの工員ははなはだしく困窮したけれども、北部にたいする支持を表明した。ミルはこうした行為を激賞した――ヘンリ＝ジョン＝テンプル（パーマストン子爵）自由党内閣の財務大臣ウィリアム＝ユーアト＝グラッドストンは選挙法改正にかんする演説のなかで、この南北戦争がひきおこした木綿飢饉のあいだのランカシャの綿工業労働者のふるまいにたびたび言及した。(61) ミルはこのグラッドストンのとくにすきな労働者階級の性格にかんする実例を『経済学原理』（第六版一八六五年）でもとりあげている(62)――。ランカシャの工員は北部が奴隷制度の廃止をめざして南部と戦争していることを「安価な新聞」をとおしてしっていた。かれらがその恩恵をうけることができたのは、よむことをまなんできたからであった。「安価な新聞」はいかなるひとにも「政治情報にかんする最良の知識」を提供するものとなっていた。ミルはそうした理由にもとづいて、よみかき計算をなしうるものにのみ「国運の支配への参加」をゆだねる意志を表明した。

同月八日、ミルはウィンチェスタ＝ストリートで選挙演説をおこなった。そこでかれは質疑応答のさいに有権者から、労働者階級も上流階級とおなじように子だくさんである権利を有しないとかんがえる理由を質問されて、いずれの階級も自分が扶養・教育しうるよりも多数の子どもをもうけてはならないと回答している[63]。その後おこなわれた投票の結果、ミルは庶民院議員に当選した。

一八六六年四月一三日にミルは庶民院で、ジョン＝ラッセル自由党内閣の財務大臣グラッドストンが提出した「イングランドとウェイルズの国会議員選挙において投票権を拡大する法案」を支持する演説をおこなった。本法案は都市選挙区における有権者資格を、年価値一〇ポンド以上の家屋等を所有者か賃借人として占有する成人男性とする第一次選挙法改正の規定を、七ポンド以上のものにすることを骨子としていた。ミルは本法案を採択することによって、庶民院に労働者の代表がうまれて普通教育を促進することを期待した[64]。本法案に反対したロバート＝ロウにたいしてミルは、労働者が庶民院で適正に代表されていたら、ロウが改正教育令をめぐって枢密院教育委員会副議長という公職をうしなうことはなかったであろうと、皮肉をのべている[65]。改正教育令とは一八六二年にロウが作成したものである[66]。一八三三年から初歩学校に交付してきた補助金はその後急増し、クリミア戦争（一八五四―一八五六年）の戦費などとあわせてイギリスの財政を圧迫していた。そこでロウは、国庫助成を削減するために「出来高ばらい」原理を適用し、各学校の生徒によみかき計算の試験を実施して、その成績に応じて補助金額を決定することとした。一八六四年にロウは、改正教育令への反対者の発議によって庶民院で譴責され、枢密院教育委員会副議長を辞職した[67]。ミルの推測によれば、労働者階級はロウが「公金の支出をうける仕事は適正にして正当なものでなければならないということを正当に決定した行政家」であることをしっていた[68]。かれらは改正教育令を「大量の偽の教育」よりも「少量の真の教育」を推進するものと理解して、これを支持するだろうから、かれらが庶民院で適正に代表されていたら、ロウは辞職せずにすんだかもしれなかった。実際に「労働者階級の指導者」であったジョン＝ブライトは選挙法改正に反対するロウに「憤慨」していたにもかかわらず、改正教育令をロウの「名誉」と評価していた。ミルは、真の労働者階級の代表がうまれてごくわずかの年数が経過したあと、全教区で学校税を課税し、学校の門戸を万人に無償で開放し、さらにそれから一世代たてばイギリスが「教育国家」となると予想した――こうしたミルの発言から、かれの共感が一部の上層労働者階級だけにおよんでいたのではないことがわかる。進歩にたいするかれの熱意はヴィクトリア中期イギリスの「苦役階級」をも対象としていた(69)――。労働者階級に参政権を拡大する理由がこのことだけであっても「十二分」だった。しかし、本法案は採択されず、ラッセル内閣は辞職し、エドワード゠ジョージ゠ジェフリ゠スミス゠スタンリ（ダービ伯爵）保守党内閣が成立した。

ミルは労働者階級の「教育問題」にとりくんだエドウィン゠チャドウィックを称賛した(70)。「労働者階級の教育的・社会的な進歩」が重要な課題となっていた(71)。

一八六七年八月一五日にダービ保守党内閣の財務大臣ベンジャミン゠ディズレイリが主導しておこなった第二次選挙法改正は、都市選挙区における有権者資格を、住居を所有者か賃借人として占有する住民たる男性にすることを骨子としていた。国会議員アレクサンダ゠ジェイムズ゠ベリズフォード゠ベリズフォード゠ホウプは、第二次選挙法改正が「革命」にひとしい「国制の変革」をもたらして「政治教育」をうけてこなかった大部分の国民に「政治権力」を賦与することに不安をいだいていた(72)。ミルはこうした不安感を共有していなかったけれども、選挙権を獲得する「多数階級」に「政治道徳」を教育しなければならないという義務感を有していた(73)。選挙権を行使して「立法にかんする重大な信託」をおこなうものは、その「代償」として公共精神を身につけなければならないということを、かれらに教育する必要があった。

第二次選挙法改正は主として都市選挙区の労働者に選挙権を付与するものであって、州選挙区の農業労働者はほとんどその対象とならなかった。そこでは、農業経営者が概して農業労働者を教育することをのぞまなかった(74)。農業経営者は教育によって農業労働者の独立心がつよまるのを懸念し、はやくからかなりおおくの労働をさせて在学させないようにした。

一八六八年三月二二日にフロレンス゠メイはミルのまま娘（ミルと結婚したハリエット゠テイラの娘）ヘレン゠テイラに自己の境遇を慨嘆する手紙をしたためた。メイはのちにクララ゠シューマンとヨハネス゠ブラームスについての研究家、音楽会のピアニスト、教師になるけれども、[75]当時の女性は教育と職業の不足によって「知力と精力」を「浪費」していて、かの女自身も「もっとも熱烈な労働願望」を有するにもかかわらず、仕事をみいだす可能性をもつことができないでいた。[76]ミルはメイにあてた手紙のなかで、女性の教育・職業の不足という「弊害」を「もっとも早急に容易に除去」する方法として、女性に選挙権をあたえることをあげている。[77]ある階級に参政権をあたえることによって、その階級を教育しなければならないという「公的な配慮」が非常に急速に生ずることは、第二次選挙法改正法案によって「貧者の教育にたいする急激にして普遍的な関心」がたかまったことが証明していた。普通教育にかんして世論を成熟させるには「もっとも啓発された思索家・著述家」が二〇年かけて支援するよりも、第二次選挙法改正法案の提出から六か月が経過するほうが有効だった。労働者階級を教育することは「価値のあること」とかんがえられた。[78]女性にも投票権をあたえれば、女性の教育もそのようにみなされるであろう。

ミルは労働者階級か下層中産階級の子どもにたいする初歩教育の拡充を希望しただけでなく、かれらのうちでそうした「低次元の教育」にもっとも熟達したものに「基本財産」を活用して「いっそう高度な教育」をおこなうことを念願した。[79]また、かれは一八三三年における工場法の制定にさいして「工員階級の子どもの教育を、その家族の窮状と両立させる半日就学制度」を提案して一日最低二時間の教育を義務化するなど「公衆教育という重大な問題」にとりくんできたチャドウィックを称賛している。[80]

一八六八年一一月にミルは庶民院議員選挙で落選し、以後は院外で労働者階級の教育を改善する努力をつづけた。かれが批判するところによれば、労働者を教育すれば、かれらは能力を向上させ「有能な使用人」となり「幸福」をえるから、雇主の地位か、それをえらぶさいの発言権を要求しないだろうとかんがえるものもいたけれども、実際にはそうならなかった(81)。

ミルは「バーミンガム・ミッドランド協会」の会長を一八七〇年につとめてほしいと勧誘された(82)。同協会は労働者の教育を目的として一八五三年に創設され、一八五六年にバーミンガムで最初にだれでも利用しうる図書館を開設したもので、一八六九年にはチャールズ＝ディケンズが会長をつとめていた(83)。一八六九年一二月二一日にミルが同協会の初代会長だったジョージ＝ウィリアム＝リトルトンにあてた手紙によれば(84)、ミルは会長に推薦されたことを名誉と感じていたけれども、就任演説を準備する時間がまったくなかったため、辞退せざるをえなかった。セント＝アンドルーズ大学名誉学長就任演説はかれがもうけた「唯一の例外」であった。

一八七〇年二月一七日に枢密院教育委員会副議長ウィリアム＝エドワード＝フォースタが初歩教育法案を提出し、八月九日に法律となった(85)。同法はヴォランタリ＝スクールの存在しない地域に学校委員会を設置して、同委員会が地方税を徴収し学校・教師を準備して初歩教育をおこなうことをさだめたものである。ミルが批判するところによれば、同法案をめぐる院内外での討論は、教育の「質」にかんする問題にほとんど注意をはらっていなかった(86)。有名無実の教育課程を修了した大多数の生徒はほとんどのことを、あるいはなにごとをもしらずに社会にでていた(87)。全体のうち三分の一の学校の教育はかなりよく、ほかの三分の一は可もなく不可もなく、のこる三分の一は無益であるといわれていた。しかも、こうした判断は一四歳以下の子どもによみかき計算をおしえようとしたかどうかという、ひくい基準によるものであった。ミルが主張するところによれば、各学校委員会の管轄する学区は、なにが「すぐれた教育」であるかをしってそれに関心を有する委員がすくなくとも一名いるのに十分なくらい広範であるべきだったけれども、かりにそうだとしても、貧者の教育を各学校委員会だけにゆだねるわけにはいかなかった[88]。田舎の学区では貧困な農業労働者の教育のためになにもせず、その教育のありかたを農業経営者に決定させるかもしれなかった[89]。都市の学区でも、貧者の利益を志向しそうになかった。都市団体はだれでも利用しうる図書館を設立する権限を有していたにもかかわらず[90]、実際にそれをおこなったところは少数だった[91]。大多数の都市団体はそれをせず、その提案に拒絶さえした。だれでも利用しうる図書館の設立は国民教育に不可欠だった。教育とはよみかき計算をなしうるようにすることだけではなかった。「貧者が学校でおそわったことを実際に活用する」のをのぞむならば、すなわちそれをわすれずに読書力をうしなわないことをのぞむならば、かれらはよむことのできる「書物」を、しかも「良書」を、またそれをよみたいという「希望」を、もたなければならなかった。無料でなくとも低額の料金で使用しうる公立図書館がすべての学区にあって、はじめて「真の国民教育」が存在する。そのためには「教育の管理」を各学校委員会だけにゆだねてはならず、それらの上位にあって主導権を掌握する官庁が存在しなければならなかった。こうした中央政府による地方教育行政の監督は「民主政治」と矛盾しなかった。「民主政治」とは「政治家」「思考力と教養のあるひとびと」が「最良の思考・計画」をおしすすめて、民衆につよく認識させるべく全力をつくして努力することであった。「自由にして民主的な政治」とは、主導権を一般大衆にゆだねることではなくて、政治家・思索家が大衆とともに大衆の意見・意志をおしすすめることであった。そのさいに政治家・思索家はそれを専制君主のように強制的におしつけてはならなかった。「集権と分権」という観念は大変、誤用されてきた。必要なのは、知識と最良の観念を有する中央官庁と、それを自己の同意にもとづいて受容する多数の民主的な団体とを、結合することであった。教育大臣が存在することがのぞましかった。それが存在しなくても、教育にたいする熱意をもって、それを理性的に研究してきたがゆえに選出されるひとびとが構成する教育庁が中央政府のなかに存在すべきであった。それが視学官を巡回させて、教育にかんする最良の観念・方法を奨励すれば「真に国民的な」教育方法となろう。(92)

五月二四日にミルがチャドウィックにあてた手紙によれば、労働者階級に銘記させるのが真に重要なのは、教育行政の主導権を各学校委員会にゆだねることではなくて「熟練した中央政府の主導権」が必要だということであった。(93)ミルの認識するところによれば、労働者階級は「中央集権に反対する偏見」を有さず、地方統治に習熟してきた中産下層階級こそ中央官庁との分権をすすんでうけいれるであろう。ミルはチャドウィックがジョージ＝オッジャやロバート＝アップルガースという労働者階級の指導者に、教育行政における中央集権の必要性を説明して、それがロンドンと地方の労働者階級にひろまることを期待した。(94)

一一月九日に、グリニッジ・デットフォードおよびその周辺の一、〇〇〇人以上の地方税納税者（学校委員会選挙の有権者）が出席した集会がミルの司会によって開催され、初歩教育法にもとづいて選挙されるロンドン学校委員会の委員候補者の見解をきいた。(95)イギリス国教会の支持する四名の候補者は出席を辞退した。ミルは演説するさいに大喝采をうけた。かれによれば、学校委員会の委員になるべきなのは、教育を本当に希望・理解するひとびとであった。(96)委員に適さないのは、貧者を教育しすぎることをおそれるひとであった。(97)教育「しすぎる」というようなことはまったくなかった。あらゆる種類の知識が有益であった。もっとも有益なのは貧者の知性を啓発して知力を駆使するのにならすことだった。労働者に必要なのは技術教育だけであるとかんがえるひともいたけれども、手を有効に使用するには、頭脳を十分にはたらかさなければならなかった。知性を訓練した労働者は有能であるため、失業しても容易に転職して、貧乏にならず独立を維持しうる。アメリカ合衆国に生活保護者がすくないのは、労働者が教育をうけて、いかなる仕事にもつくことができるからであった。ミルはよみかき計算だけをおしえるべきであるとかんがえる委員候補者に投票するつもりはなかった。子どもが「最良の書物か普通の文芸作品と報道」をよみたいとねがって理解しうるように、その精神に活気をあたえて学校を卒業させることを目標とすべきであった。こうしたことが可能なのは、アメリカ合衆国あるいはドイツだけでなく、スコットランドの教区校が証明していた。二世紀以上にわたって、スコットランドの小作人階級は読書をおそわっただけでなく、それを愛好して実際におこなった。よむことのできる最良の書物を勤勉によんで知性をたかめたため、スコットランドの労働者の息子はヨーロッパ中で熟練を要する仕事をあたえられた。

ミルによれば、宗教教育にのみ関心をもって世俗教育を重視しないものは、委員になるのにふさわしくなかった。初歩教育法の立法趣旨は初歩教育の改善と拡大であった(98)。その主目的が「世俗教育と対立するものとしての宗教教育」にあるわけではなかった。また「いっそう多数の学校」だけをのぞんで「いっそう良質な学校」をのぞまないものを、委員に選出すべきでなかった。既存の学校とおなじようなものを増設するだけでは、たいした利益をもたらさないからである。イギリスにおける初等学校の三分の一はかなりよく、三分の一が普通で、のこる三分の一はまったくわるいといわれていた。しかも、こうした判断はよみかき・たし算をおしえているかどうかという、ひくい基準によるものであった。既存の学校の大部分はこれらのことをさえおしえず、それ以上のことをいくらか効果的におしえる学校はまったく少数だった。したがって、学校数をたんに増加させることよりも、学校教育を質的に改善することをめざす委員候補者に投票すべきであった。委員は教育のよしあしを識別しうるための、実際の教育経験と人間精神にかんする卓越した知識をそなえていなければならなかった。

労働者が女性とともに委員となることも重要であった。学校は労働者階級の子どものために存在した(99)。労働者階級の環境と要求をもっとも熟知していたのは理性的な労働者であった(100)。労働者階級は普通教育に熱心で、その量的拡大と質的改善を希求した。また、それによって党派的な利益を促進しようとしなかった。学校委員会を「徹底的に有効にして民主的」にするには労働者が不可欠であった。

この集会に出席した委員候補者が演説したあと、委員となるのにふさわしいのは、あらゆる子どもを授業に出席させようとして、無償教育を支持して、学校で宗派的な意見をおしえこむことに反対して、労働者階級が学校委員会で代表されることを主張するものであるという趣旨の決議がなされた。その後、司会をつとめたミルにたいする謝辞をもって閉会した。

一八七一年五月二一日にミルがデシュタールにあてた手紙によれば、労働者階級出身の政治家の大多数は、普通教育の不足によって、とくに歴史にかんする知識の不足によって、その意見が本質的にただしくとも、視野がかなりせまくなっていた(101)。対策は、国民教育の発展をとおして漸次視野をひろげていく以外になかった(102)。

おわりに

産業革命がもたらした機械の使用は熟練した技術を不要としたため、資本家階級はいっそうおおくの利潤を追求しようとして、労働者階級の子どもを長時間、低賃金で労働させるようになっていた。かれらは「親の資産として実質的な家計の有力な支えの一部(103)」であった。しかるに『自由論』によれば、国家がその市民としてうまれたあらゆる人間の教育を、ある一定の水準まで要求・強要すべきであるということは「自明の理」であった(104)。子どもが他者とかれ自身にたいする役割を適切にはたすよう教育をさずけることは、父親のもっとも神聖な義務の一つとされていたにもかかわらず、イギリスでは、父親にその義務を遂行させることに、ほとんどだれもが反対した(105)。親は子どもの「身体のための食物」だけでなく、その「精神のための教育・訓練」をもあたえなければならなかった[106]。そうしないことは「不幸な子」と「社会」の双方にたいする「道徳的犯罪」であった。子どもが教育への権利を有するのは両親の子どもとしてだけでなく、社会における人間の子どもとしてであった[107]。それは自己発展の自由を享受する権利の初期段階であった[108]。ミルの社会・政治像は時代のはるかに先をすすんでいた[109]。女性選挙権とおなじく、子どもの「学校教育への普通の権利」を主張したのも、そうした権利がひろく容認されるまえであった。

　ミルの生涯はイギリスで国民教育制度が確立していく時期とほぼ一致する[110]。かれの誕生した一八〇六年に国家は教育にいかなる役割をも関心をも有していなかったけれども、かれの死去する一八七三年までには「普通・無償・義務制の初歩学校教育」の土台をきずいた。ミルにとって教育とは「民主主義社会」を「創出」し「発展」させるもっとも重要な手段であった[111]。そのための「教育と教育者の質的改善」には「国家の介入」が不可欠だった[112]。次章で詳論するとおり、かれの選挙権論はそれを行使するものが「市民」として「公共精神」を涵養するとともに自己の「権利・利益」を保障することを要諦としている。ミルにとって教育とは、その前提をなすものであった。

（1）Mill, John Stuart, *Considerations on Representative Government* (1861), *CW*, XIX, p. 470.　水田洋訳『代議制統治論』（岩波書店、一九九七年）二一九頁。

（2）山下重一『J・S・ミルの思想形成』（小峯書店、一九七一年）一〇七頁。

（3）Mill, J. S., "The Utility of Knowledge (1823)," *CW*, XXVI, p. 259.　泉谷周三郎訳「知識の有用性」杉原四郎・山下重一編『J・S・ミル初期著作集1』（御茶の水書房、一九七九年）八九頁。

（4）Ibid., p. 261.　九二頁。

（5）A. M. [Mill, J. S.], "Question of Population [1] (*Black Dwarf*, 27 November, 1823)," *CW*, XXII, p. 80, editor's note.

（6）Shakespeare, William, *Love's Labour's Lost*, I, i, 26, G. Blakemore Evans ed., *The Riverside Shakespeare* (Boston : Houghton Mifflin, 1974), p. 179.　小田島雄志訳『恋の骨折り損』『シェイクスピア全集Ⅱ』（白水社、一九八五年）九頁。

（7）A. M. [Mill, J. S.], "Question of Population [2] (*Black Dwarf*, 10 December, 1823)," *CW*, XXII, p. 89.

（8）杉原四郎『イギリス経済思想史：J・S・ミルを中心として』（未来社、新装版一九八六年）二二七頁。

（9）Mill, J. S., "The British Constitution [1] (19 May [?], 1826),"*CW*, XXVI, p. 368.

（10）Ibid., p. 369.

（11）Do., "Letter to Gustave d'Eichthal (7th November 1829)," *CW*, XII, p. 40.　山下重一訳「ディヒタールあて手紙」杉原・山下前掲書二二七頁。

（12）Do., "Rejected Leaves of the Early Draft of the Autobiography," *CW*, I, pp. 615-616.　山下重一訳註『評註ミル自伝』（御茶の水書房、二〇〇三年）二三六、二四七頁。

（13）Do., *Autobiography* (1873), *CW*, I, pp. 177, 179.　二三〇頁。

（14）Do., "Letter to Thomas Carlyle (5th September 1833)," *CW*, XII, p. 176.

（15）Do., "The Monthly Repository for December 1833 (*Examiner*, 15 December, 1833)," *CW*, XXIII, p. 652, n. 1.

（16）Brown, Henry, *Saint Monday : A Poem, by the Author of "The Mechanic's Saturday Night"* (London : Steill, 1833), quoted in ibid., p. 653, n. 3.

（17）[Fox, William Johnson], "Saint Monday," *The Monthly Repository*, New series, Vol. VII (1833), p. 830.

（18）Mill, J. S., "The Monthly Repository for December 1833," p. 653.

（19）Spring Rice, [Thomas], "Speech on Supply—Miscellaneous Estimates (April 14, 1834)," *Hansard's Parliamentary Debates*, 3rd ser., Vol. XXII, col. 761.

（20）The Lord Chancellor [Brougham, Henry], "Speech on Progress of Education (April 16, 1834)," *ibid.*, cols. 848-849.

（21）Mill, J. S., "National Education (17th April, 1834)," *CW*, VI, p. 199.

（22）Ibid., p. 200.

（23）The Lord Chancellor [Brougham, H.], op. cit., cols. 843-844.

（24）Mill, J. S., "National Education," p. 201.

（25）Roebuck, [John Arthur], "Speech on National Education (June 3, 1834)," *Hansard's Parliamentary Debates*, 3rd ser., Vol. XXIV, cols. 127–130.

（26）Mill, J. S., *Autobiography*, p. 203.　山下訳二七三頁。

（27）Molesworth, William, "Speech on National Education (June 3, 1834)," *Hansard's Parliamentary Debates*, 3rd ser., Vol. XXIV, cols. 130–131. Cf. Mill, J. S., "Reform in Education (1834)," *CW*, XXI, p. 66.

（28）Ibid., p. 73.

（29）Biber, George Edward, *Christian Education, in a Course of Lectures, Delivered in London, in Spring 1829* (London : Effingham Wilson, 1830), p. 177.

（30）*Ibid.*, pp. 177–178.

（31）Taylor, Henry, *The Statesman* (London : Longman, 1836), p. 265.　海保真夫訳『政治家の条件』（至誠堂、一九六七年）二一八頁。

（32）Mill, J. S., "Taylor's Statesman (1837)," *CW*, XIX, p. 624.

（33）Do., *Autobiography*, pp. 207, 215.　山下訳二七六―二七七、二八二頁。

（34）Taylor, H., *op. cit.*, pp. 1, 5.　海保訳三一、三四頁。

（35）Mill, J. S., "Taylor's Statesman," p. 632.

（36）Do., "Reorganization of the Reform Party (1839)," *CW*, VI, pp. 484–485.　山下重一訳「革新政党の再編成」『國學院法學』第二七巻第三号（一九九〇年）一一八頁。

（37）Do., *Autobiography*, pp. 237, 239, 241.　山下訳三三一―三三四頁。

（38）山下重一『J・S・ミルの政治思想』（木鐸社、一九七六年）一四二―一四五頁。

（39）Mill, J. S., "The Claims of Labour (1845)," *CW*, IV, p. 376.

（40）Ibid., p. 377.

（41）Ibid., p. 378.

（42）Do., "The Condition of Ireland [40] (*Morning Chronicle*, 1 January, 1847)," *CW*, XXIV, p. 1024.

（43）Do., *Principles of Political Economy: With Some of Their Applications to Social Philosophy* (1848), *CW*, II, pp. 107-108.　末永茂喜訳『経済学原理（一）』（岩波書店、一九五九年）二一三頁。

（44）*Ibid*., p. 183.　三四五頁。

（45）*Ibid*., p. 375.　末永茂喜訳『経済学原理（二）』（岩波書店、一九六〇年）三四四頁。

（46）*Ibid*., *CW*, III, p. 763.　末永茂喜訳『経済学原理（四）』（岩波書店、一九六一年）一二三頁。

（47）*Ibid*., p. 948.　末永茂喜訳『経済学原理（五）』（岩波書店、一九六三年）三〇八頁。

（48）*Ibid*., pp. 948-949.　三〇九頁。

（49）*Ibid*., p. 949.

（50）*Ibid*., pp. 949-950.　三一〇―三一一頁。

（51）*Ibid*., p. 950.

（52）Do., "Letter to the Rev. Henry William Carr (7th January 1852)," *CW*, XIV, p. 80.

（53）Rosen, Frederick, *Jeremy Bentham and Representative Democracy: A Study of the Constitutional Code* (Oxford [Oxfordshire]: Clarendon Press, 1983), p. 184. Urbinati, Nadia, *Mill on Democracy: From the Athenian Polis to Representative Government* (Chicago, Ill.: University of Chicago Press, 2002), pp. 54, 214, n. 40.

（54）Mill, J. S., "Letter to the Rev. Henry William Carr," pp. 80-81.

（55）Ibid., p. 81.

（56）Do., *On Liberty* (1859), *CW*, XVIII, pp. 298-299.　早坂忠訳『自由論』関嘉彦責任編集『ベンサム：J・S・ミル』（中央公論社、一九七九年）三三二頁。

（57）*Ibid*., p. 299.

（58）*Ibid*., p. 302.　三三六―三三七頁。

（59）Do., "The Westminster Election of 1865 [3] (6 July, 1865)," *CW*, XXVIII, p. 31.

（60）Ibid., p. 31, n. 7.

(61) The Chancellor of the Exchequer [Gladstone, William Ewart], "Speech on Borough Franchise Bill (May 11, 1864)," *Hansard's Parliamentary Debates*, 3rd ser., Vol. CLXXV, col. 325. Carlisle, Janice, "Mr. J. Stuart Mill, M. P., and the Character of the Working Classes," Eldon J. Eisenach ed., *Mill and the Moral Character of Liberalism* (University Park, Pa.: Pennsylvania State University Press, 1998), p. 148.

(62) Mill, J. S., *Principles of Political Economy: With Some of Their Applications to Social Philosophy*, 6th ed. (1865), *CW*, III, p. 763. 末永訳『経済学原理（四）』一一三頁。 Carlisle, J., op. cit., p. 152.

(63) Mill, J. S., "The Westminster Election of 1865 [4] (8 July, 1865)," *CW*, XXVIII, p. 36.

(64) Do., "Representation of the People [2] (13 April, 1866)," *CW*, XXVIII, p. 67.

(65) "Revised Code of Minutes and Regulations of the Committee of the Privy Council on Education. Referred to in the Preceding Minute (9th May 1862)," *House of Commons Parliamentary Papers*, 1862, Vol. XLI, pp. 171–188.

(66) Mill, J. S., "Representation of the People [2]," pp. 67–68.

(67) Ibid., p. 68, n. 17. Cf. Lowe, [Robert], "Speech on Education—Reports of the Inspectors of Schools. Resignation of Mr. Lowe (April 18, 1864)," *Hansard's Parliamentary Debates*, 3rd ser., Vol. CLXXIV, cols. 1203–1211.

(68) Mill, J. S., "Representation of the People [2]," p. 68.

(69) Kinzer, Bruce L., Ann P. Robson and John M. Robson, *A Moralist In and Out of Parliament: John Stuart Mill at Westminster, 1865–1868* (Toronto; Buffalo: University of Toronto Press, 1992), p. 93.

(70) Mill, J. S., "The Metropolitan Poor Bill [3] (11 March, 1867)," *CW*, XXVIII, p. 139.

(71) Do., "Letter to Frederick J. Furnivall (April 21. 1867)," *CW*, XVI, p. 1264.

(72) Beresford Hope, [Alexander James Beresford], "Speech on Parliamentary Reform—Representation of the People Bill (June 27, 1867)," *Hansard's Parliamentary Debates*, 3rd ser., Vol. CLXXXVIII, col. 630.

(73) Mill, J. S., "The Reform Bill [6] (27 June, 1867)," *CW*, XXVIII, p. 195.

(74) Do., "Redistribution (28 June, 1867)," *CW*, XXVIII, p. 199.

(75) Do., "Letter to Florence May [after March 22, 1868]," *CW*, XVI, p. 1377, n. 1.

(76) May, Florence, "Letter to Helen Taylor (March 22, 1868)," quoted in ibid., p. 1378, n. 2.
(77) Ibid., p. 1378.
(78) Ibid., p. 1379.
(79) Do., "Public Schools [2] (2 June 1868)," *CW*, XXVIII, pp. 298–299.
(80) Do., "Letter to James Henderson (August 22. 1868),"*CW*, XVI, p. 1432.
(81) Do., "Women's Suffrage [1] (18 July, 1869)," *CW*, XXIX, p. 378. Do., "Manuscript Draft of Women's Suffrage [1] (1869)," *CW*, XXIX, p. 608.
(82) Do., "Letter to Lord Lyttelton (December 21. 1869)," *CW*, XVII, p. 1674.
(83) Ibid., p. 1674, n. 2.
(84) Ibid., p. 1674, n. 1.
(85) "A Bill to Provide for public Elementary Education in England and Wales (17 *February* 1870)," *House of Commons Parliamentary Papers*, 1870, Vol. I, pp. 505–542. "An Act to provide for public Elementary Education in England and Wales [9th August 1870]," 33 & 34 Victoria, c. 75, *The Public General Acts Passed in the Thirty-Third and Thirty-Fourth Years of the Reign of Her Majesty Queen Victoria ; Being the Second Session of the Twentieth Parliament of the United Kingdom of Great Britain and Ireland* (London : Printed by George Edward Eyre and William Spottiswoode, Printers to the Queen's most Excellent Majesty, 1870), pp. 312–339.
(86) Mill, J. S., "The Education Bill [2] (4 April, 1870)," *CW*, XXIX, pp. 391–392.
(87) Ibid., p. 393.
(88) Ibid., pp. 393–394.
(89) Ibid., p. 394.
(90) "An Act for enabling Town Councils to establish Public Libraries and Museums [14th *August* 1850]," 13 & 14 Victoria, c. 65, *A Collection of the Public General Statutes, Passed in the Thirteenth and Fourteenth Years of the Reign of Her Majesty Queen Victoria : Being the Third Session of the Fifteenth Parliament of the United Kingdom of Great Britain and Ireland*

(London：Printed by George Edward Eyre and William Spottiswoode, Printers to the Queen's most Excellent Majesty, 1850), pp. 370–372.

(91) Mill, J. S., "The Education Bill [2]," p. 395.

(92) Ibid., pp. 395–396.

(93) Do., "Letter to Edwin Chadwick (May 24. 1870)," *CW*, XVII, p. 1724.

(94) Ibid., p. 1725.

(95) Do., "Election to School Boards [2] (9 November, 1870)," *CW*, XXIX, p. 398, editor's note.

(96) Ibid., p. 398.

(97) Ibid., p. 399.

(98) Ibid., p. 400.

(99) Ibid., pp. 400–401.

(100) Ibid., p. 401.

(101) Do., "Lettre à Gustave D'Eichthal (le 21 mai 1871)," *CW*, XVII, pp. 1820–1821.

(102) Ibid., p. 1821.

(103) 菅野芳彦『イギリス国民教育制度史研究』（明治図書、再版一九九二年）六九頁。

(104) Mill, J. S., *On Liberty*, p. 301. 早坂訳三三六頁。

(105) *Ibid.*, pp. 301–302.

(106) *Ibid.*, p. 302.

(107) Donner, Wendy, *The Liberal Self: John Stuart Mill's Moral and Political Philosophy* (Ithaca, N. Y.：Cornell University Press, 1991), pp. 171–172.

(108) *Ibid.*, p. 172.

(109) Do., "John Stuart Mill on Education and Democracy," Nadia Urbinati and Alex Zakaras ed., *J. S. Mill's Political Thought：A Bicentennial Reassessment* (Cambridge [U. K.]：Cambridge University Press, 2007), p. 261.

(110) Garforth, Francis William, *Educative Democracy : John Stuart Mill on Education in Society* (Oxford ; New York : Published for the University of Hull by Oxford University Press, 1980), p. 108.

(111) *Ibid.*, p. 177.

(112) *Ibid.*, p. 183.

第二章　労働者選挙権論

はじめに

一八三二年六月七日、都市選挙区における有権者資格を、年価値一〇ポンド以上の家屋等を所有者か賃借人として占有する成人男性とすることなどをさだめた第一次選挙法改正がおこなわれた。(1)これによって、イングランドとウェイルズの有権者数は、一八三一年には人口一、三八九万六、七九七名のうち四三万五、三一九名であったのが一八三三年には六五万二、七七七名に増加したけれども、有権者は全人口の五パーセント程度にすぎなかった。(2)一八三〇年代後半、ジョン＝スチュアート＝ミルは『ロンドン・ウェストミンスタ評論』の刊行に精力を傾注していた。その目的は「国会内外の教養ある急進派」の努力をうながして、政権を掌握しうるか、すくなくともホイッグ党と連立政権をになう条件を指示しうる、強力な政党を結成させることであった。(3)かれはそれに成功しなかったけれども、ジャーナリストとして第一次選挙法改正の不徹底さを批判し、政界の貴族主義的残滓を一掃することをめざした。(4)中産階級と労働者階級の大部分は、急進派とホイッグ党の提携に関心をいだいていた。(5)ミルは『ロンドン・ウェストミンスタ評論』一八三七年一〇月号に掲載した論説「諸政党と内閣」のなかで、ホイッグ党が「憲法における自由の原理」を、トーリ党が「憲法における権威の原理」を、それぞれ特別に擁護しているのにたいして、急進派の固有の任務は

「貧者の保護」にあると主張している。(6) 労働者階級は、その大部分が政治に関心をもっていて、国会の急進派がかれらの利益をまもることを期待していた。しかし、急進派は「腐敗した自由市民の後援者・擁護者」が「貧者の護民官」を称することをゆるしてきたので、貧者から愛されなかった。急進派こそが「貧者の護民官」でなければならなかった。

とはいえ、国会の急進派は、労働者階級と共通の目的をもつ唯一の党派であった。(7) また、労働者階級にたいして根拠のない恐怖・警戒心・懸念をもたない唯一の党派であった。さらに、工員たる同市民を永続的な奴隷状態におくことに、すなわち国事にたいするあらゆる直接的な影響力をもたない状態におくことに、反対する唯一の党派であった。急進派は、あらゆる成人住民が国会議員の選挙において平等な投票権をもつときをたのしみにまっていた。急進派の大部分はそのときがまだきていないとかんがえていたとはいえ、ほかのものがその時期の到来を心配していたのにたいして、急進派は国民教育と出版活動によって、その時期をはやめることを切望していた。そのときまで、急進派は一人の例外もなく国民の経験するあらゆる「強奪」「不正な排除」「理由のない制限」にたいする「断固とした敵」でありつづける。かれらはみな穀物法をひどく嫌悪していた。また、国教会の廃止と「万人を十分に納得させる裁判」を要求していた。かれらは国民の慣行や娯楽にたいする「横柄な干渉」をなくそうとしていた。急進派の統治原理は「普通選挙が可能となるまで、それを実施すればおこなう必要があろう、労働者階級のためのあらゆることをすること」であった。

ミルは「ホイッグ党内の急進派から、労働者階級のなかのいっそう合理的にして実践的なものとベンサム派までの、急進的な意見を有する全団体」を基盤とする国会の急進派を結束させるべく鼓舞してきた。(8)『ロンドン・ウェストミンスタ評論』一八三八年八月号に掲載したミルの「ベンサム論」によれば、多数者にいっそうおおくの権力を付与することによって、かれらにたいする政府の不当な抑圧・蹂躙などをなくすことが、急進主義の本質であった。[9] ミルは同誌の一八三九年四月号で発表した論説「革新政党の再編成」において「急進主義政党」あるいは「革新政党」を、すなわち「巨大な保守主義政党」と対決しうる「全体的な自由主義政党」を、創出することをのぞんだ。[10] それは「ホイッグ党内の急進派」から「極端な急進派と労働者階級」までをふくむ結合体でなければならなかった。「特権階級」は「生来の保守派」であるのにたいして「権利を剥奪された階級」は「生来の急進派」であった。[11] 後者は労働者階級をふくむものであった。[12] ミルはチャーティストによる普通選挙の提案に、中産階級の支持をえられないという理由で反対した。[13] 革新政党はその支持基盤を中産階級におく必要があった。それは普通選挙に先だって労働者階級の不満を解消しなければならなかった。[14] 労働者階級は「社会ののけもの」とされていて、立法府はかれらの「自由」を制約したり「快楽」をうばったりするだけで、かれらの「福利」を追求しなかった。こうしたことをやめさせるために、革新政党は「中産階級にいいいよる労働者階級のための統治」を、すなわち「あらゆる国民が投票権を行使するのにふさわしくなって、普通選挙によって国会議員をえらんでいたら、なされているにちがいないような立法」[15]を、しなければならなかった。ミルは「野卑にして無知なひとびとの大部分」「無教養なひと」に選挙権をあたえることを「懸念」した。[16] 普通選挙は労働者階級の「知性と道徳性」の発達に応じて「漸進的に」実現すべきものであった。めぐまれた境遇にいない労働者階級が選挙権を獲得すれば、法律によって賃金をひきあげる「思慮のない無駄なこころみ」などをするかもしれなかった。[17]「大衆の道徳的向上と知的陶冶」が必要であった。[18] 本章は、以後のミルの言動を追究し、労働者階級を対象とする選挙権論の特徴を究明するものである。

一　庶民院議員当選以前の思想形成

フランスでは一八三〇年の七月革命後に産業革命が本格化した。一八四八年二月に中小資本家や労働者が選挙権を要求して拒否されると、パリで革命がおきた。いわゆる二月革命である。同年四月には男性普通選挙制にもとづく選挙が施行された。ミルはこうしたこころみに共鳴してイギリスの選挙法改正をこころざし(19)、労働者に選挙権をあたえることに積極的な姿勢をとるようになる。かれは同年七月一九日付『デイリ＝ニューズ』で発表した「改革論」(20)において、選挙法改正に反対するものを批判した(21)。かれらは労働者階級の「粗野な意見と指導されていない本能」が支配的な勢力となることをおそれたけれども、ミルは参政権の拡大からこのようなことを「まったく予期しな」かった。普通選挙によってなりたつ立法府においても労働者階級の見解が優位をしめることがないのは、フランスで二月革命後に施行された憲法制定国民議会の選挙結果が証明していた(22)。約九〇〇名の議員からなる議会のなかで労働者は二〇名もいなかった。とはいえ、労働者階級の参政権すなわち「民主主義的な選挙権」をみとめることによって、統治の状態はことごとく変化する。だれが支配者であれ社会の大多数の利益を最優先させ、立法府は「もっとも多数からなる階級の真の明白な利益」にたえまなく配慮する。また、国会の討論と新聞の議論は「労働者階級の政治教育の継続的な過程」となる。「財産と秩序」の恩恵をうけているものは自己の安全のために「無知な、偏見をもった、情欲にもえた」「財産と秩序に反対するあらゆる種類の先入観にみちた」労働者階級を啓蒙しなければならないと、ますますつよく感じるようになる。フランスの公教育宗務大臣ラザール＝イポリット＝カルノウは六月蜂起直後に、国家が初歩教育を無償でおこなうことをさだめたデクレ案(23)を議会に提出した。もっとも貧困なものが投票権をもてば、もっとも裕福なものはその「精神的な陶冶」に関心をもたざるをえない。国民教育は「選択事項」ではなくて「必須事項」となる。これこそ「勤労大衆を国家の一大勢力にすることから生ずる」「無比にしてもっとも明白な利益」であった。

ミルによれば「つよい知力としっかりした性格は衝突によって形成される。[24]」当時は「相いれない諸原理の闘争の時代」であって「有産階級の本能と目先の利益」と「無産階級の本能と目先の利益」とが衝突していた。それは「統治にかんする重大な問題」となっていた。これらの相対立する勢力はどちらも無視されてはならず、それを調停することが統治にかんする重大な職務である。にもかかわらず、英国では国会も内閣も有産階級だけを代表して、有産階級の「満足」のみをめざし、無産階級の「不平」にほとんど留意しなかった。無産階級のための公認の機関はまったく存在しないため、その地下活動がウィーンの三月革命と同様の事態を惹起するかもしれなかった。国会は「相反する諸利益と諸原理のための討論の場所」「相対立する勢力が対戦して決着をつける闘技場」たるべきであった。英国の国会はそうした役目をはたしていなかった。英国の支配者は、自分がしらないか傲慢に無視している無産階級の利益と感情を代表するものと、国会で対面しなければならなかった。[25]かれらに必要なのは「社会のなかの日のあたる側ではなくて、日のあたらない側にいるものの観点から、既成の制度と意見を考察すること」であった。無産階級の正当な主張が真に公平に傾聴されるには、かれらが庶民院で公正に代表されなければならなかった。

「一八四八年のあとのヨーロッパの反動」と「一八五一年一二月における節操のない簒奪者の成功」すなわちルイ＝ナポレオンのクーデタはミルを失望させた。[26]イギリスでは、ミルの主張した制度改革のおおくが実現しつつあったけれども、かれの予想したほど人間の幸福に役だたなかった。人類の運命を左右するその「知的・道徳的な状態」をほとんど改善しなかったからである。「知的・道徳的な精神修養」によって、その思考様式の基本構造をかえないかぎり、人類の運命を好転させることは不可能であった。

一八五九年に公刊した『国会改革論』において、ミルは従来の複数の選挙区ごとの選挙よりも「単一の選挙区」によるものを適切なものとみなしている[27]。各選挙区では国会議員の候補者が多額の選挙費用を「浪費的・堕落的」に支出して投票者を「腐敗」させていた[28]。ミルは複数投票制を確立して、未熟練労働者が一票をもつならば、熟練労働者は二票を、親方は三票を、さらにいっそう幅ひろい思想・知識を必要とする農業経営者・製造業者・貿易業者は三票か四票を、長期にわたる的確にして系統的な知的陶冶を必要とする法曹・医師・聖職者・学者・芸術家・公務員は五票か六票を、それぞれもたなければならないとのべている[29]。フランスのほとんどすべての教育をうけたひとに反対して、ルイ＝ナポレオンを大統領にした多数の投票者は、主としてよみかきのできない小作農だった[30]。民衆の知性を発達させるには「参加」が必要だとしても、教育のないものが統治の進行と社会の運命を完全に支配すべきであるということにはならない[31]。ミルは、教育のないものが権力を掌握すれば破廉恥にも、自分がもたずに他人がもつものをしきりにほしがるとかんがえて、イギリスの労働者階級に参政権をあたえるさいに、それを「よみかき計算」をなしうるものに限定することと、高度の教育をうけたものに「付加的な、いっそう影響力のつよい投票権」を付与することを提案した[32]。

法学者ジョン＝オースティンは「普通選挙権」を承認するか「中産階級のなかの下層のひとびとに優勢な権力をあたえる」改革に反対した[33]。かれは普通選挙によって選出される議員からなる庶民院が「無分別な干渉」によって「財政を破綻」させ「経済的繁栄を破壊」すると予想した。労働者階級の大多数は社会主義の原理をふきこまれているため、資本家を「支援者」ではなくて「敵対者」とみなしていた。それゆえ「無産階級の偏見を代表する庶民院」は富裕階級のみに課税して、蓄財の動機を破壊するか減少させるであろう[34]。

　このようにオースティンが「平等・普通選挙権」にもとづく国会を最悪のものと評価したのにたいして、ミルは労働者階級も「一つの階級として代表されるべき」であるとかんがえた。(35) ほかの階級は邪悪な利益か不合理な意見を有し、国会に自分の代弁者をもち、ばかげたかんがえを世にとい、自己にたいする配慮を確保していた。労働者階級も代表されなければ、立法府にどれほど善意があっても「十分な正義」を獲得することはなかった。ミルの認識によれば、労働者階級の粗野な観念のおおくに適正な面があり「もっとも突飛な奇行」のようにみえるけれども「合理的」なものがよくある。一八四八年革命を「大それた暴動」(36) と呼称して社会主義をたんなる「狂気」とみなすオースティンは「熟慮的な意見を表明しているよりもむしろ激情という一時の感情に屈している」(37) にすぎなかった。

　オースティンは「多数の中産階級のなかの下層階級に、庶民院の抑制されない支配権を付与する」制度に反対した。(38) それが普通選挙権の承認につながることと、国会の質を低下させることを懸念したためである。かれの推測によれば、このような選挙法改正をおこなえば、国会議員の大多数は「饒舌さと器用さ」だけで選挙に勝利したものとなろう。(39) かれらは選挙区民の「偏見」「一時的な気まぐれ」にしたがって「公益」を犠牲にして選挙区民につねに阿附するであろう。「出生と社会的地位における貴族」も「精神における貴族」も不快なものとみなされ、内政・外交政策のほとんどすべての問題を考察してこなかったか「通俗な偏見」によってわずかに考察してきたものが選挙区を代表するだろう。分別のある財政家・経済学者、学識のふかい学理的にして実務的な法律家、著名な科学者・文学者、名高いジャーナリストと、エドマンド＝バークのような哲学的な政治家は、たかく評価されないか嫌悪されるだろう。「英国憲法の真の理論」によれば、庶民院議員は「各選挙区の代表」ではなくて「王国全体の代表」である。こうした理論を無視すれば、庶民院はべつべつの、しばしば相対立する指令をうけるため、一致した行動をとることができなくなる。(40) 選挙法改正によって下層中産階級が「庶民院の抑制されない支配権」をもてば、選挙区の代表に個々の議題にかんする投票を指令し、代表は選挙区民の偏見と気まぐれに盲従して、その指令にしたがうことを誓約するだろう。[41] 庶民院はその立法機能と、行政府にたいする監督・抑制という重要な任務を十分にはたすことができなくなるだろう。選挙区の代表は、行政の細部に干渉するとともに、大臣の職務をうばって出世しようとし「攻撃的な野心」にもとづいて国王の職分をも侵害するだろう。[42]

ミルは「選挙権の拡大」と同時に、トマス＝ヘアの提案した選挙制度を採用すべきであると主張した。[43] それは単記移譲式の比例代表制であった。すなわち投票者数を議席数でわって当選に必要な最低票数を確定し、その票数をどの選挙区からあつめたにせよ獲得した候補者が当選するというしくみで、有権者は当選させたい候補者に順位をつけて投票し、さきに当選させたい候補者が当選に必要な最低票数に達しないか、自分が投票しなくてもそれに達しうるならば、その票をつぎに当選させたい候補者にまわすことができるというものである。

ほとんどすべての教養階級が「純粋に民主主義的な選挙権」に団結して強硬に敵意をいだくのは、それによって「もっとも多数からなる階級」「肉体労働者の階級」が「最強の権力」よりもむしろ「唯一の権力」を獲得し、あらゆる選挙区で圧勝して「もっとも無知な階級の意見・選好のみを反映する立法府」をうみだすだろうからであった。ミルは「教養階級・有産階級」が少数者として庶民院でなお代表されるならば「多数者の政治的優勢」に反対しないだろうとかんがえた。[44] かれの予測によれば、少数者は「もっとも優秀な頭脳ともっとも高潔な感情をもつひと」によって代表され、多数者も「もっとも聡明にして道徳的に立派なひと」によって代表されたいとおもうので、少数者の代表は庶民院で「無視しえない人格的な優越」を獲得するだろう。少数者の主張は「熟練した技術と道徳的な権威のおもみ」によって擁護され、貧者のえらんだ議員が多数をしめる議会でも「数の優勢にたいする十分な優位」を証明しうるだろう。上流・中産階級の意見は正当なときに支配的となり、あやまっているときにはそうならないだろう。ミルの展望によれば、ヘアの比例代表制によってうまれる「少数者の代表のもつ道徳的な効力」は絶大なので、それを実施すれば、複数投票制は不要になるかもしれなかった。

ヘアの比例代表制が実現すれば、労働者階級はほかの有権者よりも数でまさるほど無差別に選挙権をみとめられるまで「少数者の正当な代表」からもっとも恩恵をうけるだろう。ロンドンをはじめとする「イングランドの最大規模の都市」においてのみ有権者資格をひきさげて、労働者階級に代表を選出させるウォルタ＝バジョットの提案は[45]「無用」であった。その後、労働者階級は全員が有権者となって選挙区で多数をしめれば、かれらの指導者をことごとく選出しうると同時に、それ以外の少数者の代表も確保されるだろう[46]。こうして労働者階級は「すべてか無かという有害な二者択一」から解放される。

ミルはヘアとともに国会議員に報酬をあたえる提案を非難した[47]。ヘアによれば、国会議員は立法をおこなうことで「報酬」をえてはならず「俸給」を目的として活動してはならなかった[48]。法学者ジェイムズ＝ロリマも指摘するように、最下層のひとが公共のことがらに熱中することに金銭的な「誘因」をみいだし「扇動家」という職業がうまれるからである[49]。統治を「堕落」させることによって「私益」を獲得するほど非難すべきことはなかった。ミルはヘアとおなじく議員の報酬を国庫からしはらうことに反対していた。けれども、自分の生計手段を放棄しなければ議員活動に時間をさくことができないひとにたいして、その支持者が国会議員に非常にふさわしいとみなして必要な収入を提供するならば、その報酬は「有益にして光栄な」ものかもしれないとのべている[50]。労働者階級もこうした財源を利用して、自分の代表を援助することができた[51]。

『代議政治論』によれば、労働者階級は統治に直接参加することができなかったため、国会は労働者の利害にかかわる議題に使用者の視点から注目するにすぎなかった[52]。労働者の見解が「真理」にちかくてもそれを「傾聴」「支持」

せず「無視」していた。とはいえ、労働者階級の政治参加がすすめば、不動産の占有者と高額所得者のみに課税して、労働者階級の利益だけを追求する「すくなからぬ危険」があった[53]。全住民が選挙権をもてば、各選挙区の多数をしめるのは肉体労働者であって、それ以外の階級が自分の代表を選出しえなくなるおそれがあった[54]。そうならないためには、ヘアの比例代表制を導入する必要があった。「平等な正義」を口実として「富者の階級支配」を「貧者の階級支配」にかえることだけをめざしてはならなかった[55]。ミルは労働者階級がこのような願望をもたないと信じていた。けれども、かれはヘアの提案した「あらゆる少数者の比例代表」に賛成すると同時に複数投票制を主張している[56]。優秀にして賢明なひとにいっそうおおくの影響力をあたえるべきであるとかんがえたからである[57]。複数投票制は社会の全成員になんらかの投票権をあたえながら、たんなる数のうえでの多数者を国会で優勢にしないためのものであった[58]。もっとも偏狭な「階級立法」と、もっとも危険な「政治的無知」をまぬがれなければならなかった[59]。

ミルによれば、工員は「現行制度を支持する偏見をもたない唯一の階級」なので、ヘアの比例代表制を採用することに「もっともつよい関心」をいだいていた[60]。労働者階級は財産にもとづく制限選挙が不当であると確信していた[61]。しかし、将来、自分の利益か偏見を有する問題について階級立法をめざす可能性があった[62]。だからこそ、ヘアの比例代表制の重要性を認識するであろう[63]。なぜならば、扇動家は「多数者の無謬性」をうたがわないけれども、民衆は自分自身がまちがわないように用心するからである。

労働者階級がその政綱として、よみかき計算という投票資格と、女性をふくむ成人選挙権と、ヘアの比例代表制をかかげれば、ミルはよろこんでできるかぎりの援助をするつもりであるとのべている[64]。かれはそのさいに複数投票制の主張を「たなあげ」すると明言した。複数投票制がなくても、ヘアの比例代表制があれば、普通選挙権をよろこんで承認する意志を有していた。自由党の国会議員チャールズ＝バクストンは、参政権の拡大という理想と、それを労働者の大部分に拡大することへの恐怖のあいだでおちいっている「自由党のジレンマ」[65]を、財産の多寡にもとづく複数投票制によって解消しようとしたけれども、それはミルの同意しうるものではけっしてなかった。

ミルはよみかき計算という投票資格を絶対に必要とみなすと同時に、何人をもこうした制限にもとづいて排除しなくなることを念願した[66]。しかし、成人選挙権を完全なものとするには、少数者が公正に代表されなければならなかった。もしも五万名の有権者が五名の議員を選出しなければならないとしたら、三万名の有権者だけで五名の議員全員を選出しうるのは公正・平等ではなかった。三万名の有権者は三名の議員を選出する権利を有するだけであって、のこる二万名の有権者が二名の議員を選出する権利を有していた。それは民主主義の原理が要請するものであった。民主主義とは多数者の「排他的な支配」と少数者の「事実上の参政権剥奪」ではなくて「万人の平等な代表」を意味していた。すなわち多数者が多数者を、少数者が少数者を、それぞれ選出することであった。ヘアの比例代表制は少数者の平等な代表を確保するために提案された最良のものであった。労働者階級は、少数者がその人数に比例して代表されるべきであるという原理を承認すれば、自分自身のために要求する「正義」を、ほかのものにもすすんであたえようとしていることを証明することになる。ミルの予想によれば、ヘアの比例代表制を導入すれば、最初に利益をえるのは労働者階級自身となろう。けれども、かれらは自分の優勢だけをめざすのではなくて、あらゆる階級のために発言の機会と、それにふさわしい影響力を要求すべきであった[67]。当時の「現実政治におけるもっとも重要な問題」は賃金・労働時間などであって、それをめぐって労働者階級と使用者が対立していた。ミルが理想としていたのは、国会で工員の代表と使用者の代表がほぼ半数ずつ存在して拮抗するなかで「それ以外の啓発された利害関係のない少数者」が決定権をにぎることであった。ミルは、よみかき計算をなしえて生活保護をうけていないすべての成人に選挙権を拡大しようとしていたけれども「あらゆる階級の優勢をまったく憎悪して」いた[68]。かれがめざしたのは労働者階級の代表が国会の半数をしめることであった。そのさいに重要となるのは、バクストンの提案した財産の多寡にもとづく複数投票制ではなくて、ヘアの比例代表制であった[69]。

一八六五年七月六日、庶民院議員にウェストミンスタで自由党の候補者として立候補したミルは、リージェント＝ストリートで選挙演説をおこなった。かれは「大喝采をもって歓迎され、会衆は起立して帽子をふった[70]。」ミルがのべるところによれば、社会のなかで代表されている階級が代表されていない階級にかわって立法をおこなうならば、それは「完全な統治」ではありえなかった[71]。自分自身の問題を処理しうるものは投票権をもたずにいるべきでなかった。庶民院は「相対立する利害の公平・公正にして不偏の審判人か仲裁人」たるべきであった。そこには、被用者の利益をもっぱら追求する議員と、不動産・資本を有するものを代表する議員が、半数ずついなければ、労働者の不平を公正に議論することはできなかった。階級の区別を可能ならば廃止すべきだけれども、それが存在するかぎり、諸階級は国会で公平に代表されるべきであった。ミルは使用者階級の代表が被用者階級の代表を圧倒することをも、その逆をも許容しなかったとはいえ、国会議員に当選したら「労働者階級の勢力を拡大しない、労働者階級の代表にいっそうおおくの議席数をあたえない選挙法改正法案を、いっさい容認しないつもりである」と断言した。

同月八日、ミルはウィンチェスタ＝ストリートで選挙演説をおこなった。「その部屋はもっとも熱烈な聴衆で満員だった[72]。」ミルが立候補したのは「金権」政治に抗議するためであった[73]。候補者は投票場にいくまえに二、〇〇〇ポンド、三、〇〇〇ポンド、四、〇〇〇ポンドかそれ以上の金銭を「公共の福祉のため」という名目で「腐敗行為」についやして、有権者を堕落させていた。富者は富者に、特権階級は特権階級に、それぞれ共感する[74]。富者はその利益を獲得するために国会にいる。同様の配慮を貧者にするには庶民院の門戸を貧者にとざしてはならなかった。

ミルは質疑応答のさいに労働者から「投票権をもつことによって生じる利益とはなにか」と質問されて「投票権を

もつものが市民になることと、自分が市民であると感じること」だと回答して大喝采をあびた[75]――これは「政治的なことがらへの参加をまったくゆるされないひとは市民でない。かれは市民の感情をもたない」という『国会改革論』の再説である[76]――。ミルによれば「市民権（citizenship）」とは「発言の機会をえて、国事に影響をおよぼすのに参加して、意見をもとめられ、はなしかけられて、政治についてひとと同意・検討する平等な権利」であり「人間の自尊心を向上させ涵養して、同胞を顧慮する感情を強化するのに役だつ」ものであった。これこそが「利己的な人間」と「愛国者」の相違であった。ひとびとに政治への関心をもたせることは「人類を向上させる崇高なこと」であった。非常に多数の議題が国会に提出されているなかで、もっとも重要なのは、それらの議題に利害をもつものが自分自身のために発言の機会をえることであった。かれらがあやまっているときでもただしいときとおなじく発言の機会をえることが必要であった。あやまっていれば「啓発」されるからである。

同月一〇日にミルはロングエイカで選挙演説をおこなった。「そのひろい部屋は非常に熱烈な聴衆でひどくこみあっていて、そのなかには大勢の女性がいた[77]。」ミルはいつか階級の区別がなくなることを希望したけれども、それが存続するあいだは庶民院が階級立法をおこなわないように注意しなければならないとのべている[78]。労働者階級が真に代表されるには国会で公正な発言権を獲得しなければならなかった[79]。そのためには、選挙法改正によって、労働者階級に庶民院の議席の半分をあたえる必要があった[80]。同月一二日におこなわれた投票の結果、ウェストミンスタでは自由党のロバート＝ウェルズリ＝グロウヴナが四、五三四票を、ミルが四、五二五票を、それぞれ獲得して当選し、保守党のウィリアム＝ヘンリ＝スミスは三、八二四票で落選した[81]。

二　グラッドストン選挙法改正法案の擁護

労働者階級を統治に参加させることのもっとも重要な結果の一つは「人間社会が土地所有のために存在する」という上流階級のあいだでなお十分な威力を有する「野卑な迷信」を「自明の理」としない庶民院議員をうみだすことにあった[82]。一八六六年四月一二日にミルはピカデリのセント＝ジェイムズ＝ホールでウェストミンスタの有権者をまえにして、ジョン＝ラッセル自由党内閣の財務大臣ウィリアム＝ユーアト＝グラッドストンが提出した「イングランドとウェイルズの国会議員選挙において投票権を拡大する法案[83]」を支持する演説をおこなった。本法案は都市選挙区における有権者資格を、年価値一〇ポンド以上の家屋等を所有者か賃借人として占有する成人男性とする第一次選挙法改正の規定を、七ポンド以上のものにすることを骨子としていた。イギリス国民は選挙法改正に関心をもっていた[84]。それはイギリス中でおきた示威運動と、庶民院に提出された多数の良質な請願が証明していた。有権者は選挙法を改正して特権をほかのひとに拡大するのをのぞまないし、非有権者は政治に無関心になっているというものもいた。しかし、ミルの指摘するところによれば、有権者のなかには「さらなる選挙法改正をもとめる強烈な感情」が存在した。第一次選挙法改正によってうまれた「一〇ポンド有権者」は「特権階級」でも「寡頭政治家」でもなかった。大部分の国民は「ある程度の教育」をうけ「ある程度の教養と政治知識」をもち「新聞と公的なできごとにある程度精通」していた。したがって、非有権者が政治に関心をもたなくなって、自国の福利をのぞまなくなって、国運をともにするのをねがわなくなったというのは「妄想」にほかならなかった[85]。グラッドストンによれば、参政権の拡大は「国家にとって危険」とならなかった[86]。ミルも立法府が本法案を採択して「さらなる選挙法改正」をおこなうことを期待した。しかし、自由党の国会議員のなかにはエドワード＝ホースマン[87]やロバート＝ロウ[88]のように選挙法改正をのぞまず、おそれ、それに反対するものもいた。

翌一三日にミルは庶民院でグラッドストンの選挙法改正法案を擁護した。本法案においてもっとも重要なのは労働者階級の一部に参政権を賦与することだった[89]。ミルは、このことを極度に警戒して「のぞましい善というよりもむしろうたがわしくておそらく危険なこころみ」とみなすものを批判した。ミルは参政権の拡大が「進歩」であって、いっそう適切な立法府をもたらしうるとかんがえた[90]。英国の国会が「無分別・強情・急進的・破壊的・革命的」になることはなかった。本法案が「労働者階級にたいする権力の無分別なおそろしい譲渡」であるという見解を有するものは、その採択に反対した。けれども「参政権規定がそれ自体善であって、議席の再配分がないときでさえ善であって、議席の再配分があればなおいっそう善である」とかんがえるミルにとって、こうした「害悪の妄想」は「恐怖」の対象とならなかった。院内外における改革家の大多数もかれとおなじ意見を有していた。ミルは懐中選挙区が消滅して、少数貴族の過度の政治的な影響力が縮小することを念願した。かれは腐敗行為によって庶民院議員となる「富者の所有する権力」を抑制することを切望した。本法案は大多数の改革家がのぞむよりもはるかに穏健だったけれども、労働者階級を庶民院の「実質的な勢力」にすることが期待された[91]。

保守党が、あるいは選挙法改正に反対するものが、いうところによれば、憲法が認識しているのは「個人」ではなくて「階級」であって、個人は自分の所属する階級が代表されていれば不平をいうことができない[92]。しかし、労働者階級はこうした「階級理論」の恩恵をうけてこなかった。少数の「階級的な偏愛か階級利益」をもつものが代表されていた。しかもきわめて過度に代表されていた。労働者階級はほかのすべての階級よりも多数であって、それゆえ「人情」からしてもいっそう考慮される資格をもち、まだよわいため、なおさら代表が必要であったにもかかわらず代表されていなかった。ミルは保守党の憲法理論を逆手にとって「労働者階級の多数の豊富な代表」を主張し、労働者階級が「人間」として代表されなければ「階級」として代表されることを要求した。

グラッドストンの選挙法改正法案を採択すれば、労働者階級が都市選挙区の有権者の約二六パーセントをしめると予想された。[93] ミルはこうした人数の労働者階級に参政権を賦与することを「有害」でないけれども「有益」でもないとみなした。なぜならば、選挙制度が少数者の代表をみとめるものであれば、全有権者のうちの約二六パーセントをしめる労働者階級は、都市選挙区を代表する国会議員の四分の一を選出することができるだろうけれども、その投票数が「集中」せず「分散」していたので、こうしたことは不可能だったからである。ミルの推測によれば、参政権を非常に拡大して労働者が全員投票することによって庶民院の六五八名の議員のうち二〇〇名を僅差で当選させることができるとしても、そのなかで労働者特有の感情・意見あるいは階級意識を代表するものは五〇名にもみたなかった。[94] また、二〇〇名の議員全員が階級利益を追求しようとしても、かれらがあやまっているばあいには、そのほかの階級の代表が対抗するので成功しそうになかった。したがって「自由主義の原理」だけでなく「保守党の原理」にもとづいても、本法案に反対することはできないであろう。

ロウは本法案が庶民院にいかなる影響をあたえるのかと質問した。[95] それにたいしてミルは、労働者階級が代表されたら、庶民院が労働者の権利か利益を十分に顧慮するようになるとのべている。[96] かれが期待したのは、庶民院が第一次選挙法改正後に穀物法の廃止[97]などをおこなったのにつづいて、本法案の採択後も「実質的な改良」を継続することであった。

法曹階級か商人階級は多数派を形成している選挙区がないのに十分に代表されていた。[98] 成功した法曹か商人は自分の財産か社会的地位によって容易に国会議員となって、かれらの「好都合な」代表となる。しかし、いかなる選挙区も労働者か、労働者の目で問題をみるひとを選出しなかった。労働組合かストライキにかんする労働者の意見を熟知して、かれらの満足する方法で庶民院に議題を提起しうる議員は、一人もいなかった。庶民院議員のおおくは徒弟奉公か労働時間にかんする問題を完全に理解してはいないので、聡明な工員からまなばなければならなかった。労働者階級の関係する問題について、かれらの見方を理解しうるひとびとが、その意見を公平に庶民院に提示して、理性的に討議するための十分な代表が必要であった。労働者階級のあやまりをただそうとするものは、まるで赤ん坊にはなしかけるかのようであった。かれらは、自分にとって自明とおもわれることが労働者にとってもそうだとかんがえる。けれども、かれらの主張は労働者の有する意見とけっして近似していなかった。なぜならば、かれらは労働者の有する意見をしらないからである。

教養のある職人は、とくに政治に興味をもつ教養のある職人は「もっともよくおしえをきく」階級であった(99)。かれらはほかの階級よりも「まじめ」であって、その意見は「純粋」で「出世欲」に左右されなかった。かれらの社会的地位が虚栄心をうむほどのものではなかったからである。かれらが自分の欠点を注意されることに、とげとげしいことばで注意されることにさえ、よくたえる階級であることは、一八六五年七月八日にミルが選挙演説をしたさいに聴衆とおこなった下記のやりとりが証明していた。

「わたくし〔ミル〕が小冊子『国会改革論』のなかで、どちらかといえば無遠慮にのべたのは〔イギリスの〕労働者階級が、うそをつくのを恥じるという点で、いくつかのほかの国の労働者階級とことなるとはいえ、なお概してうそつきだということであった(100)。ある敵対者はこの一節をビラに印刷して、主として労働者階級からなる集会でわたくしに手わたし、これを執筆・公刊したのかと質問した(101)。わたくしは『そうだ』と即答した。こうした発言をするやいなや、熱烈な拍手喝采が集会全体でなりひびいた。あきらかに労働者は自分の投票をもとめるものにたいして、曖昧なことばといいのがれを期待するのに非常になれていたので、こうしたことではなくて、自分にとっておそらく不愉快なことを率直に公言するのをきいたとき、立腹するどころか、自分が信頼しうるのはこうしたひとだと即断した。」[102]

労働者階級のただしい観念もあやまった観念も庶民院のなかで公正にのべられ誠実に議論されれば、庶民院の討論はもっとも「みごとな国民教育の課程」となろう。労働者階級がつねに感じてきたのは、自分の意見が十分に議論されずに判断され、傾聴されずに非難されているということであった。労働者階級に、自分自身の主張を弁論してもらうという、ほかのひとびとがもつのとおなじ平等な機会をもたせれば、かれらはその論争が「理性による論争」であって「力による論争」でないと感じて、自分ののぞむものを獲得しなくてもこころよく敗北をみとめて理性にもとづいて翻意するであろう。また、これまで以上に自分ののぞむものを獲得する可能性があった。

アレクシ＝ドゥ＝トクヴィルによれば、アメリカの立法府はひっきりなしにあやまりをおかし訂正するけれども、その悪弊は、国民の利益をめざす立法の一般的な傾向によって、軽微なものとなっていた。[103]「国民の利益」とは「この国の福利という、かの漠然とした抽象概念」ではなくて「人口を構成する、いきている人間の、現実の実際的な幸福」を意味する。[104]イギリスの立法もそれをめざして非常に「進歩」してきた。庶民院は穀物法を廃止したり、宗教上の無資格を撤廃したり――たとえば審査法の廃止[105]、カトリック教徒の解放[106]、ユダヤ教徒の解放[107]――するなど「いまわしいもの」を「除去」して、イギリスを「暴力的な動乱」からまもる「重要な改革」をおこなってきた。しかし、それは国会自体が制定した悪法を廃止したにすぎなかった。イギリスの立法府はそれ以上のものを国民に提供することができた。イギリスには「社会の苦難」すなわち「無知」「貧窮」「疾病」「犯罪」が存在した。こうした苦難をせおったひとびとをいかして、その人生をいきるにあたいするものにしなければならなかった。そのためには、こうした「文明の重大な長期にわたる弊害による主要な受難者」の代表が必要であった。「無知」「貧窮」「疾病」「犯罪」をなくすことが政府のもっとも重要な任務であった。ミルの推測によれば、こうした重要な公的目的のなかで、庶民院における労働者の代表がもっとも促進することは「普通教育」だった。労働者階級に参政権を拡大する理由がそのことだけであっても「十二分」だった。(108) 労働者階級にたくさんの参政権を賦与することはイギリスの代議制度における「もっとも重要な改良」であった。本法案のしめすとおりに参政権を賦与することは「議席の再配分」をともなわなくても追求すべき「絶対的な善」であった。(109)

保守党も、ロウをはじめとする本法案に反対する自由党内の保守派「アドラム派」も、大多数の労働者に参政権をあたえることに反対していた。(110) かれらが警戒したのは、労働者が国会の多数をしめて万人に参政権をみとめることであった。本法案は採択されず、ラッセル内閣は辞職し、エドワード＝ジョージ＝ジェフリ＝スミス＝スタンリ（ダービ伯爵）保守党内閣が成立した。

三　労働者階級の代表にたいする支援

大多数の国民が立法にさいして発言権をもたない法律にしたがわなければならないのは「不正」であるという原理からすれば、イギリスの労働者も選挙権を有さなければならなかった。(111) 一八六七年二月二七日に「選挙法改正連盟」はロンドンのブーヴァリ＝ストリートで集会を開催して、ハイド＝パークで聖金曜日に示威運動を開催することと、労働者階級の投票権を獲得する手段としてゼネストを指令することを、扇動的に提案した。[112] 同連盟は労働組合が結成した、排他的でないとはいえ主として労働者階級の組織で、チャーティストとおなじく男性普通選挙権を要求していた。[113] ミルはその扇動を「選挙法改正の運動にとって有益で」ないと判断した。[114] 同連盟が参政権を要求したのは「国会を支配して社会を再編する」よりもむしろ労働者階級の「社会的承認」をえるためであったけれども、[115] ミルは同日の集会を、革命を志向するものとみなして批判した。かれは選挙法改正を「肉体的な腕力」によってではなくて「継続的なあゆみ」によって実現しようとした。中産階級の大部分と上流階級の一部は漸進的な改良に賛成するかもしれないけれども、革命には抵抗するだろう。[116]「肉体的な暴力」によって目的を達成しようとすることは「まったく致命的にあやまって」いた。[117] かれによれば「革命的な手段に直接うったえる」こと、あるいは「革命のこころみ」を正当化するのは、革命をただちにおこさなければ現在も将来もきびしい「抑圧」と「専制政治」とそれにともなう「苦痛」をうけるばあいと、いかなる統治機構も平和的・合法的な手段によって不満を解消することを許容しないか、長年にわたって最大限にこれらの手段を根気よく行使しても効果のないことが証明されるばあいであった。ミルはこうした革命を正当化する根拠がないとかんがえた。

三月六日にヘレン＝テイラがミルの代筆をして[118] リチャード＝ラッセルという人物にあてた手紙によれば、労働者階級の代表が議会に存在することによって、あたらしい問題が議論され、ふるい問題があたらしい観点から議論され、さまざまな階級の有権者がたがいに関心を有しあって影響をおよぼしあうよう刺激されることが重要であった。[119]

工員は使用者の代表によって事実上代表されていて、使用者と被用者の利益は同一であるといわれていた。[120] それを否定することは「階級対立をもたらすおそろしい罪悪」とみなされた。農業経営者も農業労働者も農業の繁栄をねがい、紡績工場の工場主も労働者もキャラコの値段と税金に関心を有し、使用者と被用者は夫妻と同様にあらゆる部外者にたいして共通の利益をもち、使用者は善良・親切にして慈悲ぶかく労働者を愛しているといわれていた。けれども、かれらのくらしていたところは「牧歌的理想郷」ではなくて「汚水溜め[121]」であった。そこでは労働者がその使用者以外の保護を必要としていた。

とはいえ、多数者だけが代表されるのは「本物の民主主義」ではなかった[122]。多数からなる貧困な階級が特権階級にとってかわるだけであれば、それは「民主主義的な平等のたんなるみせかけ」にすぎず、労働者階級がのぞむものではなかった。かれらが要求するのは「貧困であるがゆえに代表されることではなくて、人間であるがゆえに代表されること」であった。かれらが希望するのは、多数者が多数者によって代表され、少数者が少数者によって代表されることであった。それを可能にするのがヘアの比例代表制であった。この制度は「最弱のひとびとに、もっとも数でおとって抑圧されがちなひとびとに」有利となる[123]。したがって、普通選挙を実施するまえは労働者階級が、実施したあとは「有産階級ともっとも教養のある階級」が、それぞれ最大の恩恵を受けるであろう。

一八六七年八月一五日にダービ保守党内閣の財務大臣ベンジャミン＝ディズレイリが主導しておこなった第二次選挙法改正は、都市選挙区における有権者資格を、住居を所有者か賃借人として占有する住民たる男性にすることを骨子としていた[124]。同改正は保守党と自由党がそれぞれ自党への支持を増大させるためにとった「民主的ポーズの競売」を背景として成立したものであり、これによってイングランドとウェイルズの有権者数は、一八六六年には一〇五万六、六五九名であったのが一八六八年には一九九万五、〇八六名に増加し、一八七一年の人口数二、二七〇万四、一〇八名を基準とすれば、有権者は全人口の約九パーセントとなった[125]。第二次選挙法改正は主として都市選挙区の労働者に選挙権を付与するものであって、州選挙区の農業労働者はほとんどその対象とならなかった。救貧税を納税する男性の選挙権を要求する「全国選挙法改正連合[126]」が一八六七年六月二八日にセント＝ジェイムズ＝ホールで開催した集会で、ミルは演説をおこなった。かれが演説をはじめるさいに「多数の聴衆はただちに一緒に起立し、帽子とハンカチをふって喝采を数分間つづけた。」[127]ミルは「不動産貸主が州選挙区の議員として農業労働者を代表している」という主張を論駁した。[128]不動産貸主と農業労働者は抗争あるいは仲たがいしてきた。農業労働者は投票権を有していなかった。農業労働者は直接的に代表されていなくても間接的に代表されているといわれたけれども、かれらは不動産貸主・農業経営者とおなじ利害を有していなかった。あらゆる階級の利害はながい目でみればほとんどおなじであるといわれるけれども、人間はその究極の利害よりも目先の利害にはるかにおおく左右されるものであった。農業労働者は不動産貸主によって代表されたいとおもわなかった。[129]農業経営者は概して農業労働者を教育することをのぞまなかった。農業経営者は教育によって農業労働者の独立心がつよまるのを懸念し、はやくからかなりおおくの労働をさせて在学させないようにした。

農業労働者は猟場管理人によって代表されたくないとおもっていた。農業労働者が確信するところによれば、猟場管理人のことばが法律であって、かれがあるひとを狩猟法違反の罪で告訴するときはいつでも、このひとは確実に刑務所にいかなければならないというのが治安判事のかんがえであった。そのことを証明していたのは、ある猟場管理人が二名の若者の密漁行為をみたと宣誓し、非行少年とみなされたかれらの父母が否定しがたいアリバイを提示したにもかかわらず、治安判事が猟場管理人を信じて二名の若者を刑務所に送致したあと、真犯人があらわれたという事件であった。[130]治安判事は猟場管理人の証言に疑念をいだかなかった。[131]地方の大地主と農業労働者の感情の相違はあきらかであった。農業労働者が投票権を有していれば、自分の代表として不動産貸主をえらぶことはまったくありえなかった。

第二次選挙法改正後の課題は「少数者の代表」を確保することであった。[132]労働者は中産階級とことなって「すぐれた陶冶」に関心を有していたので、キリスト教社会主義にもとづいて労働者教育を促進するために設立された「労働者学校」は「少数者の代表」について討論し、それを支持した。この「民主主義的な原理を十分かつ公正に実践する唯一の計画」がヘアの比例代表制であった。とはいえ、労働者階級が投票権を行使するさいに、それをうりわたす「危険」も存在した[133]。一八六八年二月二八日にアデルフィ＝テラスの「選挙法改正連盟」の部屋で開催されたヘアの比例代表制をめぐる会議にミルは出席して演説した[134]。『タイムズ』はこれに取材して、ヘアの「原理が平等という観念と代議政治の維持を両立させる手段を提供する」ものであることをみとめた[135]。ミルはこの論説が比例代表制の導入を促進することを期待した[136]。

一八六八年七月二二日にミルはセント＝ジェイムズ＝ホールでグロウヴナとともに再選をめざして選挙演説をおこなった。この集会には多数の女性をふくむたくさんの非有権者も出席した[137]。ミルは「もっとも熱烈な拍手喝采をもって歓迎され、会衆全員が起立し、ながい喝采を一緒におくった[138]。」ミルの認識するところによれば、第二次選挙法改正という「重要な変革」によって選挙民が非常に増大し、従来ほとんど代表されていなかったひとびとが代表されることによって「進歩」した[139]。ミルは大衆が獲得した「立法府と行政府の行為に影響をおよぼす発言権」を、かれら自身の「道徳的な利益と物質的な利益」だけでなく「全国民にとっての善政」を追求するために行使することをのぞんだ。これこそが「選挙権の最良の行使方法」であった[140]。

同月におけるミルの推測によれば「真の労働者」がいくつかの選挙区で国会議員に選出されるみこみが多少あった[141]。たとえばスタフォードでは「ロンドンの労働者の最良の指導者の一人」であったジョージ＝オッジャが当選する可能性を有していた——実際にはオッジャははじめにスタフォードで、つぎにチェルシで、立候補しようとしたけれどもしえなかった[142]——。ノーサンプトンでチャールズ＝ギルピンとアンソニ＝ヘンリ＝イーデン（ヘンリ男爵）という二名の自由党の現職議員が再選をめざしていたにもかかわらず、ミルは同選挙区で当選しようとしたチャールズ゠ブラドローを応援した[143]。ブラドローがノーサンプトンの有権者に提示した政綱は義務教育の実施・長男子単独相続制の廃止・貴族年金の撤廃・土地による不労所得からの徴税・労働争議にかんする特別仲裁裁判所の設置・イギリス国教会の廃止・少数代表制の採用・涜神にかんする法律の廃止・貴族院の改革・ホイッグ党とトーリ党による政治的支配の打破という一〇項目からなりたっていた[144]。ミルはブラドローを「労働者階級の意見と感情」を国会で代表しうるものとみなして、その選挙資金を寄付した[145]。ミルが第二次選挙法改正後の庶民院に期待したのは、大部分の国民の物質的・社会的状況を改善する立法をおこなうことであった。そのためには、苦役階級が富裕階級とおなじように庶民院で代表されなければならなかった。ミルは自由党を分裂させず結束させることをのぞんだけれども、ブラドローのように「進歩的な意見を有するか、労働者階級の信頼をえている」ものを自由党の公認候補としえないならば、同党の候補者と対立してもやむをえないとかんがえた[146]。非常に重要なのは、労働者階級の信頼をえているものが庶民院で労働者階級を代表することと、そのなかの幾人か自身が労働者だということであった[147]。ミルはこの条件をみたす、エイルズベリで当選をめざしていたジョージ゠ハウエルが「国会における労働者階級の重要な代表」となることをのぞんだ。

一一月二日にリージェント゠ストリートでミルはグロウヴナにつづいて、多数の女性をふくむ「聴衆の大喝采をあびながら」起立して選挙演説をおこなった[148]。ミルがのべるところによれば、参政権を獲得した大衆は、社会的利益の十分なわけまえをかれらにあたえるような立法に知力を行使しそうな議員を選出しなければならなかった[149]。第二次選挙法改正後に労働者階級は「公正な人数」の庶民院議員を要求する「正当な権利」を有していたにもかかわらず、それを獲得するみこみはきわめてすくなかった[150]。労働者の候補者を国会におくることはむずかしそうだった[151]。ミルが六日にウォリック＝ストリートで熱烈な喝采をうけておこなった選挙演説のなかでのべたとおり[152]、非常に重要なのは、適切な代表とみなされうる労働者が国会に存在することであった[153]。第二次選挙法改正のもっとものぞましい結果の一つは、ウォリックで当選をめざしていたウィリアム＝ランダル＝クリーマのような「労働者階級のなかのエリート」の幾人かが庶民院に存在することであった[154]。ミルがそれをのぞんだのは階級利益のためではなかった[155]。労働者階級のための階級立法は非難しなければならないものであった。けれども、かれらは国会における代表を有して、その要求・不平・思考と感情の様式をことごとく国会に十分にしらせて「階級利益」ではなくて「公益」のために立法を賢明かつ公正におこないうるようにすべきであった。候補者としてなのりでた労働者は非常に少数であった。「もっとも有能にしてもっとも立派な」労働者の一人であったオッジャは、自由党の票をわってトーリ党の候補者を当選させることをさけるために、チェルシでの立候補を辞退しなければならなかった[156]。それゆえ、クリーマのように多数の聡明な労働者階級の信頼をえたものが立候補して当選することがいっそう重要であった。

一七日におこなわれた投票の結果、ウェストミンスタではスミスが七、六四八票を、グロウヴナが六、五八四票を、それぞれ獲得して当選し、ミルは六、二八四票で落選した[157]。第二次選挙法改正は多数の労働者に選挙権を付与したけれども、かれらは組織化されず団結していなかった[158]。ミルはかれらの運動に献身したことが落選の一因であると分析した。また、無神論者としてしられていたブラドローの選挙費用を寄付したために有権者の感情を害したことも敗因の一つであった[159]。ミルはほとんどすべての労働者階級の候補者に寄付をおくった。ブラドローもそのなかの一人であって、労働者階級の支持をえて、かれらと民主主義的な意見を共有していた。労働者の候補者は、候補者自身が労働者であろうとなかろうと、一人も当選しなかった[160]。そのなかには、ミルがその意志と知性を非常にたかく評価していたオッジャもふくまれていた[161]。一八六九年に労働者階級を一つの選挙勢力として組織することと、労働者を国会議員に当選させることを目的として「労働代表連盟」が設立され、ミルはそれに寄付をした。[162]

ホイッグ党は急進派と連合せずに政治権力を独占することをのぞんでいた。[163] ミルの判断によれば、労働者がホイッグ党のこうした排他的な感情を打破するためにトーリ党員を庶民院議員に当選させることは「まったく正当」であった。労働者はかれら自身の代表を要求して、ホイッグ党の大多数に重大な脅威をあたえるまでトーリ党員を庶民院におくりこむべきであった。そうすればホイッグ党は妥協して、庶民院における少数の労働者の代表をみとめるであろう。一八六九年に労働者階級の代表を庶民院に選出する運動を開始したトマス゠ジョージ゠スネルという人物がケンジントンの自宅で開催した集会に、ミルは毎回出席した。[164] 労働者が庶民院に存在することは「公益にかんする労働者階級の特有の視点からの十分な討論」に不可欠であった。[165] その視点は、国会で十分に代表されているほかの階級の視点にまさるともおとらないほど考慮するにたるものであり、そのあやまりにまじって真理を有していた。[166] 労働者階級とそのほかの階級の相対立する偏見を対決させて、たがいの主張をしいてきかせることは、両者にとって「大変な進歩」となろう。労働者階級はこのような対立によって進歩する意志を有していた。

おわりに

ミルは死後の一八七九年に公表された遺稿「社会主義論」において、第二次選挙法改正によって選挙権を獲得した「週給で生活するものの大多数」が階級として行動すれば立法にとても重大な影響をおよぼすと予想し、国際労働者協会（第一インターナショナル）の動向をも視野にいれながら「私的所有の理論」と「社会主義の理論」という「二つの対立する理論」の研究をこころざした。[167]

かれによれば、社会主義者は二種類存在する。すなわちあたらしい社会秩序を村落共同体の規模からはじめて漸進的に全国にひろげていこうとするロバート＝オウエンやシャルル＝フーリエなどの「思慮にとんだ哲学的な社会主義者」と、中央権力による国のすべての生産資源の管理をめざす「革命的な社会主義者」である。[168] ミルは前者を好意的に評価し、後者を批判した。かれは考察対象を「単純な共産主義」すなわち「あらゆる参加者のあいだでの生産物の平等な分配」に限定し、それを指導するひとびとの「能率」がわるい理由として、たいていのひとの労働の誘因が自分自身と家族の経済状態の改善だけであることを指摘した。[169] ミルは、労働者にとって現行の雇用労働が非能率であって、労働者の真の能力を十分に喚起するものではないという欠点を是正する手段として「出来高ばらい」制度と、資本家が一定の報酬をうけとったあとで労働者に利潤を分配する「産業参加」制度とをあげて、後者が労働者同士の「純粋に協同的なアソシエイション」に移行する可能性を示唆している。[170] 共産主義はひとびとが「富と金銭的利益」をもとめてはならないとしているので、その「利己的野心」が「名声と個人的権力」のみを志向するかもしれなかった。[171] また、公権力が個人の生活をかつてないほど支配して「多数者による個性の圧縮」がいっそう進行するかもしれなかった。[172] 共産主義が成功するには、社会の全成員の道徳的・知的教育の水準をたかめる必要があった。共産主義の「実験」が、それに必要な「道徳的陶冶」の存在を証明すれば、共産主義は漸次ひろがっていくかもしれないけれども、そうでないのに強制すれば、政治革命によって権力を掌握したとしても失望におわるであろう。あまりにもおおくの革命的社会主義者を鼓舞していた原理は「憎悪」であった。[173]

ミルの暫定的な結論は、社会主義の企図する「私的所有と競争以外の」原理による「社会構造の完全な刷新」が、新制度を運営するものに必要な「道徳的・知的な資質」を創出するのにかなり時間がかかるにちがいないから、当面は有効でなく「個人所有の原理」がながいあいだ存続するだろうというものであった。[174] いかなる体制のもとでも「道徳的・知的な資質」が重要であることにかわりはないであろう。本書序章でのべたとおり『代議政治論』は国民の「道徳的・知的・活動的な資質」を育成すること、その「すぐれた資質」を利用すること、しかもそれを「ただしい目的」のために活用することを善政の三つの基準として設定している。これらのすべてをみたしうるのは代議政治であって、専制政治ではなかった。右記の基準に即していえば、代議政治は「市民」の「公共精神」の涵養、「熟練した立法・行政」、万人の「権利・利益」の保障を可能にするものであった。労働者の選挙権は、とくにその「市民」としての「公共精神」の涵養と「権利・利益」の保障に不可欠なものであった。労働者階級の政治参加はその「自己防衛」を確実にするだけでなく、かれらを「自立」させもする[175]。参政権を拡大すべきなのは、かれらがその利益を保護するとともに、政治参加の教育的な効果をとおして、その能力を発達させるためであった[176]。

全体主義を経験して第二次世界大戦後に隆盛したエリート主義を批判して、一九六〇年代以降に登場した参加民主主義論――それは従来の労働運動では対処しえないエコロジーやフェミニズムなどの問題を市民が自発的に解決しようとする「あたらしい社会運動」をささえるものであった――は、ミルの思想の延長線上に位置づけられよう。かれは、選挙民の役割がかれら自身で「問題を解決する」[177]ことではなくて、どの候補者をえらぶかということにすぎないとはかんがえずに、政治参加のもつ教育的な効果をとおして世論の質を改善することを期待した[178]。「民主的な参加型の制度」のみが「『活動的な』公共精神にとむ性格」を育成するというミルは「参加民主主義の理論家」であった[179]。民主主義を国民の「知性、徳性、実践的な活動と能力」[180]を発達させるものとみなすミルの「発展的民主主義」のさきに「いっそう公正にして人道的な社会は、いっそう参加的な政治システムを必要とする」という観念にもとづく「参加民主主義」を展望することができよう[181]。

一九八〇年代以降に東欧諸国の民主化や西欧諸国の新自由主義による貧富の格差の拡大などを背景として「市民社

会」が権力を行使する「国家」とも私益を追求する「市場」ともことなって、自発的に公益を志向する領域として脚光をあびるようになった。今日における「市民社会」の形成に不可欠の熟議民主主義論も、ミルの思想のなかにみいだされよう。一九世紀の政治思想においてミルは「討論による統治」のもっとも有名な主唱者だった[182]。「熟議」を強調する思想は古代ギリシアのポリスからバークやミル、ジョン＝デューイをへてジョン＝ロールズやユルゲン＝ハーバーマスという「熟議民主主義者」に継承される[183]。ミルは「熟議民主主義」の源泉の一人であった[184]。かれは労働者階級による多数者の専制を防止しようとしつつ、その投票権が必要であると主張した[185]。ミルの究極の目標は、すべての個人が平等な市民として共同の「熟議」と意思決定の過程に参加することだった[186]。労働者も使用者も「階級利益」ではなくて「真の究極的な利益」「正義と公益」を追求しなければならなかった[187]。ミルがのぞんだのは労働者階級の教育と政治参加をともなう「熟議民主主義」の政治であった[188]。

（1）"An Act to amend the Representation of the People in *England* and *Wales* [7th *June* 1832]," 2 William IV, c. 45, *The Statutes of the United Kingdom of Great Britain and Ireland*, Vol. XII (London : Printed by George Eyre and Andrew Spottiswoode, Printers to the King's most Excellent Majesty, 1832), pp. 725–755.

（2）横越英一『近代政党史研究』（勁草書房、一九六〇年）一九〇頁。

（3）Mill, John Stuart, *Autobiography* (1873), *CW*, I, pp. 221, 223. 山下重一訳註『評註ミル自伝』（御茶の水書房、二〇〇三年）二八七頁。

（4）山下重一『J・S・ミルの思想形成』（小峯書店、一九七一年）二二五頁。

（5）Mill, J. S., "Letter to Alexis de Tocqueville (7 January 1837)," *CW*, XII, p. 317.

（6）Do., "Parties and the Ministry (1837)," *CW*, VI, p. 396.

（7）Ibid., p. 397.

（8）Do., "Letter to Edward Lytton Bulwer (3d March 1838)," *CW*, XIII, p. 380.

（9）Do., "Bentham (1838)," *CW*, X, p. 107.　泉谷周三郎訳「ベンサム論」杉原四郎・山下重一編『J・S・ミル初期著作集3』（御茶の水書房、一九八〇年）二七六頁。

（10）Do., "Reorganization of the Reform Party (1839)," *CW*, VI, p. 467.　山下重一訳「革新政党の再編成」『國學院法學』第二七巻第三号（一九九〇年）九九頁。

（11）Ibid., p. 469.　一〇二頁。

（12）Ibid., p. 478.　一一一頁。

（13）Ibid., p. 482.　一一五頁。

（14）Ibid., p. 483.　一一六頁。

（15）[Wakefield, Edward Gibbon], *England and America : A Comparison of the Social and Political State of Both Nations* (London : Richard Bentley, 1833), Vol. I, p. 200.

（16）Mill, J. S., "Reorganization of the Reform Party," p. 488.　山下訳一二一頁。

（17）Do., "De Tocqueville on Democracy in America [II] (1840)," *CW*, XVIII, p. 176.　山下重一訳「トクヴィル氏のアメリカ民主主義論Ⅱ」杉原四郎・山下重一編『J・S・ミル初期著作集4』（御茶の水書房、一九九七年）一六〇頁。

（18）Do., "Lettre à Auguste Comte (le 23 octobre 1842)," *CW*, XIII, p. 553.

（19）Kinzer, Bruce L., "John Stuart Mill and the Experience of Political Engagement," Michael Laine ed., *A Cultivated Mind : Essays on J. S. Mill Presented to John M. Robson* (Toronto : University of Toronto Press, 1991), p. 194.

（20）Mill, J. S., "On Reform (*Daily News*, 19, July, 1848)," *CW*, XXV, p. 1104, editor's note.

（21）Ibid., p. 1104.

（22）Ibid., p. 1105.

（23）"Projet de décret (le 30 juin 1848)," *Le Moniteur Universel, Journal Officiel de la République Française*, No. 183 (1er juillet 1848), pp. 1537–1538.

(24) Mill, J. S., "On Reform," p. 1106.
(25) Ibid., p. 1107.
(26) Do., *Autobiography*, p. 245.　山下訳三三六頁。
(27) Do., *Thoughts on Parliamentary Reform* (1859), *CW*, XIX, p. 319.
(28) *Ibid*., p. 320.
(29) *Ibid*., pp. 324-325.　小泉仰訳『議会改革案』『ミルの世界』（講談社、一九八八年）二五九頁。
(30) *Ibid*., p. 327.　二六二頁。
(31) Mueller, Iris Wessel, *John Stuart Mill and French Thought* (Urbana, Ill. : University of Illinois Press, 1956), p. 232.
(32) Mill, J. S., *Thoughts on Parliamentary Reform*, pp. 327-328.　小泉訳二六三—二六四頁。
(33) Do., "Recent Writers on Reform (1859)," *CW*, XIX, p. 349.
(34) Austin, John, *A Plea for the Constitution*, 2nd ed. (London : John Murray, 1859), p. 19.
(35) Mill, J. S., "Recent Writers on Reform," p. 350.
(36) Austin, J., *op. cit*., p. 18.
(37) Mill, J. S., "Recent Writers on Reform," p. 350.
(38) Austin, J., *op. cit*., p. 22.
(39) *Ibid*., p. 23.
(40) *Ibid*., pp. 23-24.
(41) *Ibid*., p. 24.
(42) *Ibid*., pp. 24-25.
(43) Mill, J. S., "Recent Writers on Reform," p. 363.
(44) Ibid., p. 364.
(45) Bagehot, Walter, "Parliamentary Reform (*The National Review, January* 1859)," Norman St John-Stevas ed., *The Collected Works of Walter Bagehot*, Vol. VI (London : Economist, 1974), p. 226.

（46）Mill, J. S., "Recent Writers on Reform," p. 365.
（47）Ibid., p. 368.
（48）Hare, Thomas, *A Treatise on the Election of Representatives, Parliamentary and Municipal* (London : Longman, Brown, Green, Longmans, & Roberts, 1859), p. 122.
（49）Lorimer, James, *Political Progress not Necessarily Democratic : Or Relative Equality the True Foundation of Liberty* (London ; Edinburgh : Williams and Norgate, 1857), p. 169.
（50）Mill, J. S., "Recent Writers on Reform," pp. 368-369.
（51）Ibid., p. 369.
（52）Do., *Considerations on Representative Government* (1861), CW, XIX, p. 405.　水田洋訳『代議制統治論』（岩波書店、一九九七年）八一—八二頁。
（53）*Ibid.*, p. 442.　一五九頁。
（54）*Ibid.*, p. 450.　一七六頁。
（55）*Ibid.*, p. 460.　一九八頁。
（56）*Ibid.*, pp. 477-478.　二三四—二三五頁。
（57）*Ibid.*, p. 478.　二三五頁。
（58）*Ibid.*, p. 487.　二五四頁。
（59）*Ibid.*, p. 512.　三〇七—三〇八頁。
（60）Do., "Letter to Max Kyllmann (February 15. 1863)," CW, XV, p. 840.
（61）Do., "Letter to William Rathbone, Jr. (November 29, 1863)," CW, XV, p. 905.
（62）Do., "Letter to Henry Fawcett (December 2. 1864)," CW, XV, p. 974.
（63）Do., "Letter to Max Kyllmann (February 15. 1865)," CW, XVI, p. 997.
（64）Ibid., p. 998.
（65）Buxton, Charles, "The Liberal Dilemma," *The Times* (December 9, 1864), p. 5.

(66) Mill, J. S., "Letter to Thomas Bayley Potter (March 16, 1865)," *CW*, XVI, p. 1013.
(67) Ibid., p. 1014.
(68) Do., "Letter to James Beal [April 17, 1865]," *CW*, XVI, p. 1032.
(69) Do., "Letter to George Jacob Holyoake (April 28 1865)," *CW*, XVI, p. 1039.
(70) *Daily Telegraph* (7 July, 1865), quoted in Mill, J. S., "The Westminster Election of 1865 [3] (6 July, 1865)," *CW*, XXVIII, p. 28, editor's note.
(71) Ibid., p. 30.
(72) *Daily Telegraph* (10 July, 1865), p. 2, quoted in Mill, J. S., "The Westminster Election of 1865 [4] (8 July, 1865)," *CW*, XXVIII, p. 32, editor's note.
(73) Ibid., p. 32.
(74) Ibid., p. 33.
(75) Ibid., p. 39.
(76) Do., *Thoughts on Parliamentary Reform*, p. 322.　小泉訳二五五頁。
(77) *Daily Telegraph* (11 July, 1865), p. 4, quoted in Mill, J. S., "The Westminster Election of 1865 [6] (10 July, 1865)," *CW*, XXVIII, p. 42, editor's note.
(78) Ibid., p. 42.
(79) Ibid., pp. 42–43.
(80) Ibid., p. 43.
(81) Do., "Letter to Edwin Chadwick (July 6. 1865)," *CW*, XVI, p. 1076, n. 7.
(82) Do., "Letter to Henry Fawcett (January 1. 1866)," *CW*, XVI, p. 1130.
(83) "A Bill to Extend the Right of Voting at Elections of Members of Parliament in England and Wales (13 *March* 1866)," *House of Commons Parliamentary Papers*, 1866, Vol. V, pp. 87–102.
(84) Mill, J. S., "Representation of the People [1] (12 April, 1866)," *CW*, XXVIII, p. 55.

(85) Ibid., p. 56.

(86) The Chancellor of the Exchequer [Gladstone, William Ewart], "Speech on Representation of the People Bill (April 12, 1866)," *Hansard's Parliamentary Debates*, 3rd ser., Vol. CLXXXII, col. 1139.

(87) Horsman, [Edward], "Speech on Parliamentary Reform—Representation of the People Bill (March 12, 1866)," *ibid.*, cols. 90–114.

(88) Lowe, [Robert], "Speech on Parliamentary Reform—Representation of the People Bill (March 13, 1866)," *ibid.*, cols. 141–164.

(89) Mill, J. S., "Representation of the People [2] (13 April, 1866)," *CW*, XXVIII, p. 59. Cf. do., "Manuscript Draft of Representation of the People [2] (1866)," *CW*, XXIX, pp. 599–603.

(90) Do., "Representation of the People [2]," p. 60.

(91) Ibid., pp. 60–61.

(92) Ibid., p. 61.

(93) Ibid., p. 62.

(94) Ibid., p. 63.

(95) Lowe, [R.], op. cit., col. 161.

(96) Mill, J. S., "Representation of the People [2]," p. 64.

(97) "An Act to amend the Laws relating to the Importation of Corn [26th *June* 1846]," 9 & 10 Victoria, c. 22, *The Statutes of the United Kingdom of Great Britain and Ireland*, Vol. XVIII (London : Printed by George E. Eyre and Andrew Spottiswoode, Printers to the Queen's most Excellent Majesty, 1847), pp. 68–70.

(98) Mill, J. S., "Representation of the People [2]," p. 65.

(99) Ibid., p. 66.

(100) Do., *Thoughts on Parliamentary Reform*, p. 338.

(101) Do., "The Westminster Election of 1865 [4]," p. 35.

(102) Do., *Autobiography*, p. 274.　山下訳三六七—三六八頁。

(103) Tocqueville, Alexis de, *De la démocratie en Amérique I* (1835), André Jardin éd., Œ*uvres II* ([Paris]： Gallimard, 1992), pp. 264–266.　松本礼二訳『アメリカのデモクラシー第一巻（下）』（岩波書店、二〇〇五年）一一一—一一四頁。

(104) Mill, J. S., "Representation of the People [2]," p. 67.

(105) "An Act for repealing so much of several Acts as imposes the Necessity of receiving the Sacrament of the Lord's Supper as a Qualification for certain Offices and Employments [9th *May* 1828]," 9 George IV, c. 17, *The Statutes of the United Kingdom of Great Britain and Ireland*, Vol. XI (London： Printed by George Eyre and Andrew Strahan, Printers to the King's Most Excellent Majesty. And by Andrew Strahan, Law Printer to the King's Most Excellent Majesty, 1829), pp. 332–333.

(106) "An Act for the Relief of His Majesty's Roman Catholic Subjects [13th *April* 1829]," 10 George IV, c. 7, *ibid*., pp. 693–698.

(107) "An Act to provide for the Relief of Her Majesty's Subjects professing the Jewish Religion [23d *July* 1858]," 21 & 22 Victoria, c. 49, *A Collection of the Public General Statutes, Passed in the Twenty-first and Twenty-second Years of the Reign of Her Majesty Queen Victoria： Being the Second Session of the Seventeenth Parliament of the United Kingdom of Great Britain and Ireland* (London： Printed by George Edward Eyre and William Spottiswoode, Printers to the Queen's most Excellent Majesty, 1858), pp. 172–173.

(108) Mill, J. S., "Representation of the People [2]," p. 68.

(109) Do., "Representation of the People [3] (16 April, 1866)," *CW*, XXVIII, p. 69.

(110) Do., "The Ministerial Crisis (23 June, 1866)," *CW*, XXVIII, p. 88.

(111) Do., "Letter to Henry I. Rowntree [March, 1867]," *CW*, XVI, p. 1246.

(112) "The Government Reform Bill," the *Star* (February 28, 1867), p. 2, quoted in Mill, J. S., "Letter to William Randal Cremer (March 1, 1867)," *CW*, XVI, p. 1247, n. 2.

(113) Ibid., p. 1247, n. 3.

(114) Ibid., p. 1247.

(115) Smith, F. B., *The Making of the Second Reform Bill* (Cambridge [Cambridgeshire]： Cambridge University Press, 1966),

p. 235.

(116) Mill, J. S., "Letter to William Randal Cremer (March 1, 1867)," pp. 1247–1248.

(117) Ibid., p. 1248.

(118) Do., "Letter to Richard Russell (March 6th, 1867)," *CW*, XVI, p. 1251, n. 1.

(119) Ibid., p. 1252.

(120) Do., "The Admission of Women to the Electoral Franchise (20 May, 1867)," *CW*, XXVIII, p. 158.

(121) Cicero, Marcus Tullius, *Letters to Atticus* (London : W. Heinemann, 1962), Vol. I, p. 108 (II, i). 根本和子・川崎義和訳「アッティクス宛書簡集Ⅰ」『キケロー選集13』（岩波書店、二〇〇〇年）八三頁。

(122) Mill, J. S., "Personal Representation (30 May, 1867)," *CW*, XXVIII, p. 184.

(123) Ibid., p. 185.

(124) "A Bill Further to Amend the Laws Relating to the Representation of the People in England and Wales (18 *March* 1867)," *House of Commons Parliamentary Papers*, 1867, Vol. V, pp. 521–546. "An Act further to amend the Laws relating to the Representation of the People in *England* and *Wales* [15th *August* 1867]," 30 & 31 Victoria, c. 102, *A Collection of the Public General Statutes Passed in the Thirtieth and Thirty-first Years of the Reign of Her Majesty Queen Victoria : Being the Second Session of the Nineteenth Parliament of the United Kingdom of Great Britain and Ireland* (London : Printed by George Edward Eyre and William Spottiswoode, Printers to the Queen's most Excellent Majesty, 1867), pp. 657–677.

(125) 横越『近代政党史研究』三六四、三八〇頁。

(126) Mill, J. S., "Letter to the National Reform Union (June 9, 1864)," *CW*, XV, p. 944, n. 2.

(127) Do., "Redistribution (28 June, 1867)," *CW*, XXVIII, p. 197, editor's note.

(128) Ibid., p. 198.

(129) Ibid., p. 199.

(130) "The Game Laws and County Representation," *The Spectator* (June 15, 1867), pp. 658–659.

(131) Mill, J. S., "Redistribution," p. 200.

(132) Do., "Letter to Lord Houghton (After August 7, 1867)," *CW*, XVI, p. 1301.
(133) Do., "Letter to James Garth Marshall (October 26. 1867)," *CW*, XVI, p. 1322.
(134) Do., "Letter to Thomas Hare (March 8. 1868)," *CW*, XVI, p. 1372, n. 3.
(135) *The Times* (March 4, 1868), p. 8.
(136) Mill, J. S., "Letter to Thomas Hare (March 8. 1868)," p. 1372.
(137) Do., "The Westminster Election of 1868 [1] (22 July, 1868)," *CW*, XXVIII, p. 320, editor's note.
(138) *Daily Telegraph* [23 July, 1868], quoted in ibid.
(139) Ibid., p. 320.
(140) Do., "The Westminster Election of 1868 [1]," p. 321.
(141) Do., "Letter to William Wood (July 28, 1868)," *CW*, XVI, p. 1427.
(142) Ibid., p. 1427, n. 2.
(143) Do., "Letter to Thomas Beggs (September 27. 1868)," *CW*, XVI, p. 1450.
(144) Brinton, Crane, *English Political Thought in the Nineteenth Century*, 2nd ed. (London : Ernest Benn, 1949), pp. 244-245.
(145) Mill, J. S., "Letter to Samuel Warren Burton (October 1, 1868)," *CW*, XVI, p. 1452.
(146) Do., "Letter to Edward P. Bouverie (October 19, 1868)," *CW*, XVI, p. 1462.
(147) Do., "Letter to Charles Stewart Walther (October 25, 1868)," *CW*, XVI, p. 1464.
(148) Do., "The Westminster Election of 1868 [3] (2 November, 1868)," *CW*, XXVIII, p. 335, editor's note.
(149) Ibid., p. 339.
(150) Do., "Letter to J. H. Fletcher (November 5. 1868)," *CW*, XVI, p. 1478.
(151) Do., "Letter to John Plummer (November 5. 1868)," *CW*, XVI, p. 1479.
(152) Do., "The Westminster Election of 1868 [5] (6 November, 1868)," *CW*, XXVIII, p. 345, editor's note.
(153) Ibid., pp. 346-347.
(154) Do., "Letter to William Randal Cremer (November 10. 1968 [1868])," *CW*, XVI, pp. 1484-1485.

(155) Ibid., p. 1485.
(156) Ibid., p. 1485, n. 3.
(157) Do., "Lettre à Louis Blanc (le 19 Novembre 1868)," *CW*, XVI, p. 1486, n. 2.
(158) Ibid., p. 1486.
(159) Do., *Autobiography*, p. 289.　山下訳二八七頁。
(160) Do., "Letter to Edwin Chadwick (November 19. 1868)," *CW*, XVI, p. 1488.
(161) Do., "Letter to William Wood (February 24, 1869)," *CW*, XVII, p. 1568.
(162) Do., "Letter to William Wood (December 14. 1869)," *CW*, XVII, p. 1673, n. 5.
(163) Do., "Letter to George Odger (February 19, 1870)," *CW*, XVII, p. 1697.
(164) Snell, Thomas George, "Letter to Helen Taylor (February 27, 1880)," quoted in Mill, J. S., "Letter to Sir Charles Wentworth Dilke (May 10. 1870)," *CW*, XVII, p. 1716, n. 3.
(165) Do., "Letter to Henry Kilgour (August 15, 1870)," *CW*, XVII, pp. 1758-1759.
(166) Ibid., p. 1759.
(167) Do., "Chapters on Socialism (1879)," *CW*, V, pp. 706-709.　永井義雄・水田洋訳「社会主義論集」『ミル』（河出書房、一九六七年）三九二―三九六頁。
(168) Ibid., p. 737.　四二四頁。
(169) Ibid., pp. 739-740.　四二六―四二七頁。
(170) Ibid., pp. 742-743.　四二九―四三一頁。
(171) Ibid., p. 744.　四三二頁。
(172) Ibid., p. 746.　四三三頁。
(173) Ibid., p. 749.　四三六頁。
(174) Ibid., pp. 749-750.　四三七頁。
(175) Ten, C. L., "Democracy, Socialism, and the Working Classes," John Skorupski ed., *The Cambridge Companion to Mill*

(Cambridge, UK ; New York : Cambridge University Press, 1998), p. 377. Cf. Mill, J. S., *Considerations on Representative Government*, p. 404.　水田訳七九―八〇頁。Robson, John M., *The Improvement of Mankind : The Social and Political Thought of John Stuart Mill* ([Toronto] : University of Toronto Press ; [London] : Routledge and K. Paul, 1968), p. 231.

(176)　Ten, C. L., op. cit., p. 384.

(177)　Schumpeter, Joseph A., *Capitalism, Socialism, and Democracy*, 3rd ed. (New York : Harper & Brothers, 1950), p. 282.　中山伊知郎・東畑精一訳『資本主義・社会主義・民主主義』（東洋経済新報社、新装版一九九五年）四五一頁。

(178)　Thompson, Dennis F., *John Stuart Mill and Representative Government* (Princeton, N. J. : Princeton University Press, 1976), p. 21.

(179)　Pateman, Carole, *Participation and Democratic Theory* (Cambridge, [England] : University Press, 1970), p. 29.　寄本勝美訳『参加と民主主義理論』（早稲田大学出版部、一九七七年）五四―五五頁。

(180)　Mill, J. S., *Considerations on Representative Government*, p. 392.　水田訳五四頁。

(181)　Macpherson, Crawford Brough, *The Life and Times of Liberal Democracy* (Oxford [Eng.] : New York : Oxford University Press, 1977), pp. 51, 94.　田口富久治訳『自由民主主義は生き残れるか』（岩波書店、一九七八年）八六、一五五頁。

(182)　Elster, Jon, "Introduction," Jon Elster ed., *Deliberative Democracy* (Cambridge, UK : Cambridge University Press, 1998), p. 4.

(183)　Dryzek, John S., *Deliberative Democracy and Beyond : Liberals, Critics, Contestations* (Oxford ; New York : Oxford University Press, 2000), p. 2.

(184)　Gutmann, Amy and Dennis Thompson, *Why Deliberative Democracy?* (Princeton, N. J. : Princeton University Press, 2004), p. 9.

(185)　Baum, Bruce, *Rereading Power and Freedom in J. S. Mill* (Toronto : University of Toronto Press, 2000), p. 244.

(186)　*Ibid.*, p. 245.

(187)　Mill, J. S., *Considerations on Representative Government*, pp. 442, 443, 447.　水田訳一五九、一六〇、一七〇頁。

(188)　Baum, B., "J. S. Mill and Liberal Socialism," Nadia Urbinati and Alex Zakaras ed., *J. S. Mill's Political Thought : A*

Bicentennial Reassessment (Cambridge [U. K.]: Cambridge University Press, 2007), p. 121.

第三章　女性選挙権論

はじめに

ジョン＝スチュアート＝ミルは、ほとんどすべての女性の利益がその父親か夫の利益にふくまれるので男性だけに選挙権をあたえればよいとする父ジェイムズ＝ミルの「統治論」（一八二〇年）を批判した——もっとも父ミルは女性を排除すべきであると断言しようとしていたのではなく、選挙権が制限されることを想定して、その限度を論じていただけであった[1]——。女性選挙権は、ミルのティーンエイジャだったときからの信念であり、かれがハリエット＝テイラに魅力を感じたことの一つだった[2]。一八六五年に庶民院議員に立候補したときには、女性選挙権の実現をめざすことを公約としてかかげた。このような理論を有権者にのべたのはミルが最初であって、かれの当選はその後活発になった女性選挙権を支持する運動の発端となった[3]。ミルは「選挙法改正連盟」の会員になることを辞退しつづけた[4]。その綱領が「成人男性選挙権」を要求していたためである。かれが国会議員という立場でおこなった「唯一の真に重要な公共奉仕」は、選挙権を男性に限定すると解されていた文言を削除して、自家保有者であるか男性有権者に必要な資格をもつすべての女性に選挙権をみとめるよう提案したことだった[5]。ミルは一八六八年に落選したあとも「女性選挙権全国協会」の集会で精力的に演説した。かれは「もっともすばらしい一九世紀の女性の権利の代弁者」

「選挙権運動の柱石」「英国フェミニズムの父」であった。[6] 本章は、ミルの女性選挙権論を追究するものである。

一　思想形成

(1) 一八五〇年まで

『代議制の理論的根拠』（一八三五年）の著者サミュエル＝ベイリは女性に選挙権をあたえないことを原理上擁護しえず、正当でない根拠にもとづいているとみなした。[7] 女性に選挙権をあたえようとしないものは、男女の利益が同一であって、女性が知性の欠如によってかの女自身の福利をもとめて選択する能力をもたないので、代議士の選出を男性にゆだねるほうがよいという。[8] しかし、ベイリによれば、こうした主張は説得力をもたなかった。[9] なぜならば、男女の利益は同一でなく、男性はその権力を行使して女性を抑圧してきたからである。「無責任な権力は濫用される」というのが代議政治の重要な格言の一つであった。男性は女性にたいする権力をたえず悪用していた。女性も「立法府における法律の制定にたいする統制力」を有しなければならなかった。ミルによれば、既婚女性の財産は法律上その夫のものであったけれども、女性が投票権をもてば、その夫に「絶対的にして独占的な管理権」をあたえる法律は存在しえないであろう。[10] かれは、女性が無知だから選挙権をあたえるべきでないという意見にたいして、選挙権をあたえないことこそが女性を無知たらしめていると反論する。女性が選挙権という「最少の政治的機能」をさえもつことができず、政治にかかわることが女性の「固有の領域からの背反」であると男性から反対されているなかで、女性が政治にかんする知識の獲得に興味をいだくのを期待することは不可能であった。

ハリエット＝テイラとミルが共同執筆した「女性の権利にかんする論文」（一八四七―一八五〇年？）によれば、

女性を政治から排除することは害悪あるいは不平の原因でないというのが「多数のまじめな威厳のあるひとびと」の意見であった(11)。そうした発言をすることは、かれらが「正常で賢明で合理的で」「ばかげたかんがえと感傷主義」に左右されない証左とされた。かれらは女性に「有権者であるとみとめられないことのどこに不平があるのか。有権者であることがいかなる利益をもたらすのか。なぜ有権者であることをのぞまなければならないのか」とたずねて、選挙権を有しないことによる「明白な損害あるいは苦痛、実際的な不便」をしめすことを要求する。ハリエットとミルによれば、こうした発言をするひとびとは「あらゆる種類の自由の敵」であった。不平をいう女性にたいして「十分に自由ではないか。いま以上になにをしたいというのか」とうかれらは自分を「なみはずれた良識とまじめさ」を有するものとかんがえたけれども、偏狭なので自分の観念を賢明とみなしているにすぎなかった。人生の主要な価値は「自由と力と希望」にある。女性は外見上安楽ならば、希望をうばわれても、発展の可能性をとざされても、職業につくことができなくても、いかなる刺激をも感じなくてもよいというわけではなかった。けれども、女性のかわりに立法する男性はこのようにみなしていた。

「女性の固有の領域は家事の生活である」ので、女性は主として家政・育児等に専念しなければならないといわれる(12)。しかし、男性の職業は「公共の問題の適切な処理にたいする興味」をもたせなくするものとはかんがえられていない。女性の生得的な仕事が家政であるとしても、女性は選挙で投票することによって家政を放棄しないであろう。それは、男性が選挙で投票することによってかれの商店か事務所からたちさることがないのとおなじである。「女性の固有の領域は私生活である」「女性は政治とまったく関係ない」ということばにあらわれているのは「政治的権利のあらたな予期せぬ要求者にたいする反感」にすぎなかった。

オーストリアの政治家としてウィーン体制を維持するために自由主義・民族主義運動を弾圧したクレメンス＝フォ

ン＝メッテルニヒは政治を、それを職業とするものたちにまかせよというけれども、そうすれば、投票しえないものはことごとく「職業政治家の掌中に目隠しされてなげこまれる。[13]」女性に選挙権をあたえないことを正当化するには、かの女が政治的意見と投票権をもつことによって、はなはだしい害悪が生ずることをしめさなければならない。しかし、投票権をもつ男性とおなじ社会的地位の女性に投票権をみとめることによって、それが生じることはありえなかった。

女性に投票権をみとめることによって、夫婦が政治について家庭内で口論することを心配するものもいた。しかし、夫婦は意見を異にしても、完全に和合して共同生活をいとなんでいた。また、女性が政治的意見をもつことができなければ、かの女は「独立した私心のない意見」をもたずに「家族の金銭上の利益か社交上の虚栄」のみを追求するようになる。[14]その夫が「愛国心」か「公共精神」をもつことはありえなかった。妻は感情を陶冶することになれていなければ、その家族の利己心を体現する。それになれていれば、つよい感受性と敏感な良心によって、夫の高潔な感情を非常に鼓吹する。

多数の男性が「政治的な女性」を嫌悪するのは、政治が「口論をこのむ友好的でない感情の源泉」であるという観念と、女性の行動範囲をできるかぎり制限すべきであって、家庭と社交を政治と無関係にしておくべきであるという観念を有しているからであった。しかし、口論するほど「政治にかんしてまじめすぎる」わけではないし、おおくのひとびとは政治について非常に強硬なかんがえをもっているわけでもない。政治に熱心になるのは、自分の「個人的な利益」か「社会的地位」があやうくなったときにすぎない。人類のいっそう重要な利益について思考・思案するのをさまたげれば、社会に邪悪な感情・気質が蔓延する。これは「人類の自由か進歩にかかわる問題」であった。ひとびとはたがいに嫌悪して、狭量な個人的な嫉妬心と不機嫌から、たがいに憎悪している。「活動的な精神と感受性のつよい感情」を育成して、私益以外に関心をもたなければ「個人的あるいは社交上の虚栄心」が人生の原動力となる。政治上の意見の相違よりも、個人的な対抗意識のほうが、憎悪と敵意をたくさんうみだしていた(15)。

人類を友好的にするのは、自分自身とすぐちかくにいるひとだけを愛することだという観念は「空虚」であった。ひとびとが自分自身とその家族だけを愛するならば、専制政府によって抑圧されているのでないかぎり、万人のこぶしが万人にたいしてむけられる。「公共」にかんして関心をもたなければ「真の社会的感情の基礎」は存在しえなかった。イギリスでこうした社会的感情がほとんどまったく存在せずに、その家族にまもられた男性が他者に嫌悪と反感をおぼえるのは、人類のいっそう重大な利益にたいする関心がほとんどまったくないからであった。このような関心をたとえば黒人や囚人にいだくことは、個人の性格を高尚にするのみならず柔和にする。なぜならば、各人が「共感の構成分子」になって「共感する共通の基盤」をもつからである。奴隷制度の廃止・学校の設立・刑務所の改善など、イギリスで成功してきた社会改良をめざすほとんどすべての民衆運動は、女性が積極的な役割をはたしてきたものであった。たとえば刑務所の改善の主要な指導者はエリザベス゠フライという女性であった。女性がこれらの問題に関心をもったことによって、家庭生活か社交の調和がそこなわれたということはなかった。

投票権の効用とは、投票者の個人的な利益を保護することである。女性は投票権を必要としている。というのは、女性の財産・子ども・身体にたいする権利保障が不十分だからである(16)。投票権のそのほかの効用は、投票者の知性を育成すること、投票者をいっそう広範な階級の利益に注目させて、その感情をひろげること、投票者の社会的地位・評判をたかめること、侮辱的な差別を回避することであった(17)。女性は投票権をもつべきである。そうしなければ、女性は男性と平等でなく、下位におかれるからである。女性に投票権をあたえようとしないものはみな、女性を男性の下位におこうとしていた。

女性に平等な政治的権利をあたえることが男性の利益に反するとかんがえるものもいた[18]。こうした男性の「気ままな放縦」に歯止めをかけなければならなかった。女性の政治的平等にたいする反感がうまれるのは、それが家庭における女性の隷属と対照的だからである。女性の悪弊はことごとく男性に依存しなければならないことに存する。女性の不平の要因はこの点にある。「女性の権利」という表現をあざけってかきけそうとする俗悪な男性がいる。かれらはこれを「本当につまらないこと」とみなしていた。しかし、いっそう重大なのは「女性の権利」という観念にたいする平凡な女性の嫌悪であった。それは「パンと魚」[19]をあたえてくれる男性への畏怖にもとづいていた。女性は男性にはたらいてもらうことをのぞみ、かの女自身が労働しなければならないのを不愉快に感じすぎていた[20]。女性にたいする教育は「公共精神あるいは個人の尊厳」という概念をことごとく排除してきたので、依存という観念に不快になるどころか、服従を美徳に昇華させていた[21]。その結果、女性はあらゆる才能を「誘引・説得・慰撫・愛撫する能力」と「誘惑する能力」につぎこむ。女性は男性を誘惑することによって自分の目的を達成する。こうしたことによって、かの女の性格は、かの女自身がまったくしらないうちに、とるにたらないくだらないものとなる。

女性に選挙権をあたえるのは、第一にそれが公正だからである。第二に女性が法律上、多数の重大な不平をいだいているからである。第三に女性が男性に依存していて、その不平が、女性に選挙権をあたえないことによって永続しているからである。女性に選挙権をあたえないことは、それが男性に拡大するにつれて、ますますはなはだしい侮辱・退廃となっている。男性は「唯一の特権階級」「性の貴族」であり、排除された女性の隷属が、いっそうきわだっている。選挙権をあたえることが無益であるという観念はあさはかで、あやまっている。その最大の利益は、選挙権を獲得したものが「市民」であると認識されることである。すなわち社会の成員のたんなる所有物ではなくて、独立した成員であるとみなされることである。イギリスでは「市民であるという事実（the fact of *citizenship*）」がうみだす人生へのはかりしれない影響が、すこしも認識されていなかった。

ヴィクトリア女王は完全に良心にしたがって生活し行動していると公言していた。[22] かの女が女王としてのあらゆる行動にさいして夫の意見をもとめて、それにしたがうということはなかった。既婚女性は政治についてその夫とことなる意見と行為の自由を行使すべきであった。納税しているものはことごとく、これを代表すべきであるという原理にしたがえば、独身女性だけでなく、継承的財産設定がなされた財産をもつ既婚女性にも投票権をあたえなければならなかった。「政治改革」をおこなって女性に選挙権をあたえるべきであった。[23]

ウィリアム＝ラヴェットがひきいるチャーティストは労働者階級の参政権を要求した。ミルは人民憲章に「女性の政治的平等」をかかげて、かれらの目標がたんなるかれら自身の福利にではなくて「普遍的な福利」にあることをしめすのをのぞんだ。[24] ウィリアム＝ジョンソン＝フォックスは直截にというよりはむしろ推断によってではあるけれども、女性が選挙権をもつべきであるとのべている。[25] かれは普通選挙権を、選挙権をもつのが「普通」であって、それをもたないのが「例外」であるものと解する。[26] しかし、この「普通」ということばについて、つねに「へ理屈」がいわれてきた。「人民憲章」も女性を「例外」としていた。その正当にして十分な根拠をしめすべきである。何人も「実質上の代表」という虚構にもとづいて、公権を剥奪されてはならなかった。ミルによれば、男性普通選挙権の要求は「原理の憎悪すべき放棄か、知的無能力の証拠」であって、女性を「侮辱」することであった。[27]

(2)　一八六〇年まで

ハリエット＝テイラは「女性参政権の賦与」（一八五一年）という論説において、一八五〇年一〇月二三・二四日にアメリカ合衆国のマサチューセッツ州ウスタで開催された「女性の権利大会」が、女性に選挙権をあたえる決議を採択したことを紹介している。[28]「独立宣言」によれば「わたくしたちが自明の真理とみなすのは、あらゆる人間が平等につくられていることと、造物主がかれらに一定のうばいえない権利を賦与していることと、これらのなかには、生命・自由・幸福追求の権利があることである。これらの権利を保障するために人間のあいだで政府を設立して、その正当な権力が被治者の同意に由来することである。[29]」この「あらゆる人間」という文言は男性のみをさしているわけではなかった。[30]アメリカのみならず英国とヨーロッパ大陸においても、市民的・政治的平等にたいする女性の要求は、抵抗しえないものとなっている。[31]にもかかわらずチャーティストは女性に選挙権をあたえようとしなかった。あらゆる女性に「市民権（citizenship）」をみとめないことは「政治的正義」に反する。納税していれば代表されるべきであるというのがイギリスの自由の原理であった。妻の財産を夫にあたえる法律のもとでさえ、納税している多数の未婚女性がいた。

ジョン＝ラッセル元首相は一八五四年にあたらしい選挙法改正法案を起案した。[32]ミルはそれが第一次選挙法改正法の「たんなる模倣・拡張」にとどまらず、男性と同一の条件をみたす女性——すでに救貧委員会の選挙では投票していた——に、参政権をみとめることをのぞんでいた。[33]しかし、この選挙法改正法案は男性の参政権を拡大するけれども、あらゆる女性を既存の政治的・社会的な隷属状態にしておくものであった。[34]「真の普通選挙権」に必要なのは、女性が投票するのを承認して「性の保守主義」を撲滅することであった。[35]しかし、オーストラリアのヴィクトリア州では、一八五七年一一月二四日に「成人男性選挙権」が制定された。[36]それは俗悪にして侮辱的なことばであり、女性を排除することを一つの主義として主張していた。[37]「もっとも保守主義的にして、もっとも自由主義的な」選挙法改正は、男性に必要とされる条件をみたす女性に参政権をあたえることであった。[38]参政権をもつ女性はほとんど上流・中流階級のものだけだから、その影響は保守主義にとってこのましいものであろう。選挙権をすべての男性に拡大することは、かつて「普通選挙権」とあやまって呼称され、その後「成人男性選挙権」という「おろかにして侮辱的な名称」でよばれている[39]。これを法律で制定すれば、投票する男性は女性とことなる階級利益をもつであろう。女性が大学を卒業することをみとめる法案や、自分の妻を「毎日ほとんど死にかけるほど殴打する悪党」を厳罰に処する法案や、既婚女性に財産権をもたせる法案が国会で提出されても、女性はこれらを支持する議員候補者に投票することができなかった。

ジェイムズ＝ロリマは「究極的な普通選挙権」に女性をふくめようとしなかったけれども、ミルによれば、行為能力を有するものにたいして選挙権にかんする例外をみとめることは「原理」の完全な「破綻」を意味した[40]。ロリマは何人にたいしてであれ最終的に投票権をあたえないことが公正でも可能でもないとかんがえていたにもかかわらず、女性に投票権をあたえることに消極的であった[41]。女性がその家族のなかの男性をとおして行使する「影響力」[42]を十分なものとみなしていたためである。

それにたいして、トマス＝ヘアは女性に選挙権をあたえないことを「徹底的に、もっとも正当に非難」している[43]。かれによれば、女性が行為能力をもつならば、すなわち家屋あるいは保有不動産を占有するか自由土地保有権を有するならば、女性に国会の参政権をあたえるべきである[44]。こうした排除は「封建法の残滓」であって、イギリスのほかの市民的制度と調和しない。それは正当な根拠がまったくない「変則」であり、これを廃止すればおおくの道徳的利益がうまれる。ヘアは国会議員だったら、女性選挙権にかんする議題を国会に提出したであろう[45]。ヘンリ＝クリントンという「偉大な急進主義者」も女性選挙権を熱烈に支持していた。一八五九年二月二一日にベルファストで開催された「人権の味方」の公開集会が採択した決議も、成人男女が選挙権と被選挙権を有することを要求していた[46]。

(3)『代議政治論』以後

『代議政治論』[47]によれば、性の相違は身長あるいは髪の色の相違とおなじく、政治的権利とまったく無関係である。あらゆる人間が善政におなじ利害をもっている。万人の福祉がひとしくそれに左右される。その恩恵を確保するために、発言権を平等に必要としている。女性は男性よりもそれを必要とする。肉体的によわいため、法律と社会の保護がいっそうなければならないからである。人類は女性が投票権をもつべきでないという結論の根拠をすでに放棄した。女性が隷属すべきであって、いかなる思想・願望あるいは職業をももつべきでなく、その夫・父親あるいは兄弟の家内奴隷たるべきであるとかんがえるものはいない。男性と同様に財産を所有して金銭上・商売上の利益をもつことが、未婚女性にみとめられていて、まもなく既婚女性にもゆるされるであろう。女性が思考し著述し教師になることは適当・適切であるとみなされている。したがって、女性を政治的に無資格にしておくことは、その依拠する原理をまったくもたない。世界では諸個人の適否を社会が決定することへの反対がつよまっている。政治学・経済学の原理によれば、諸個人の適否を正確に判断しうるのは自分自身だけであって、完全な選択の自由のもとで、おおくのひとびとは自分に最適のことに専念するであろう。

女性が選挙権をもつべきであるということを証明するのに、おおくを主張する必要はない。女性が従属階級で、家事に拘束され家庭内の権威者に服従すべきであるならば、そうした権威者の虐待からみずからをまもるために選挙権による保護を必要とする。男性も女性も政治的権利が必要なのは、自分が統治するためではなくて、悪政をしかれないためである。したがって、何人も選挙権を悪用しないかぎり、それをもつのがのぞましい。女性が選挙権を悪用するとはだれもかんがえない。女性がその夫や父親のいいなりに投票するとしても、人類のもっとも重要な関心事について意見をもつことができ選択をなしうると、法律がしめすことは、女性の道徳を非常に改善するであろう。夫妻が政治について討論して、投票が共通の関心事となることは有益であろう。妻が夫から独立して外部の世界にたいして行動しうるということは、かの女の尊厳と価値をたかめる。投票の質は改善され、男性は誠実に投票するようになるであろう。妻の夫にたいする影響力が「公共的な原理」にではなくて、その家族の「私益か世俗的な虚栄心」にもとづくこともある。妻は政治に、名誉にかかわる問題があるということを理解しえないからである。女性に投票権をあたえれば、政治を名誉にかかわる問題とみなすようになって、政治に個人的な責任感をいだくであろう。そうすれば、妻の個人的な、あるいは家族の利益という誘惑の魔手が夫の政治的良心を阻害することはないであろう。妻の力が直接的ではなくて間接的であることは政治上有害であった。

男性有権者に必要な条件をみたす女性に選挙権をあたえないことは、きわめて不合理であった。とくにヴィクトリア女王が統治していて、エリザベス一世が「もっとも栄光ある治者」であったイギリスでは、不合理のみならず不正でもあった。それは「独占と専制の崩壊しつつある組織の遺物」であった。ミルはジェレミ゠ベンサムやベイリやヘアなどイギリスのもっとも有力な政治思想家の女性選挙権論が流布することを希求した。性別は肌の色とおなじく「市民の平等な保護と正当な特権」を剥奪することを正当化するものではなかった。

女性は概して選挙権をのぞんでいないといわれるけれども、そうであるからこそいっそう必要であるというのがミルの見解であった(48)。女性が選挙権をのぞまないのは政治にかんする知識・関心と「公共的な義務」の観念が欠如しているためであった。その結果、かの女は関係する男性の「公共的な美徳」を破壊する。ミルは女性がすでに社会的な影響力を有しているので投票権をあたえなくてもよいというロリマの主張を批判した。一八六五年二月二四日にミルがジョン゠ラッセル（アンバリ子爵）――同年に首相に再任されたラッセルの息子。翌年に急進的なホイッグ党の国会議員となる。ミルの門弟(49)――にあてた手紙に記されているとおり、ミルは女性を排除してすべての男性に選挙権を要求する運動に、積極的に参加するよう要請されても拒否した[50]。

二　庶民院議員としての言動

(1) 請願の提出

ミルは庶民院議員選挙に立候補した。一八六五年七月五日にセント＝ジェイムズ＝ホールで開催された集会は「ありふれた選挙集会とことなる様相」をしめし「熱烈に関心をよせているとおもわれる女性が席の両端をしめていた[51]。」ミルはそこで女性の投票権を要求することを「隠蔽」せず「率直に」表明して喝采をあびた[52]。「賢明な」候補者に要求される資質とは「しらばくれることと、策略をもちいることと、なるべくなにごとも約束しないこと」であるとみなすものからすれば、ミルの女性選挙権論は「無分別」にして「実行不可能」なことであり、ミルの「誠実な友人」でさえ、これを政綱としてかかげて当選することは期待しえないとかんがえていた[53]。

同月八日にウィンチェスタ＝ストリートで開催された選挙集会では質疑応答のさいに労働者から「投票権をもつことによって生じる利益とはなにか」と質問されて「投票権をもつものが市民になることと、自分が市民であると感じること」だと回答して大喝采をあびた[54]。ミルによれば「市民権」とは「発言の機会をえて、国事に影響をおよぼすのに参加して、意見をもとめられ、はなしかけられて、政治についてひとと同意・検討する平等な権利」であり「人間の自尊心を向上させ涵養して、同胞を顧慮する感情を強化するのに役だつ」ものであった。これこそが「利己的な人間」と「愛国者」の相違であった。ひとびとに政治への関心をもたせることは「人類を向上させる崇高なこと」であった。女性も男性とおなじく「陶冶」を必要としていた。万人が政治的権利を共有しなければ、理想国家の実現は不可能であった。この権利をもたないものは「一種の社会ののけもの」であった。非常に多数の議題が国会に提出されているなかで、もっとも重要なのは、それらの議題に利害をもつものが自分自身のために発言の機会をえることであった。かの女たちがあやまっているときでもただしいときとおなじく発言の機会をえることが必要であった。あやまっていれば「啓発」されるからである。

ミルは庶民院議員に当選した。一八六六年五月六日にキャロライン＝Ｅ・リドルという人物へあてた手紙において、ミルはかの女たちが課税されているがゆえに代表されるべきであるという「正当な要求」を主張しようとしていることを歓迎した[55]。女性は参政権に関心をもっていないし、それを希求していないといわれていた。幾人かの国会議員は「男女の差別なしに参政権をみとめること」をのぞんでいたけれども、おおくの国会議員は、女性自身が参政権を要求しないかぎり、それをあたえようとしなかった。「納税者である女性」こそが「女性参政権のもっとも当然の、もっとも適当な唱道者」であった[56]。ミルはリドルに請願をかくことをすすめ、できるかぎりおおくの署名を獲得したあと、それを国会に提出することを約束した。

六月九日に国会議員クリストファ＝ダービ＝グリフィスへあてたミルの手紙によれば、グリフィスが女性に選挙権を拡大するのに積極的な態度をとったことはミルを満足させたけれども、選挙法改正法案に女性の選挙権をみとめる条項を首尾よく追加しうるみこみはなかった[57]。そこでミルは「実際的な成果をもたらしえない論議」をしいて「議事進行を妨害しているという非難を増大させること」を回避して、同年中はこうした問題の存在を「周知させるだけにとどめて「将来の運動の基礎をすえる」ことに専念しようとした。

とはいえ、ミルはキャサリン＝ルイーザ＝ラッセル（アンバリ子爵夫人）に予告したとおり[58]、七月一七日に庶民院で女性選挙権にかんする演説をおこなった。すでにかれは「女性選挙権の承認をもとめる請願」を庶民院に提出していて、それにはバーバラ＝ボディション、クレメンティア＝テイラ、エミリ＝デイヴィスをはじめとする一、五二一名の署名が付されていた。(59)ミルによれば、この署名数は、女性選挙権の提案に反対してなされる「選挙権をつよくのぞむ女性が、いるとしてもわずかである」という主張を非常によわめるものであった。(60)この請願は国会に提出する最終段階をのぞけば、いかなる男性の「扇動」も「参加」もなく、もっぱら女性の発案によるものであった。(61)これだけの署名数を「二週間」(62)という非常に短期間で獲得したことは、ミルにとって予想外であった。それは女性選挙権という「公共的な性質」をもつ提案を真剣に考察する機が熟したことをしめしていた。保守党の国会議員ジェイムズ＝ホワイトサイドはミルに女性選挙権の要求を「撤回」するよう「勧告」したけれども、(63)ミルはこれに応じなかった。かれは「党派の一時的な利益」よりも「社会の恒久的な利益」を考慮する義務を有していた。女性が国会で議論されている重要な社会・政治問題を考察して、すでに有する多大な影響力を、いっそうおおくの知識と責任感をもって行使するのは保守党にとっても、ほかの「善良」でない「主義」をもつものにとっても有利なことではなかった。(64)もっともミルが「よろこびと感謝の念をもって傾聴した」ところによれば、財務大臣ベンジャミン＝ディズレイリは、財産を所有する女性が荘園裁判所の裁判官にも教区委員にもなりうるイギリスで、投票権を有するべきであるとのべていた。(65)

ミルは一一月二一日に『ウェストミンスタ評論』の経営者・主筆ジョン＝チャプマンにヘレン＝テイラがかいた「独立して生活している女性の選挙権を要求する論説」を推奨した。(66)それはたぶん「次回の会期における院内運動を促進するという実践的な目的」で執筆されたものだった。この論説「女性の請願――一八六六年六月七日にJ・スチュアート＝ミル氏が庶民院に提出した請願――」はミルの希望どおり同誌一八六七年一月号に掲載され、同年に『イギリス女性による選挙権の要求にかんする立憲的考察』として再版された。(67)ミルはヘレンとともに、有権者の財産資格をみたす女性に選挙権をあたえることを支持する一八六七年二月七日付『デイリ゠ニューズ』の社説を称賛した。[68]

(2) 国会での演説

一八六七年五月二〇日にミルは庶民院で女性選挙権の承認をもとめる演説をおこなった。かれはまず選挙権の拡大が「政治権力の均衡」を妨害するものでも「革命」をひきおこすものでもないことを力説する。[69] 女性が法律上も憲法上も十分な条件をことごとくみたしているのに選挙権をもちえないことに正当な根拠があるのかどうかという「単純な問題」をミルが検討するところによれば、イギリスの国制にかんして、このような「絶対的な排除」の事例はほかになかった。女性は「家柄・財産・勲功・努力・知性」をもってしても「かの人事の偉大な配列者〔神〕」をもってさえしても、国事にたいして発言することができなかった。[70]

権利と特権にかんして明確な理由なしに差別をすることは公正でなかった。「あるひとにあたえないものを、べつのひとにはあたえるということを、気まぐれに理由なしにすべきでない」というのが「正義」の命ずるところであった。前財務大臣ウィリアム゠ユーアト゠グラッドストンが「もっとも正当に」のべたように、だれにたいしてであれ、選挙権を拒絶する根拠を提示するためには「個人的な不適格」か「政治的な脅威」を断言する必要があった。[71] けれども、財産を管理するか事業をおこなって、しばしば莫大な金額の地方税と国税をしはらう女性――そのうちの多数が責任のある家長であって、一部が教員として、たくさんの男性有権者のかつて学習してきたことよりもはるかにおおくをおしえる女性――が、男性の自家保有者のはたしうる機能をはたしえないと断定することはできなかった。女性に選挙権を承認したら「革命」をおこすか「悪政」をもたらすと信ずるものもいなかった。

女性をたんに女性であるという理由で、代議制度への参加から排除することは「正義という普遍的な原理」を侵害するか無視しているだけでなく「英国憲法の独特の原理」とも矛盾していた。この憲法の「最古の、もっとも大切な」格言は「課税」と「代表」が一致すべきだということであった。女性は税金をしはらっていた。行為能力を有する女性は選挙人資格をもつ男性とおなじくらい歳入に貢献していた[72]。自由土地保有権か不動産賃借権の所有者は男性であれ女性であれ、ひとしく「この国にかんする利害関係[73]」をもつ[74]。「とおい昔」のイギリスでは、女性が州選挙区といくつかの都市選挙区で投票していた――有権者を「ひと」ではなくて「男性」と規定して女性を明示的に排除したのは一八三二年の第一次選挙法改正においてであった[75]――。

ミルは女性が「大規模な集会」を開催したり「デモ」をおこなったりしなかった「怠慢」を指摘した。とはいえ、ミルがいっそう批判したのは、たいていのひとびとの女性選挙権に反対する根拠が「奇妙であるという感覚」にすぎないことであった。しかし「慣習による専制」は衰微しかけていた。庶民院も「慣習」ではなくて「理性」にもとづいて議論すべきであった。

「政治は女性の本分ではないし、その固有のつとめにたいする注意をそらせるであろう。女性は選挙権をのぞまず、それをもちたがらない。女性は男性の身内・親類の代表によって十分に代表されている。女性はすでに十分な権力をもっている」という主張を、ミルは逐一論駁していく。政治は女性の本分ではないといわれるけれども、男性が議員でないかぎり、それは男性の本分でもなかった。非常に大多数の男性有権者はおのおの自分自身の仕事をもっていて、それに自分の時間のほぼすべてをうばわれている[76]。かれらが数年に一度、投票所にいくのに数時間をついやすことによって――それに新聞と政治論文をよむ時間をくわえたとしても――、自分の仕事をおろそかにすることはないし、投票権をもたないひとびとより「劣悪な商人・弁護士・医師・聖職者」でもない[77]。英国憲法が、自分の時間の大部分を政治にあてることのできないものにことごとく投票権をあたえないのであれば、有権者は非常に少数となろう。「政治的自由」とは「政治を職業としないものが、それを職業とするものを統制すること」である。「自分がただしく統治されているかということと、自分を統治するのはだれかということを、機織と鍛冶が決定することが、しかも正当に決定すること」が「立憲的自由の真髄」にほかならなかった。

たいていの女性の通常の職業は主として家事であった。けれども、それが国事にたいするもっとも強烈な関心と両立しがたいという観念は、職人がよむことをおそわったら仕事場と工場をさるだろうという懸念とおなじくらい、根拠のないものであった。女性が関心をいだく権利を有するのは、いかにして「男性のもっとも有能にして忠実な召使」となりうるかということではなかった。女性の全人生を男性の想像上の便宜のためにうばうことは「不正」にして「おろか」であった。自分自身の仕事を満足におこなうには「幅ひろい精神的陶冶」がなければならなかった。実際の経験を役だてるには「知力」が必要であった。しかし、家事は男性の通常の仕事よりも「公共の問題にたいする理解力」と相いれないとみなされていた。「次代の男性の道徳教育」を主として託されている女性が国民の道徳・教育上の関心事について世論を形成するのに適しえないということはなかった。家計をうまくやりくりする女性は「かくも莫大な資力でかくも非常にわずかな成果しかうみだしていない」国会議員に「教訓」をあたえることができた。

女性と男性の職業を峻別するという観念は、すなわち男性が関心をもつことに女性が関心をもつのを禁止するという観念は「過去の社会」に属するものであった(78)。いまや女性と男性が歴史上はじめて、真にたがいの伴侶となる「しずかな家庭上の革命」が進行している。かつて男性はその人生を同性のなかだけですごしてきた。かれの友情・親交はことごとく男性とのものであった。仕事について相談するのも、男性にたいしてだけであった。その妻は「なぐさみものか上級の召使」であった。しかし、いまや男女両性は人生をともにすごしている。妻はその夫の「主要な仲間」「もっとも信任のあつい友人」で、しばしば「もっとも信頼する相談相手」である。男女が親密にしてほとんど排他的なまじわりをむすんでいる時代に、女性は、あらゆる重要な問題にかかわらないようにいいきかされて、男性の職務に関心をもつべきでなく、家庭外に関心をもつのがその職分をこえることだとおそわっている。それによって、男性よりも故意に低劣な状態におかれ、その世俗的な関心事が家庭という四方の壁の内部に強制的に限定されている。女性が「優美な性格」として歓迎されるがゆえに政治について「無知・無関心」であろうとすれば、その悪影響が男性におよぶ。女性を男性の水準にひきあげなければ、男性を女性の水準にひきさげる時代が、いまや到来している。妻はその夫の「公共的な義務の感情」を理解せず、これに共鳴しなければ、かれの「個人的な利益」に関心をもつ。すると、夫も「社交上の利益と出世」のみにとらわれるようになる[79]。男女両性の性格上の美点は相反するという根拠のない観念のもとで、男性はおおしい女性をおそれている。しかし、男性と女性が真に仲間であるとき、女性が「個人的な利益とくだらない、むなしいものごと」にのみ関心をもつならば、男性もそうなるであろう。男女両性はいまや、浮沈をともにしなければならない。女性が投票権をもたなければ、重大な公的問題に関心をもたないであろう。女性の投票権を否定することは、かの女が「公益」に関係するのを期待していないことであった。こうしたことは学校時代から継続していた。かの女は自国史にさえ関心をもっていない。成人して家事を遂行するのに関係ないとおそわってきたからである。

もしも女性が選挙権をのぞんでいないのであれば、それはかの女の感覚が「鈍磨」して精神・良心が「麻痺」していることの証左であった。しかし、実際には、たくさんの女性が選挙権をつよくのぞんで、庶民院への請願によってそれをもとめていた。たいていの女性は「不満足な状況を我慢すること」をおしえこまれていた。「率直な感情表現」は女性の教育が創出すべき「美徳」となっていなかった[80]。選挙権は、それを行使するものの「能力」を刺激して、その「感情と共感」に影響をひろげるものであった[81]――この主張はミルが政治参加の教育的な効果にかんしてアレクシ＝ドゥ＝トクヴィルの影響をうけたことと「市民生活への参加」がひとびとを質的に向上させ高尚にするというアリストテレスの見解を共有していたこと[82]をしめすものである[83]——。

女性が男性の身内・親類にたいする影響力によって、非常におおくの間接的な権力を有しているので、直接的な権力を必要としないのであれば、裕福なひとびともこうした影響力をもっているので、投票権をもたなくてもよいということになる。すなわち「買収」することができるけれども「投票」することができないことになる。たしかに、女性は強大な権力を有している。しかし、それは「間接的な、それゆえ無責任な」ものであった。ミルののぞみは、それが「責任のある権力」にかわること、女性の「良心」がこの権力の「誠実な行使」に関心をもつこと、かの女がこの権力を「たんなる私的な支配権」とみなさないこと、かの女の影響力が「甘言」によってではなくて「おおしい意見交換」によってはたらくこと、かの女が「名誉にかかわる政治問題」に気づくことであった。多数の女性はすでにその夫や兄弟の政治的行為に、非常に影響をおよぼしている。それは「寵臣の奸計の影響力」のようであった。投票権の承認と同時に、それに付随する義務感が生ずる[84]。女性の良心は男性のよりも鈍感だというわけではなかった。かの女が「道徳的な主体」となって「政治上の良心」をもって「個人的な利益か虚栄心のために政治上の信念を犠牲にする」ことをせず「政治上の高潔さとは、男性がその家族のために放棄しなければならない、おろかな個人的な気まぐれではなくて、厳粛な義務である」ということを理解すれば、かの女が影響をおよぼしうる男性は、あらゆる公共の問題において、いっそうすぐれたものとなるであろう。

「女性は女性なるがゆえに投票権を有していないことによって実際の不便をなにも感じていない。女性の利益はことごとくその父親・夫・兄弟の手で安全にまもられている。女性の父親・夫・兄弟はかの女とおなじ利益を有して、なにがかの女にとっての善であるかをかの女よりもはるかによくしっているだけでなく、かの女が自分自身を大切にするよりもずっとかの女を大切にしている。」これらは代表されていないあらゆる階級についていわれていることであった。たとえば工員は使用者の代表によって事実上代表されていて、使用者と被用者の利益は同一であるといわれていた。それを否定することは「階級対立をもたらすおそろしい罪悪」とみなされた。農業経営者も農業労働者も農業の繁栄をねがい、紡績工場の工場主も労働者もキャラコの値段と税金に関心を有し、使用者と被用者は夫妻と同様にあらゆる部外者にたいして共通の利益をもち、使用者は善良・親切にして慈悲ぶかく労働者を愛しているといわれていた。これらの主張はことごとく、男性と女性の関係についてとおなじく「真実で適切で」あるといわれていた。けれども、かれらのくらしていたところは「牧歌的理想郷」ではなくて「汚水溜め」であった。そこでは、労働者がその使用者以外の保護を、女性が男性以外の保護を、それぞれ必要としていた。男性はその保護する女性を「毎年なぐりころし、けころし、ふみころし」ていた。

女性が女性なるがゆえに投票権を否定されていることによって、かの女の利益をそこなっていないと断言するまえに、女性が不平をいだいていて、法律とその施行が女性だけに不利であることを、認識する必要があった。(85) たとえば、教育について、将来の男性を教育しているのは母親なので、国民教育のもっとも重要な部分はこの母親の教育であるといわれる。しかし、それが実際には重要視されていなかった。娘の教育に息子の教育とおなじくらい関心をもつか、費用をかける用意のある父親は少数であった。娘のための大学・高等学校・高等教育機関はどこにもなかった。少女は自宅で教育をうけるほうがよいといわれても、女性家庭教師の養成所はどこにもなかった。男女両性の教育のための基本財産は、主として「少女」ではなくて「少年」の扶養・教育にもちいられた。このような状況では、女性が成人してから生計のために自助努力にたよることはうまくいかなかった。女性に開放されている「まともな教養のあるひとにふさわしい職業」は「女性家庭教師」だけであった。エリザベス゠ギャレットは人間の苦痛を軽減させるという高潔な願望から医師をこころざし、女性を「排除しわすれていた」薬剤師試験を受験、合格したことによって開業医の資格を取得した。しかし、薬剤師協会はこのことを「不愉快」と感じたので、ギャレットがはいったあと、こうした進路を遮断した。女性の就職について、事情は「すべておなじ」[86]であった。[87]女性がいかなる職業においてであれ、男性と競争しうることをしめすやいなや、それはもうかるか名誉な職業であっても、女性にとざされる。

「誠実に」女性を代表するといわれていた男性は、未婚女性の利益をこのようにあつかっていた。では、既婚女性にたいしてはどうか。イギリスのコモンローによれば、妻のもつものはことごとく完全に、その夫に属する。夫は、その妻のもつものをことごとく奪取することができるし、妻の金銭をことごとく放蕩で浪費することができるし、妻をはたらかせて、子どもを扶養させることができる。妻が英雄的な努力と献身によって、将来困窮しないようにいくらか貯金しうるとしても、妻がその夫と判決にもとづいて別居しないかぎり、夫はその妻の貯金を強奪して、妻を無一文にすることができる。このような事例は「まったくありふれたできごと」であった。富裕階級は自分の娘がこうした「いとうべき」コモンローのもたらす結果をまぬがれるように、婚姻継承的財産設定をおこなって、その娘自身の財産を確保していたけれども、貧者の娘はこうした恩恵をうけることができなかった。

ミルはこうした既婚女性の財産権にかんする不平を、投票権を付与することによって解消しようとした。[88]女性は「社会のなかのあまやかされた子ども」ではなかった。[89]「過剰過多な権力」を有してもいないし、女性選挙権という「単純明白な一片の正義」を女性にあたえる気もちのない男性の代表によって、十分に代表されているわけでもなかった。代議士の選挙において自分の意見をきいてもらう権利、国会に自分の感情を伝達する議員を選出する機会を、女性にみとめるべきであった。

ミルはこの演説をおえたあと、第二次選挙法改正法案第四条[90]において「男性」という文言を「ひと」にかえる修正条項を提案した。国会議員サミュエル＝レイングは、選挙権が「軍人の美徳・名誉」とおなじく「男性にふさわしい」ものであるという理由でミルの修正条項を批判した[91]。国会議員ジョージ＝エドワード＝アランデル＝モンクトン＝アランデル（ゴールウェイ子爵）もその「撤回」を要求した[92]。ミルは「普通選挙」が実現するときに投票権をあらゆる男性に拡大するならば、それをあらゆる女性にも拡大すべきであるとかんがえていた[93]。けれども、ほかの議員が有権者の財産資格に固執するかぎり、その資格を有しない女性に選挙権を拡大することを提案しなかった[94]。ミルはその資格を有する女性に選挙権をあたえたあと、既婚女性もそれを有するべきであるというのが「一般的な世論」になれば、それが実現するだろうと展望した。既婚女性も投票権をもつべきであるということは「一般的な世論」に先行して、すでにミルの意見となっていた[95]。かれの修正条項は反対一九六票、賛成七三票で否決された。

(3)　運動の支援

ミルの修正条項が七三票の賛成を獲得したことは「大成功」であった[96]。かれの推測によると、反対派議員ともうしあわせて投票を棄権するものがいなければ、あるいは投票時間が夜ふけでなければ、一〇〇票ちかくに達したかもしれなかった。このことはミルを「激励」し「意気揚々」とさせた[97]。「最大の成功」は国会議員ジョン＝ブライトの賛成票をえたことだった[98]。かれはその一〇日まえ、女性選挙権に「断固と」して反対していた。

ミルは女性が選挙権をえて、政治について知力を行使することをのぞんだ[99]。「アメリカ合衆国の政治的・道徳的・社会的進歩」にも関心をもっていたかれは、カンザス州議会が「性にともなう不公平な政治的特権」を「皮膚の色にともなう同種の特権」と同時に廃止しようとしたことをしって「ふかいよろこび」を感じた[100]。カンザス州は「自由と市民権にたいする万人の平等な権利をもとめて闘争して」いた[101]。

五月二〇日の庶民院におけるミルの演説後、女性選挙権をもとめる「ただしい意見」が女性にも男性にも「まったくおどろくほど」ひろがった。[102] ミルは経済学者ジョン＝エリオット＝ケアンズに「ロンドン女性選挙権全国協会」を組織中であることをつたえ、同協会に加入するよう勧誘した。「女性の政治的平等」はそのために活動するにあたいするものであった。[103]

ミルは国会での論争に没頭していたので、黒人と女性のための同権を主張した「アメリカ同権協会」がニューヨークで五月九・一〇日に開催した一周年記念大会に祝賀状をおくることができなかった。[104] イギリスで第二次選挙法改正法案にたいするミルの修正条項が七三票という「予想外におおくの」賛成をえたあと、多数の男女が女性選挙権をもとめる運動を支持して、それにたいする同意が「進歩的な自由主義の象徴」となった。それと同様にアメリカ合衆国でも「重要な進歩」が生じ、女性の無資格が不朽の「独立宣言」の諸原理にたいする「国家の冒涜」とみなされていた。同国でハリエット＝テイラの論説「女性参政権の賦与」が再版されることは、ミルにとって大変なよろこびであった。

ギュスタヴ＝デシュタールが「適切に」のべるところによれば「ひとびとは平等で責任をもてば、非常にすぐれたものになる。」[105] このことばはミルに「普通選挙」を要求させ、女性選挙権のために「闘争」させた。アメリカ合衆国では急進派が「黒人の平等」とおなじく「女性の平等」を追求していた。[106] 最高裁判所のサーモン＝ポートランド＝チェイス首席裁判官はとくにそうであった。カンザス州知事サミュエル＝ジョンソン＝クローフォードも女性の参政権を要求していた。一八六七年にイギリスの国会に提出された女性選挙権をもとめる請願に付された署名数は約一万三、〇〇〇であった。[107] 男性の署名数は半分よりもずっとすくなかっただろうけれども、前年の署名数は約一、五〇〇で、すべて女性によるものであった。

一二月二九日にヘレン＝テイラがミルの代筆をした教育・社会改革家メアリ＝カーペンタあての手紙によれば、カーペンタは自分のために投票権を要求しないといったけれども、それを所有することによって可能となるのは、自分自身を保護することだけではなかった。[109] 投票権とは、未成年者をはじめとする投票しえないものを保護する手段でもあった。その行使を軽視することは「もっともはなはだしい義務の怠慢」であった。人間は「文明にたいする返礼」としてこの義務をおっていた。すなわち文明によって「安全と平和」「もっとも高尚なたのしみ」「洗練と道徳的な気高さ」を獲得して、同胞に「ふかい恩義」を有する。「投票する義務」を「高潔にして公共的な動機」にしたがって遂行しなければならなかった。「投票する権力」を「利己的な関心か野心」によって行使してはならなかった。投票権とは「合法的な権力」であると同時に、なおいっそう本質的には「忠順に遂行すべき義務」であった。カーペンタは女性自身が投票権を要求することに反対していたけれども、投票する「義務」を自分自身に課すことを要求せずに他者からおしつけられるのをまつことは「寛大」でも「高潔」でも「立派」でもなかった。[110] カーペンタは女性選挙権の運動をおこなう時機が到来したという確信をもつことができなかったけれども、第二次選挙法改正によってほぼ一〇〇万名の新有権者が参政権を獲得した「いま」が「好機」であった。[111]

とはいえ、国会は女性が選挙権を所有することをのぞんでいなかった。[112] 一二月三一日にヘレン＝テイラがミルの代筆をしたフロレンス＝ナイティンゲイルあての手紙によれば、ナイティンゲイルは第一に女性が投票権をもたないことよりも重大な悪弊がある、第二に女性が投票権を獲得すれば、それをのぞまないものと対立して女性の権利を保障する立法を遅延させる、第三に女性が投票権をもたなくても、国会がかの女の財産と影響力にかんする無資格を全廃しうるとかんがえていた。[114] しかし「社会的な幸福か尊厳、商業の自由、信教の自由あるいはいかなるかたちの物質的な繁栄も」「政治的自由」に「最大の基礎」をおいていた。被支配者が政治権力を手にいれなければ、支配者は被支配者の無資格を全廃しようとしなかった。女性が自分自身の問題にかんする「平等な発言権」をもたなければ「正当な」立法は不可能であった。

女性が参政権を獲得することはそれ以外のあらゆる改革を遂行することよりも「断然容易」であり、後者は前者から必然的に生ずるにちがいなかった(115)。樹木の「枝」をつぎからつぎへときりおとすのは、その「幹」をきりたおすよりもおおくの労力を要することであった。

ナイティンゲイルは、女性が投票権を獲得することによって、男女間に「政治上の党派意識と反感」が生ずるのを懸念した。口論を予防するために男性を「絶対的な主人」とするのが最善とみなされていた。女性の「隷属」の改善は、男性の「抽象的な正義・公正感」ではなくて、男性が女性に「妻・娘・母・姉妹としてなにをのぞむかという感覚」に左右された。しかし、多数の女性が「愛想はよくないけれども強力な敵対者」となれば、男性は女性を尊重し、女性に「優越する権力」を悪用しなくなるであろう。

これらのナイティンゲイルにたいする反論を要約すれば、第一に政治権力はあらゆるかたちの抑圧にたいする唯一の防衛手段であるということ、第二に女性が政治的権利を獲得するほうが、ほかのいかなる重要な改革を達成するよりも容易だということ、第三に男女間で党派心が激突して事態を悪化させる可能性はないということであった(116)。最初「女性選挙権全国協会」の会員になることに気がすすまなかったカーペンタとナイティンゲイルは、ミルが署名したけれどもヘレン＝テイラがかいたこれらの手紙の要請によって会員となった(117)。

ワシントンＤＣで一八六七年に設立された「普通選挙権協会」は黒人と女性の投票権を獲得することをめざしていた(118)。一八六八年一月一六日にミルが同協会の幹事にあてた手紙――六月一五日付『ニューヨーク＝タイムズ』で公表された――によれば、アメリカの女性参政権を支持する世論の「進歩」はミルの注視するところであった(119)。かれは同国がほかのおおくの問題についてとおなじく、女性選挙権の実現についても「先鞭」をつけることをのぞんだ。ミルは同協会の創設をとてもよろこぶとともに、同協会の「評議委員会」にはいる「光栄」に浴した。「おなじ目的」をもつ「ロンドン女性選挙権全国協会」がイギリスで誕生していた。[120]

女性選挙権を要求する請願がかなりあった。[121]「ロンドン女性選挙権全国協会」が促進してミルが五月一四日に国会に提出した請願の署名数は二万一、七五七におよんでいた。[122] かれは女性科学者のメアリ＝サマヴィルに署名を依頼し、承諾をえた。[123] ジャーナリストであったウィリアム＝フレイザ＝レイは八日にバーミンガムで開催された女性選挙権の会議を一一日付『デイリ＝ニューズ』で報道した。[124] ミルはレイがこの集会に参加したことと、女性選挙権の運動においてひろく活躍していることをしってよろこんだ。[125] 一八六八年の女性選挙権にかんする請願の署名数は五万ちかくに達し、たぶんそのうちの半数以上は女性によるものであった。[126] この運動はミルが期待した以上に成功していた。一〇月九日にミルがエドウィン＝チャドウィックにあてた手紙によれば、ミルを庶民院議員に再選することを支持するひとは、かれの「女性選挙権・ジャマイカ委員会・少数代表制」およびそのほかの「気まぐれ」とおなじく、ミルがチャールズ＝ブラドローを支援したことにも「我慢」しなければならなかった。[127] ミルは落選した。

三　晩年の活動

(1)　一八六九年以前

一八六八年の選挙結果は女性選挙権の運動にとって不利となった。[128] 女性選挙権に賛成する当選議員はほんの少数で、トーリ党のなかでも自由党のなかでも減少したからである。こうした状況において、この問題を庶民院に提起するもっとも賢明な方法は、請願であった。ミルは女性が投票権の獲得をめざして、辛抱づよく法律の改正を要求しつづけることをのぞんだ[129]。この請願は女性が「政治的権利」と「自由」を享受するにふさわしい存在となるための「着実にしてしずかな、ねばりづよい努力の重要な訓練」であった[130]。女性参政権の承認は「重要な社会的改良」であった[131]。

ミルはヘレン゠テイラとともに、女性参政権の承認をもとめる請願を作成した[132]。一八六九年に「女性選挙権全国協会」はイングランドのすべての選挙区から、女性選挙権を支持する請願を各選挙区の議員にとどけて、国会に提出するようつとめることを決定した[133]。ミルはウィリアム゠ウッドという人物がストウクで請願の署名をできるかぎりあつめて、この「重要な運動」に「有益な奉仕」をしてくれるよう要請した[134]。ミルはウッドが「時間と労力」をかけておくの署名を獲得することをのぞんだ[135]。

四月二五日にミルはエリザベス゠ケイディ゠スタントンに手紙をかいた。かの女はアメリカにおける女権運動の指導者であり、奴隷制廃止論者ヘンリ゠ブルースタ゠スタントンの妻であって、一八四八年にニューヨーク州のセネカ゠フォールズにおける女性の権利大会をリュクリーシャ゠モットと開催し、一八五一年からスーザン゠ブラウネル゠アンソニと協力して女性選挙権の運動を展開してきた[136]。ミルの手紙は、一八六九年五月一二・一三日にニューヨークのスタインウェイ゠ホールで開催された「アメリカ同権協会」の集会をひかえてしたためたものだった[137]。スタントン夫人は同協会の副会長をつとめていて、この集会をおえるときに創設された「全国女性選挙権協会」の会長に選出された。ミルは手紙のなかで、解放された黒人に参政権をみとめようとしているアメリカが女性の「奴隷状態」を解消することを期待し「ふるい偏見」を打破して女性の「政治的平等」を獲得すべく、この集会が成功することを祈念した[138]。

イギリスでは無数の女性が国政選挙権の承認をもとめて国会に請願を提出していて、アメリカにみられるような女性の権利全般のために運動する定期的な大会や組織はなかったけれども、女性が参政権を獲得するという限定された目的をもって組織・運営している多数の活動的な団体が存在した。[139] ブラドローも女性選挙権を支持する請願を促進したようであり、ミルはかれに感謝している。[140]

五月二七日付『ニューヨーク＝トリビューン』はミルがジュリア＝ウォード＝ハウにあてた手紙を掲載した。[141] かの女は「ニューイングランド女性選挙権協会」の会長であった。同協会は一八六八年にボストンでルーシ＝ストウンが創設したもので、ウェンデル＝フィリップスのような卓越した改革家も会員であった。同協会はアメリカ合衆国憲法修正第一五条において黒人のほかに、女性に参政権をあたえることに失敗していたため、修正第一六条をめざしていた。一八六九年五月二六日に同協会はボストンで公開集会を開催した。ミルはこの集会への出席を要請されたことを「光栄」におもいながらも訪米しなかった。[142] もっとも、訪米すれば「十分な市民権と、平等な条件であらゆる社会的な利益をもとめる競争の自由にたいする、性別と無関係のあらゆる人間の平等な要求」のために精力的にはたらいているハウたちと「共感」することはミルによろこびをあたえたであろう。

イギリスでは女性の国政選挙権のまえに、都市自治体の参政権が承認された。[143] ミルは七月一七日にコンディット＝ストリートで開催された「ロンドン女性選挙権全国協会」の集会で、自筆原稿[144]を厳密にたどりながら演説した。[145] 多数の男女がこの集会に参加した。司会のＣ・テイラは開会の辞のなかで、過去二年間における同協会の発展と成功の大部分がミルの「大胆にして雄弁な唱道」の成果であって、グレイト＝ブリテンのあらゆる女性がミルに「ふかい恩義」をおっているとのべた。ミルは起立して、声高につづく拍手喝采にむかえられた。かれによれば女性選挙権の承認は「現実的な問題」となっていた。[146]「抽象的な権利のためのたんなる抗議」にすぎなかったものが「多数の活動的な支持者の真摯に追求する明確な政治目的」に成長したのである。「正義の原理」のなかで育成され「進歩の要素」を確信した「才能と影響力」を有する少数の女性が「あらゆる高貴な国民の熱望する光栄な自由の恩恵」を共有することを女性のために要求して、予期せぬ多数の女性がその周囲に集結した(147)。これらの女性はながいあいだ沈黙してきたけれども選挙権をのぞんでいた(148)。それは何年ものあいだ女性選挙権をもとめる請願に署名した多数のひとびとが証明していた。女性が男性との政治的な平等を要望しなかったのは「不満足な状況を我慢する」というのが「上品にして温和な一種の作法」とされてきたからである。女性選挙権をもとめる運動は、ミルの予期しなかったほどの熱烈にして熱心な支持者の共感を喚起した。

この運動を推進した第一の要因は「自然な正義感」であった。ミルたちはそれにもとづいて男性の「特権」と女性の「無資格・資格剥奪」と格闘し、男性を「厚遇」して女性に「門戸をとざす」という「恣意的な優先」に抗議し、男女双方にとっての「平等な好機・機会と自己防衛のための平等な手段」を要求した。選挙権はそれ以外の権利を保障する唯一の手段であった。

女性選挙権運動を促進した第二の要因は「時代の進歩」である。すなわち道徳的な力が物理的な力よりも、社会的な影響力が暴力よりも、権利意識が権力者の法律よりも、それぞれますます優勢になりつつあった。また、よわいひとびと、身分のいやしいひとびと、しいたげられたひとびとを上昇させようとする「博愛精神」が存在した。政治的権利を拡張して、あらゆるものが法律を制定・執行するひとたちをえらぶさいの発言権をもってはじめて十分に保護されるとみなす「民主主義の精神」が存在した(149)。もろもろの制限を撤廃して、もろもろの障壁を破壊して、法律か慣習がひとびとを、かれらのために整備された環境にしばりつけずに、かれらに自由に自分自身の環境を整備させる「自由貿易の精神」が存在した(150)。さらに「人間の進歩と幸福」とは「受動的に世話をされる」ことではなくて「能動的に自己発展する」ことに存するということがあきらかになった。人間をその「本質的な価値」によって、すなわち「かれらがなんであるか、なにをするかによって評価する習慣」と「かれらの出自によって、偶然か法律にもとづいてあたえられた階級によって評価しない習慣」が確立してきた。

こうした「時代の精神」のもとですすめられるさまざまな社会改革は、女性参政権の賦与とたがいに助長しあうものであった。たとえば教育改革である。「社会のまさに底辺」から「上層部」までの適切な国民教育があってはじめて国家の繁栄が可能となる。第二次選挙法改正後に、いっそうおおくの国民教育の必要性が明白になった。[151] この国民教育を、女性の直接的な助力をえずにほどこすことは不可能であった。[152] 女性がおさない子どもの最良の教師であることは、ひろくみとめられていて、多数の女性が教職につくことを熱望していた。普通教育がもっとも広範に普及しているアメリカ北部諸州では、すでに大多数の教師が女性であった。これらの女性は有能な教師であって、将来、おしえ子の男子生徒によって政治的な支配権を一方的にふるわれるというのは信じられないことであった。こうした女性が投票権を行使する方法をおしえた男性よりも投票に不適格か、その資格がないとはかんがえられなかった。ミルは、そうした男性のなかで、女性に投票権をあたえようとしないものがいるならば、その顔をみてみたいとのべて喝采をうけている。

貧者すなわち公的扶助をうけている生活保護者にかんする問題は、イギリスのあらゆる思想家と良心的な公務員をなやませていた。この問題を解決するには、女性の参加が不可欠であった。救貧院と救貧病院は不適切に運営され、不品行な略奪がおこなわれ、被収容者は残酷に無視・虐待されてきた。こうした非道な行為を発見したのは、検査官たる男性ではなくて、たんなる訪問者たる女性であった。[153] 救貧院を運営するのに最適のひとは、家政の方法をもっとも熟知する女性であった。それは「女将のいない快適な宿屋がほとんどない」のと同様であり、軍隊の兵站部における巨額の横領も、女性の参加によって改善しうるものであった。あらゆる公共支出の監督・管理にふさわしいのは、家政の監督・管理をしてきた女性であった。

女性はおおくの重要な公的機能をはたすことを否認されてきたけれども、看護師になることは特権的に承認されてきた。ミルは女性に医療教育をほどこして、女性医師を育成すべきであると提唱し、それによって女性が「市民権」を獲得することを展望した[154]。女性のしごとは「餓鬼と酒代をつくること」[155]だけではなかった。女性の高等教育と政治的解放とはかならず同時に前進する。選挙権を獲得すれば、既婚女性が自分自身の財産の所有者となることや女性が高等教育をうけることなど、女性にとってのぞましいことはみな、最終的に随伴するにちがいなかった[156]。「自分自身を保護しうるもの」と「他者のなすがままにあるもの」の「相違点・分水嶺」は参政権にあった。アメリカの黒人が真に自由になるには、奴隷制度の廃止だけでなく、選挙権が不可欠だった。選挙権のみが女性に平等な発言の機会と公正なあつかいを保障する[157]。それは女性の教育・財産・職業をめぐる状況の改善を促進するもっとも確実な手段であった。ミルは演説のおわりに「性別を、政治的権利の行使をみとめない根拠とするのはもっとも不正で無分別である」という決議を提案し、承認された。

ウッドは「真の熱心さと公共精神」をもって女性選挙権の運動をすすめていた[158]。ミルはウッドとの約束にしたがって、ヘンリ＝フォーセットとミリセント＝フォーセット（ギャレットの妹）の夫妻かC・テイラがストウクの集会に出席して演説することができるかどうかを確認する手紙をかいた[159]。ミルが「文通」してきた「もっとも思慮にとんだ分別のある労働者」ウッドは、この運動を指導する女性に演説をしてもらって、ストウクで公開集会か講演会を開催することをのぞんでいた[160]。ウッドは「ロンドン女性選挙権全国協会」の会員であった[161]。

アメリカの女性選挙権論者パライナ＝ケロッグ＝ライト＝デイヴィスにミルがあてた手紙によれば「アメリカの運

動の支持者はイギリスからの直接の個人的な協力をまったくなしですませることができるので」ミルは訪米しえないことをさほど残念におもわなかった。[162] 八月二五日にロウドアイランド州ニューポートで「女性選挙権大会」が開催されたとき、P・K・W・デイヴィスはミルが女性の権利を擁護してくれたことへの謝意と、ハリエット＝テイラへの弔意を表する決議を提案した。[163] ミルはこれをとてもよろこんこんだ。かれは少年時代から正義にもとづいて信念をもって女性選挙権を支持してきたけれども、それがもたらすあらゆる重要な道徳的・社会的利益をミルにおしえたのはハリエットであった。[164]「女性の平等」は重要な問題であった。[165]

(2)　一八七〇年

一八七〇年三月二六日にハノウヴァ＝スクエア＝ルームズで「ロンドン女性選挙権全国協会」の集会が開催された。ミルはたびかさなる喝采で歓迎された。[166] かれによれば、女性は必要にせまられて男性の権威に服従しているならば、なおいっそう選挙権という保護を必要とする。[167] 女性を有権者とすることのもっともいちじるしい影響は「社会のはなはだしい物質的・道徳的害悪」と格闘する強固な決意を立法府にもたせることであった。[168] 政府が専制的な時代はすぎさり、その主たる過失は「怠惰と無関心」にあった。政府は失策を放置しておくことにまったく良心の呵責を感じず、多量の害悪をつみかさねてきた。男性のみによる政府はこうした「安易な自己満足」を助長する。男性は女性よりも精神的に怠惰であって「自分があらゆることをおこなってきた」「なすべきことはなにもない」と信じがちであった。かれらの良心と感情は覚醒を必要としていた。女性によるいっそう強力にして活発な刺激がこの覚醒に不可欠であった。「社会のはなはだしい物質的・道徳的害悪」を是正するさいに、男性は全体的な構想にかんして合理的なすぐれた計画をたてるかもしれないけれども、それを能率的に遂行しうるのは女性であった。[169] 女性に「市民権」を承認すれば、そうした統治・立法が可能となろう。また、国会は女性に悪影響をおよぼす不当な行為と不平の原因をなくそうとするであろう。たとえば女性が投票権をもっていれば、売春婦に登録・認許・医学的検査を義務づける伝染病法[170]は存在しなかったであろう。同法のもとで貧者の妻と娘は警官に嫌疑をかけられ、我慢のならない侮蔑的待遇をうけていた。女性選挙権がみとめられれば、国会は同法に反対する女性の「道徳感情」を考慮するであろう[171]。

女性に選挙権をみとめることによって聖職者の権力が増大することをおそれる男性もいた。ミルは大多数の聖職者と多数の重要な問題にかんして意見・感情を異にしていたので、こうした懸念を軽視しなかった。聖職者がとくに中産階級の多数の女性の精神にたいしてあまりにもつよい支配権をにぎっているのは、かれら以外の影響力がかの女たちにおよびえなかったからである。かの女たちは聖職者の意見に異議をとなえる刺激をうけてこなかった。かの女たちは重要な問題を思慮ぶかく考察して十分に熟慮した意見を形成することが、自分の本分ではないと信じてしつけられてきた[172]。聖職者は女性の精神上の苦痛を除去してきた[173]。しかし、女性は投票の責任をもつことによって、公共の問題について知的な意見を形成することが自分の権利にして義務であるとおそわれれば、自分自身が聖職者よりも有能にして適切な判定者であるとわかるであろう。それゆえミルは聖職者の影響を、女性に投票権をあたえるさいの障害とみなさずに、投票権を、聖職者の独占的な影響から女性を解放する有効な手段とかんがえた。男性が非常にとうとぶ「自己防衛に必要な手段」を女性にみとめないのは、いやしむべきことであった。人間はみなあやまりをおかすものである。しかし、それを心配して選挙権をみとめないというのであれば、だれも選挙権をもつことができなくなる。「安全」とは他者を「排除」することにではなくて「万人」の参加をみとめて「過失と過剰を相殺」することにあった[174]。女性を継続的に排除する口実は無意味にして奇妙であった[175]。

ミルは演説の最後に「女性に参政権を拡大することは、かの女の市民としての特別な義務と、社会全体のもっとも価値のたかい道徳的利益の促進にかかわるものとしてのかの女の全体的な責任にかんする、いっそう適切な感覚を、かの女のなかで助長するのに資するであろう」という決議を提案して採択された。ジェイコブ゠ブライトとチャールズ゠ディルクが「選挙にかんする女性の無資格を撤廃する法案」[176]を庶民院に提出したことに満足を表明する決議も採択された。

グラッドストン首相は女性参政権にたいする「ふるい先入観」をあらためようとしなかったけれども[177]、ミルの認識するところによれば、女性選挙権をめぐる状況はとても改善していて[178]「選挙にかんする女性の無資格を撤廃する法案」は五月四日に一二四票対九一票で庶民院の第二読会を通過した[179]。しかし、政府が廃案にする圧力をかけたため、同法案を委員会に移送することは反対二二〇票、賛成九四票で否決された。ミルは「前途に意気揚々」としていたけれども[180]、ディルクは悲観的だった。ディルクは「未亡人と独身女性」の選挙権を承認することよりも「普通選挙権」をめざすのがよいとかんがえた[181]。女性選挙権の運動をささえる力が「正義」のみであって、これはイギリスにおいて「たいした価値がない」とみなされていたからである。しかし、ミルは女性選挙権と普通選挙権を混同することが「重大なまちがい」であると論断した。普通選挙権をめざせば、女性を排除して労働者に参政権を賦与する「妥協」が成立するおそれがあったからである。

一八六七年以来、女性選挙権の運動は非常に発展してきた[182]。「選挙にかんする女性の無資格を撤廃する法案」は、その反対者が大挙して反発したことによって否決された。それはかれらが女性選挙権の承認を「重大な問題」と感じたことを証明していた。ミルは男性が、女性に参政権をあたえようとしない議員候補者に投票しないことをのぞんだ[183]。女性が投票権をもつことが自由党に不利になるという心配は「心の底では男女平等をこのまない」男性の「口実」となりがちであった[184]。

小説家のチャールズ゠キングズリは女性選挙権運動を支持してきたけれども、それを撤回した。[185] ミルがキングズリに同意するところによれば、この運動をおこなうもののなかには「からさわぎか有名になること」をこのむものもいた。[186] 女性選挙権運動が「成功」したことによって「金もうけか、他人をおしのけて有名になることをめざそうとするひとびと」「多数の俗悪な利己主義者」「いまいましい、でしゃばる俗悪なひとびと」があつまってきた。ミルはこれを「さけることのできないわざわい」とみなして「俗悪な、いかがわしい、でしゃばる女性」とおなじようにうまく「おだやかな、高潔な、上品な女性」を、この運動にくわえることをめざした。[187] 「おだやかな、自尊心のある女性」が家庭にかくれることとは「公共の問題」から「隠遁」することであった。[188] 「気高い」女性が中世の女子修道院にしりごみするのとおなじく、自分自身の家庭における性分にあった私生活にしりごみすれば「俗悪なひと」だけが公衆の目をひくようになる。イギリスには「新聞と公共的な運動」を、ほかのひとびとのかんがえをしる唯一の手段とする莫大な数のひとびとが存在する。社会的なまじわりをほとんどあるいはまったくもたない、多数の書物を購入するか借用する余裕のない資力のとぼしいひとびとは、安価な新聞をみて近所で公開の集会があることをしる。かれらは「尊敬すべきすばらしい」ひとびとで、その人数のおおさによって、上流階級のひとびととおなじくらい政治過程に十分な影響をおよぼしている。かれらにはたらきかけるには新聞と公共的な運動という「粗野な手段」に譲歩する必要があった。上流階級にとっては社交だけで十分だけれども、下層階級と下層中産階級には、あらゆる周知の手段が有益であった。

ミルは「選挙にかんする女性の無資格を撤廃する法案」が廃案になったことを、女性選挙権運動を「停止」させるものとみなす見方を否定して、この運動の「進歩」を確信していた。[189] 伝染病法に反対する運動をとおして、キングズリとおなじキリスト教社会主義者のフレデリック゠デニソン゠モリスやカーペンタをふくむ多数のひとびとは、女性が選挙権をもつべきであるということを納得するようになっていた。「改善すべき真に重要な問題」は参政権であった。[190]

(3)　一八七一年以後

ミルは女性選挙権を支持する集会のためにバーミンガムをおとずれることはできなかったけれども、[191]スコットランドにでかけた。[192]かれは一八七一年一月一二日に「エジンバラ女性選挙権全国協会」の集会で演説した。これはミルによる女性選挙権を支持する「最後の演説」であった。[193]かれが「悪天候」のなかをロンドンからやってきたのは、この集会に出席するためだけであった。[194]ミルはながい喝采をもって歓迎され、聴衆は起立して帽子とハンカチをふった。

ミルによれば「政治にかんする基本的な真理」「あらゆる自由な統治の基礎となる真理」とは「一部の国民が権力の独占的な所有主となるならば、かれらの利益が真剣な注意をことごとくひく」ということであった。[195]それはかならずしも積極的な抑圧を意味するわけではないけれども「他人に直接関係するにすぎないことよりも、自分に関係することを非常に重要と感ずる普通の人間の性向」をしめすものであった。女性は参政権を獲得するまで、けっして公正に処遇されなかった。女性は法律の施行によって、おおくの不当なしうちを確実にうけていた。こうしたことを変革するには、男性だけでなく女性も投票権をもつ必要があった。

選挙権は「自己保護」に必要なものであった。隷属状態におかれて「自己防衛」の手段をもたない女性は「特権」をもつ男性の善意と好意にたよらざるをえなかった。女性のもっとも重要な利益は無責任に無視されることはないとしても、すくなくともあとまわしにされる。女性にとっては「平等な法律」もその「平等な執行」も存在しなかった。女性が選挙権をもっていたら、こうしたことはありえなかった。たとえ法律が平等だとしても、その執行は平等でなかった。警察裁判所治安判事と刑事裁判官が、自分の妻を残虐に暴行する男性に訓戒をあたえるだけで放免することもあった(196)。

男性のおもいやりが女性にとって十分な保護となるといわれるけれども、男性が特別に守護・保護すべき女性を毎日死に瀕するほど殴打し足蹴にして、ついには実際に死亡させることもあった(197)。夫に虐待されている女性には選挙権という「武器」が必要だった。法律とその執行は女性の身体を保護することさえできなかった。女性は選挙権をみとめられず、そのもっとも重要な利益は無視されていた。それを改善するには、女性の不平の原因を是正することを政治家にとって重要なこととしなければならなかった。

英国憲法によれば、代表される権利を納税者にあたえなければならないのに、女性は高額納税者であっても、もっともすぐれた実践的な能力をもっていても、投票権をもたなかった(198)。それは女性を女性であるがゆえに罰するのにひとしかった(199)。女性は肉体的によわいため、もっともおおくの保護を必要としているのに、重要な権利を剥奪され、不完全な状態におかれていた。これは女性にたいする「侮辱」「侮蔑的な待遇」であった。

男性は女性をたんに「女性」とみなしていて「人間」とみなすことをわすれていた。女性が選挙権をもつべきなのは女性自身のためだけでなく、男女双方の、さらには後世のひとびとのためでもあった。女性はすでにおおくの力を有しているので、選挙権は不要であると主張される。しかし、それは男性に「甘言」を弄して「寵愛」される力であって、女性を不当な待遇から保護するには、なげかわしいほど不十分であった。また「間接的な、公認されていない」「必要な知識と適切な責任をともなわない」力であった。女性は公共の問題が自分の本分ではないと命じられて、それにまったく関心をもってはならないとおそわっている。こうした教育と責任の欠如によって、女性が概して男性よりも強力な良心的感情をもつとみとめられているにもかかわらず「公共的な良心」を有する女性は非常に少数となっていた[200]。こうしたことは、はなはだしい害悪であった。政治的・社会的進歩の支持者が格闘しなければならない最大の障害は「普通の市民の政治的良心がよわいこと」であった。これは民主主義に特有の「危険・失敗」であった。すなわち有権者が公衆にたいする義務を十分に感じないで、投票場にいかないか、そこにいって私益を助長するものに投票することであった。妻が夫の「公衆にたいする任務」に興味をいだかなければ、夫が「私益を公益の下位におく学習」をすることは期待しえなかった。男性に「公共的な美徳」をもたせるには、女性にもそれをもたせなければならなかった。女性は「公益」が自分の本分でないといわれて信じるならば「公益にかんする良心」をもつことはできなかった。女性に男性とおなじ権利をあたえれば、おなじ義務が付随する。妻は夫の公共的な任務の誠実な遂行を、もっとも有効に鼓舞するであろう。したがって、女性が「公共の問題に参加する公認された権利」をもつべきなのは万人のためであった。

女性はすぐれた行政能力を有していた。それはアメリカ南北戦争時の「衛生委員会」の活躍が証明していた[201]。この委員会を計画・組織・運営したのは女性であって、政府が首尾よくおこないえなかった兵士の健康管理と衛生問題の処理を適切におこなった。女性は実際的な仕事を自分で立派になしうるのだから、それをまかせることができるものの選挙に参加するのにふさわしいはずだった。選挙権を女性に拡大することは正当でも好都合でもあった。

女性を家庭と社会で男性に従属させるべきであるとしても、かの女にたいする男性の統治権がそれにふさわしい責任のもとで行使されるために、かの女はなおさら選挙権を必要とする。政治的な保護をもっとも必要とするのは家庭で従属しているものである。それは不当な待遇をもっともうけるからである。多数のひとびとの正当な要求にいつまでも抵抗することのできない「人間の発展の時代」のなかで、社会は女性参政権の賦与にむかっていた。女性を排除することは「旧態依然たる社会の、特権と無資格からなる体制の、存続する残滓」であった[202]。ほかの独占権はことごとく廃止されつつあるか廃止されていた。[203] 女性に許可しないことを「出生」を理由として男性だけに許可する法律は「時代の精神」に反していた。男女差別があたかも「自然」であるかのようにみせかける法律は「人類の進歩」にそぐわなかった。とはいえ、人類の習慣と世論における重大な変革はつねに時間のかかるものであった。ミルは演説のおわりに「この国では土地か家屋の所有か占有が代表の基礎となっているので、性別を資格剥奪の根拠として、選挙権を行使する資格を十分にもつ多数の聡明なひとを排除するのは、原理的に不正である。また、イギリスにおける最近の学校委員会の選挙が証明したところによれば、女性はこうした権利を行使するのをのぞんでいるだけでなく、すこしも迷惑をかけずに行使しうる」という決議を提案して、満場一致で採択された。

専制にともなってつねに存在する危険は、個人がその生活にたいする専横な干渉によって害され、その自由が侵害されることにあった。[204] ミルはこうした論拠をもちいて女性選挙権の要求を擁護した。すなわち女性が政治的権利を必要とするのは、その基本的自由にたいする抑制・制御されない干渉の可能性から自分自身を保護しなければならないからであった。こうしたミルの理論は共和主義の系譜に位置づけられる。[205] ニッコロ゠マキァヴェッリがかたる「自由の恩恵」とは市民の利益と同様に個人の利益に関係し、両者は専制よりも自由な統治のもとで結合する機会を有する。[206]『ディスコルシ』によれば、国民は共和国で生活することによって自分自身の所有権を、その喪失を心配せずに「他者が自分を不当にとりあつかわないというだけで」感謝するということをだれにもせずに、享受しうる。[207]

アメリカの政治家にして女性選挙権の運動家でもあったジェイムズ゠キーポッチ゠ハミルトン゠ウィルコックス――かれは一八六九年九月にアヴィニョンのミルを訪問していた[208]――は、人口過剰の原因が女性の従属にあって、その解決策が女性の参政権賦与にあるとみなしていた。[209] これはミルとおなじ見解であって、ミルにおいても「人口増加」と「女性の従属」は密接に関連していた。[210]

一八七一年にリディア＝ベッカやジェイコブ＝ブライトなどが「女性選挙権全国協会中央委員会」を設立して「ロンドン女性選挙権全国協会」と断絶した。[211]分裂の要因は、ミルとその支持者が女性選挙権の運動と、ジョゼフィーン＝バトラの指導する伝染病法廃止の運動とを分離しようとしたことにある。ミルは伝染病法の廃止をねがっていたけれども、その運動には異論がおおかったので、女性選挙権運動がそれと結合したばあい、女性選挙権を実現するうえで重大な障害となると予想したからである。伝染病法の廃止と選挙権の承認は個別に要求すべきものであった。[212]伝染病法は悪徳・不道徳を撲滅するすぐれた手段であると公衆が誤解していることを、ミルはしっていた。[213]かれがバトラ自身につたえたところによれば、ミルはかの女の運動を支持していたとはいえ、参政権こそが「人間の価値・幸福の基礎でも防衛手段でも」あった。[214]かれのもっとも重要な関心事は、伝染病法反対運動という「よごれた刷毛」と公衆がみなすもので、立派な選挙権運動をけがすことではなかった。[215]イギリス国民の大部分は伝染病法廃止の運動を下品な、女性ににつかわしくないものとみていた。[216]女性選挙権こそが「あらゆる政治的改良のなかのもっとも重要なもの」であるというミルの信念は一八七二年になってもかわらなかった。[217]

ミルは死去する一八七三年に「女性選挙権全国協会ブリストル・イギリス西部支部」の集会に参加するようさそわれたけれども、出席することはできなかった。[218]とはいえ、女性選挙権に賛成する保守党議員との情報交換を提案するなど、[219]女性の政治参加への情熱を最期までもちつづけた。女性が男性とおなじ条件で選挙権を獲得したのはミルの死後、一九二八年の第五次選挙法改正においてだったけれども、女性の政治上の無資格を撤廃するという問題を庶民院において「わらいごと」でなくしたのはミルの功績であった。[220]

おわりに

本書序章でのべたとおり『自由論』は大衆社会の問題を予見し「多数者の専制」に抗して各人の「個性」を擁護した。『代議政治論』は「すべての市民」の政治参加を要求した。その第一の論拠は、国民の「受動性」を克服するために「市民」としての「公共精神」を涵養することにあった。第二の論拠は、貴族支配の残存、産業革命による労働問題・社会問題の発生、女性差別の存続などを背景として、万人の「権利・利益」を保障することにあった。ミルの個性擁護論と政治参加論に一貫していたのは『女性の隷従』で明示された、人間の「幸福」が「自分自身の道徳的責任のもとで、自分自身の運命を開拓する意識」をもって生活することに存するという観念であった。

周知のとおりミルの思想は、一九世紀後半から二〇世紀前半において女性の政治的権利を主として要求した第一派フェミニズムに属するものであり、性別役割分業論をかならずしも明確に否定しなかったために、一九六〇年代以降に登場した第二派フェミニズムから批判をうけることになる。たとえばミルは『女性の隷従』において「男性が職業を選択するときと同様に、女性は結婚するときに、家政と家族の養育を、かの女の一生のうち、この目的におそらく必要とされるであろう年月のあいだだけ、かの女の努力を要する第一のこととして選択すると、一般に理解されるかもしれない」[221]とのべている。これらを論拠として、かれは伝統的な性別役割分業論を肯定・支持・固守していると指摘される。[222]しかし、女性の政治参加をとおして、その夫にも公共精神をもたせようとしたように「女性のために平等な正義を実現することの、広範囲におよぶ社会的な善」を追求した「ミルのフェミニズム」[223]からまなびうることはなおおいようにおもわれる。

（1）Mill, James, "Government," *Essays : From the Supplement to the Encyclopaedia Britannica* (London : Routledge / Thoemmes Press ; Tokyo : Kinokuniya, 1992), p. 21. 小川晃一訳「政府論」『教育論・政府論』（岩波書店、一九八三年）一五六頁。Mill, John Stuart, *Autobiography* (1873), CW, I, p. 107. 山下重一訳註『評註ミル自伝』（御茶の水書房、二〇〇三年）一五八―一五九頁。

（2）Robson, Ann P., "Mill's Second Prize in the Lottery of Life," Michael Laine ed., *A Cultivated Mind : Essays on J. S. Mill Presented to John M. Robson* (Toronto : University of Toronto Press, 1991), p. 226.

（3）Mill, J. S., *Autobiography*, p. 274. 山下訳三六七頁。

（4）*Ibid.*, p. 278. 三七三頁。

（5）*Ibid.*, p. 285. 三八一頁。

（6）Reeves, Richard, *John Stuart Mill : Victorian Firebrand* (London : Atlantic Books, 2007), p. 412.

（7）Mill, J. S., "Rationale of Representation (1835)," CW, XVIII, p. 28, n.

（8）[Bailey, Samuel], *The Rational of Political Representation by the Author of Essays on the Formation of Opinions* (London : R. Hunter, 1835), pp. 236–237.

（9）*Ibid.*, p. 237.

（10）Mill, J. S., "Rationale of Representation," p. 29, n.

（11）Taylor, Harriet and John Stuart Mill, "Papers on Women's Rights (1847–1850?)," CW, XXI, p. 381.

（12）Ibid., p. 382.

（13）Ibid., p. 383.

（14）Ibid., p. 384.

（15）Ibid., p. 385.

（16）Ibid., pp. 385–386.

（17）Ibid., p. 386.

（18）Ibid., p. 389.

（19） Cf. "The Gospel according to S. Luke," 9 : 11–15, *The New Testament of Our Lord and Saviour Jesus Christ*, translated out of the Greek being the version set forth A. D. 1611, compared with the most ancient authorities and revised A. D. 1881 (London : Oxford University Press, 1951), p. 144.　佐藤研訳「ルカによる福音書」『新約聖書』（岩波書店、二〇〇四年）二二六頁参照。

（20） Taylor, Harriet and J. S. Mill, op. cit., pp. 389–390.

（21） Ibid., p. 390.

（22） Ibid., p. 391.

（23） Ibid., p. 392.

（24） Mill, J. S., "Letter to J. F. Mollett [December, 1847]," *CW*, XIII, p. 727.

（25） Do., "Letter to Harriet Taylor (14 March [1849])," *CW*, XIV, p. 15.

（26） Fox, W[illiam] J[ohnson], *Lectures Addressed Chiefly to the Working Classes*, Vol. IV (London : Charles Fox, 1849), p. ix.

（27） C [Mill, J. S.], "Stability of Society (*Leader*, 17 August, 1850)," *CW*, XXV, p. 1182.

（28） Mill, Harriet Taylor, "Enfranchisement of Women (1851)," Jo Ellen Jacobs ed., *The Complete Works of Harriet Taylor Mill* (Bloomington ; Indianapolis : Indiana University Press, 1998), pp. 51–52.

（29） "Declaration of Independence (July 4, 1776)," William Macdonald ed., *Select Documents Illustrative of the History of the United States 1776–1861* (New York : Macmillan ; London : Macmillan & co., ltd., 1903), p. 2.　斎藤真訳「独立宣言（一七七六年）」高木八尺・末延三次・宮沢俊義編『人権宣言集』（岩波書店、一九五七年）一一四頁。

（30） Mill, Harriet Taylor, op. cit., p. 53.

（31） Ibid., p. 54.

（32） Mill, J. S., "Letter to Lord Monteagle (20 March 1853)," *CW*, XIV, p. 103, n. 6.

（33） Ibid., p. 103.

（34） Do., "Letter to Harriet Mill (March 14 [1854])," *CW*, XIV, p. 186.

（35） Do., "Letter to Henry Samuel Chapman (July 8. 1858)," *CW*, XV, p. 557.

(36) Ibid., p. 558, n. 4.
(37) Ibid., p. 558.
(38) Do., "Letter to Edwin Chadwick (January 10. 1859)," *CW*, XV, p. 588.
(39) Do., *Thoughts on Parliamentary Reform* (1859), *CW*, XIX, p. 334.
(40) Do., "Letter to James Lorimer (March 3. 1859)," *CW*, XV, p. 600.
(41) Do., "Recent Writers on Reform (1859)," *CW*, XIX, p. 353, n.
(42) Lorimer, James, *Political Progress not Necessarily Democratic : Or Relative Equality the True Foundation of Liberty* (London ; Edinburgh : Williams and Norgate, 1857), p. 213, n.
(43) Mill, J. S., "Recent Writers on Reform," p. 370.
(44) Hare, Thomas, *A Treatise on the Election of Representatives, Parliamentary and Municipal* (London : Longman, Brown, Green, Longmans, & Roberts, 1859), p. 320.
(45) Mill, J. S., "Letter to Helen Taylor (February 21 [1860])," *CW*, XV, p. 683.
(46) Scott, John, "The Belfast Resolutions : Resolutions unanimously adopted at a public meeting of The Friends of Human Rights (February 21st, 1859)," *The Reasoner*, Vol. XXIV (May 8, 1859), p. 147.
(47) Mill, J. S., *Considerations on Representative Government* (1861), *CW*, XIX, pp. 479–481.　水田洋訳『代議制統治論』（岩波書店、一九九七年）二三七—二四三頁。
(48) Do., "Letter to James Lorimer (November 2. 1861)," *CW*, XV, p. 748.
(49) Do., "Letter to John Russell (February 24. 1865)," *CW*, XXXII, p. 151, n.
(50) Ibid., p. 151.
(51) *Morning Star* (6 July, 1865), p. 2, quoted in Mill, J. S., "The Westminster Election of 1865 [2] (5 July, 1865)," *CW*, XXVIII, pp. 18–19, editor's note.
(52) Ibid., p. 21. Cf. do., "Manuscript Draft of The Westminster Election of 1865 [2] (1865)," *CW*, XXIX, pp. 595–596.
(53) Do., "The Westminster Election of 1865 [2]," pp. 21–22. Cf. do., "Manuscript Draft of The Westminster Election of 1865 [2],"

p. 596.

(54) Do., "The Westminster Election of 1865 [4] (8 July, 1865)," *CW*, XXVIII, p. 39.

(55) Do., "Letter to Caroline E. Liddell (6th May 1866)," *CW*, XVI, p. 1163.

(56) Ibid., p. 1164.

(57) Do., "Letter to Christopher Darby Griffith (9th June 1866)," *CW*, XVI, p. 1175.

(58) Do., "Letter to Lady Amberley (July 4. [1866])," *CW*, XVI, p. 1179.

(59) "Petition for Admission of Women to the Electoral Franchise" (7 June, 1866), *Reports of the Select Committee of the House of Commons on Public Petitions, Session 1866*, p. 697, quoted in Mill, J. S., "Electoral Franchise for Women (17 July, 1866)," *CW*, XXVIII, p. 91, n. 2.

(60) Ibid., pp. 91-92.

(61) Ibid., p. 92.

(62) Kinzer, Bruce L., Ann P. Robson and John M. Robson, *A Moralist In and Out of Parliament : John Stuart Mill at Westminster, 1865–1868* (Toronto ; Buffalo : University of Toronto Press, 1992), p. 128.

(63) Whiteside, [James], "Speech on Elective Franchise Bill (May 30, 1866)," *Hansard's Parliamentary Debates*, 3rd ser., Vol. CLXXXIII, col. 1509.

(64) Mill, J. S., "Electoral Franchise for Women," p. 93.

(65) Disraeli, [Benjamin], "Speech on Representation of the People Bill (April 27, 1866)," *Hansard's Parliamentary Debates*, 3rd ser., Vol. CLXXXIII, col. 99.

(66) Mill, J. S., "Letter to John Chapman (November 21. 1866)," *CW*, XVI, p. 1216.

(67) [Taylor, Helen], "The Ladies' Petition. Petition presented to the House of Commons by Mr. J. Stuart Mill, June 7th, 1866," *The Westminster Review*, New series, Vol. XXXI (January, 1867), pp. 63-79. Do., *The Claim of Englishwomen to the Suffrage Constitutionally Considered* (London, 1867), quoted in Mill, J. S., "Letter to John Chapman," p. 1216, n. 2. Cf. Taylor, Helen, "The Ladies' Petiton," Ann P. Robson and John M. Robson ed., *Sexual Equality / Writings by John Stuart Mill, Harriet Taylor*

Mill, and Helen Taylor (Toronto ; London : University of Toronto Press, 1994), pp. 216–233.

(68) Mill, J. S., "Letter to John Elliot Cairnes (February 9. 1867)," *CW*, XVI, p. 1235.

(69) Do., "The Admission of Women to the Electoral Franchise (20 May, 1867)," *CW*, XXVIII, p. 151.

(70) Ibid., p. 152.

(71) The Chancellor of the Exchequer [Gladstone, William Ewart], "Speech on Borough Franchise Bill (May 11, 1864)," *Hansard's Parliamentary Debates*, 3rd ser., Vol. CLXXV, col. 324.

(72) Mill, J. S., "The Admission of Women to the Electoral Franchise," pp. 152–153.

(73) Windham, [William], "Speech on Defence of the Country (July 22, 1807)," *Hansard's Parliamentary Debates*, 1st ser., Vol. IX, col. 897.

(74) Mill, J. S., "The Admission of Women to the Electoral Franchise," p. 153.

(75) Hannam, June, Mitzi Auchterlonie and Katherine Holden, *International Encyclopedia of Women's Suffrage* (Santa Barbara, Calif. : ABC-CLIO, 2000), p. 38.

(76) Mill, J. S., "The Admission of Women to the Electoral Franchise," pp. 153–154.

(77) Ibid., p. 154.

(78) Ibid., p. 155.

(79) Ibid., p. 156.

(80) Ibid., pp. 156–157.

(81) Ibid., p. 157.

(82) Okin, Susan Moller, *Women in Western Political Thought : [With New Afterword]* (Princeton, N. J. : Princeton University Press, 1992), p. 225.　田林葉・重森臣広訳『政治思想のなかの女：その西洋的伝統』（晃洋書房、二〇一〇年）一七一頁。Do., "John Stuart Mill's Feminism : *The Subjection of Women* and the Improvement of Mankind," Maria H. Morales ed., *Mill's The Subjection of Women* (Lanham, Md. : Rowman & Littlefield, 2005), pp. 42, 50, n. 68.

(83) Shanley, Mary Lyndon, "The Subjection of Women," John Skorupski ed., *The Cambridge Companion to Mill* (Cambridge,

UK ; New York : Cambridge University Press, 1998), p. 410. Do., "Marital Slavery and Friendship : John Stuart Mill's *The Subjection of Women*," M. H. Morales ed., *op. cit.*, pp. 122, 132, n. 23.

(84) Mill, J. S., "The Admission of Women to the Electoral Franchise," p. 158.

(85) Ibid., p. 159.

(86) Pliny the Elder, *Natural History* (London : W. Heinemann, 1960), Vol. IV, p. 64 (XII, 87).

(87) Mill, J. S., "The Admission of Women to the Electoral Franchise," p. 160.

(88) Ibid., pp. 160-161.

(89) Ibid., p. 161.

(90) "A Bill Further to Amend the Laws Relating to the Representation of the People in England and Wales (18 *March* 1867)," *House of Commons Parliamentary Papers*, 1867, Vol. V, p. 526.

(91) Laing, [Samuel], "Speech on Parliamentary Reform—Representation of the People Bill (May 20, 1867)," *Hansard's Parliamentary Debates*, 3rd ser., Vol. CLXXXVII, col. 840.

(92) Viscount Galway [Monckton-Arundell, George Edward Arundell], "Speech on Parliamentary Reform—Representation of the People Bill (May 20, 1867)," *ibid.*, cols. 841-842.

(93) Mill, J. S., "The Admission of Women to the Electoral Franchise," pp. 161-162.

(94) Ibid., p. 162.

(95) Thompson, Dennis F., "Mill in Parliament : When Should a Philosopher Compromise?," Nadia Urbinati and Alex Zakaras ed., *J. S. Mill's Political Thought : A Bicentennial Reassessment* (Cambridge [U. K.] : Cambridge University Press, 2007), p. 191.

(96) Mill, J. S., "Letter to Katherine Louisa Russell (May 24 [1867])," *CW*, XXXII, p. 178.

(97) Do., "Letter to John Elliot Cairnes (May 26. 1867)," *CW*, XVI, pp. 1271-1272.

(98) Ibid., p. 1272.

(99) Do., "Letter to an unidentified correspondent (June 2. 1867)," *CW*, XVI, p. 1278.

(100) Do., "Letter to Samuel N. Wood (June 2, 1867)," *CW*, XVI, p. 1278.
(101) Ibid., pp. 1278–1279.
(102) Do., "Letter to John Elliot Cairnes (June 30. 1867)," *CW*, XVI, p. 1284.
(103) Ibid., p. 1285.
(104) Do., "Letter to Parker Pillsbury (July 4 [1867])," *CW*, XVI, p. 1289.
(105) Do., "Lettre à Gustave d'Eichthal (le 9 octobre 1867)," *CW*, XVI, p. 1317.
(106) Do., "Letter to Alexander Bain (November 4, 1867)," *CW*, XVI, p. 1325.
(107) Do., "Letter to F. Kidell (December 22. 1867)," *CW*, XVI, p. 1336.
(108) Do., "Letter to Mary Carpenter (December 29, 1867)," *CW*, XVI, p. 1339, n. 1.
(109) Ibid., p. 1340.
(110) Ibid., pp. 1340–1341.
(111) Ibid., p. 1341.
(112) Do., "Letter to Thomas Hare (December 30. 1867)," *CW*, XVI, p. 1342.
(113) Do., "Letter to Florence Nightingale (December 31. 1867)," *CW*, XVI, p. 1343, n. 1.
(114) Ibid., p. 1344.
(115) Ibid., p. 1345.
(116) Ibid., pp. 1345–1346.
(117) Do., *Autobiography*, p. 285. 山下訳二八二頁。
(118) Do., "Letter to Secretary, Universal Franchise Association (January 16, 1868)," *CW*, XVI, p. 1352, n. 1.
(119) Ibid., p. 1352.
(120) Ibid., p. 1352, n. 2.
(121) Do., "Letter to Mary Somerville (March 31, 1868)," *CW*, XVI, p. 1382.
(122) Ibid., p. 1382, n.3.

（123）Ibid., p. 1382, n. 4. Cf. do., "Letter to Mary Somerville (May 2, 1868)," *CW*, XVI, p. 1394.
（124）Do., "Letter to William Fraser Rae (May 20, 1868)," *CW*, XVI, p. 1400, n. 4.
（125）Ibid., p. 1400.
（126）Do., "Letter to William Wood (July 28, 1868)," *CW*, XVI, p. 1427.
（127）Do., "Letter to Edwin Chadwick (October 9. 1868)," *CW*, XVI, p. 1458.
（128）Do., "Letter to S. Alfred Steithal (1st December 1868)," *CW*, XVI, p. 1503.
（129）Ibid., pp. 1503–1504.
（130）Ibid., p. 1504.
（131）Do., "Letter to Archibald Michie (December 7. 1868)," *CW*, XVI, p. 1516.
（132）Do., "Letter to Mrs. Philippine Kyllmann (After January 22, 1869)," *CW*, XVII, p. 1551.
（133）Do., "Letter to William Wood (March 17. 1869)," *CW*, XVII, p. 1575.
（134）Ibid., pp. 1575–1576.
（135）Do., "Letter to William Wood (April 6. 1869)," *CW*, XVII, pp. 1584–1585.
（136）Do., "Letter to Elizabeth Cady Stanton (April 25, 1869)," *CW*, XVII, p. 1594, n. 1.
（137）Ibid., p. 1594, n. 2.
（138）Ibid., p. 1594.
（139）Do., *The Subjection of Women* (1869), *CW*, XXI, pp. 270–271.　大内兵衛・大内節子訳『女性の解放』（岩波書店、一九五七年）五六頁。
（140）Do., "Letter to Charles Bradlaugh (May 7. 1869)," *CW*, XXXII, p. 206. Do., "Letter to Charles Bradlaugh (May 24, 1869)," *CW*, XVII, p. 1606.
（141）Do., "New England Woman's Suffrage Association (*New York Tribune*, 27 May, 1869)," *CW*, XXV, p. 1220, editor's note.
（142）Ibid., p. 1221.
（143）Do., "Letter to Charles Eliot Norton (June 23, 1869)," *CW*, XVII, p. 1618. Do., "Letter to Alexander Bain (July 14. 1869),"

CW, XVII, p. 1624.

(144) Do., "Manuscript Draft of Women's Suffrage [1] (1869)," *CW*, XXIX, pp. 604–609.

(145) Do., "Women's Suffrage [1] (18 July, 1869)," *CW*, XXIX, p. 373, editor's note.

(146) Ibid., p. 373.

(147) Ibid., pp. 373-374.

(148) Ibid., p. 374.

(149) Ibid., pp. 374-375.

(150) Ibid., p. 375.

(151) Ibid., pp. 375-376.

(152) Ibid., p. 376.

(153) Ibid., p. 377.

(154) Ibid., p. 378.

(155) Shakespeare, William, *The Tragedy of Othello, the Moor of Venice*, II, i, 160, G. Blakemore Evans ed., *The Riverside Shakespeare* (Boston : Houghton Mifflin, 1974), p. 1213.　小田島雄志訳『オセロー』『シェイクスピア全集Ⅳ』（白水社、一九八六年）二五六頁。

(156) Mill, J. S., "Women's Suffrage [1]," p. 379.

(157) Ibid., p. 380.

(158) Do., "Letter to William Wood (August 30. 1869)," *CW*, XVII, p. 1636.

(159) Do., "Letter to William Wood (October 6. 1869)," *CW*, XVII, p. 1646.

(160) Do., "Letter to Henry Fawcett (October 7. 1869)," *CW*, XVII, p. 1647.

(161) Do., "Letter to Mrs. Peter Alfred Taylor (7th October 1869)," *CW*, XVII, p. 1648.

(162) Do., "Letter to Paulina Wright Davis (December 11, 1869)," *CW*, XVII, p. 1670.

(163) Ibid., p. 1670, n. 3.

(164) Ibid., pp. 1670–1671.

(165) Do., "Letter to William Wood (December 14. 1869)," *CW*, XVII, p. 1673.

(166) Do., "Women's Suffrage [2] (26 March, 1870)," *CW*, XXIX, p. 386, editor's note.

(167) Ibid., p. 386.

(168) Ibid., p. 387.

(169) Ibid., p. 388.

(170) "An Act for the Prevention of Contagious Diseases of certain Naval and Military Stations [29th *July* 1864]," 27 & 28 Victoria, c. 85, *A Collection of the Public General Statutes Passed in the Twenty-seventh and Twenty-eighth Years of the Reign of Her Majesty Queen Victoria : Being the Sixth Session of the Eighteenth Parliament of the United Kingdom of Great Britain and Ireland* (London : Printed by George Edward Eyre and William Spottiswoode, Printers to the Queen's most Excellent Majesty, 1864), pp. 357–362. "An Act for the better Prevention of Contagious Diseases of certain Naval and Military Stations [11th *June* 1866]," 29 Victoria, c. 35, *A Collection of the Public General Statutes Passed in the Twenty-ninth and Thirtieth Years of the Reign of Her Majesty Queen Victoria : Being the First Session of the Nineteenth Parliament of the United Kingdom of Great Britain and Ireland* (London : Printed by George Edward Eyre and William Spottiswoode, Printers to the Queen's most Excellent Majesty, 1866), pp. 150–164. "An Act to amend the Contagious Diseases Act, 1866 [11th August 1869]," 32 & 33 Victoria, c. 96, *A Collection of the Public General Statutes Passed in the Thirty-second and Thirty-third Years of the Reign of Her Majesty Queen Victoria : Being the First Session of the Twentieth Parliament of the United Kingdom of Great Britain and Ireland* (London : Printed by George Edward Eyre and William Spottiswoode, Printers to the Queen's most Excellent Majesty, 1869), pp. 392–401.

(171) Mill, J. S., "Women's Suffrage [2]," p. 389.

(172) Ibid., pp. 389–390.

(173) Ibid., p. 390.

(174) Ibid., pp. 390–391.

(175) Ibid., p. 391.
(176) "A Bill to Remove the Electoral Disabilities of Women (16 *February*, 1870)," *House of Commons Parliamentary Papers*, 1870, Vol. IV, pp. 799–780 (not enacted).
(177) Mill, J. S., "Letter to Sir Charles Wentworth Dilke (April 11. 1870)," *CW*, XVII, p. 1712.
(178) Do., "Letter to Sir Charles Wentworth Dilke (May 28. 1870)," *CW*, XVII, p. 1727.
(179) Ibid., p. 1727, n. 2.
(180) Ibid., p. 1728.
(181) Dilke, Charles Wentworth, "Letter to John Stuart Mill (May 23. 1870)," quoted in ibid., p. 1728, n. 3.
(182) Do., "Letter to Thomas Hare (May 29. 1870)," *CW*, XVII, p. 1730.
(183) Do., "Letter to Sir Charles Wentworth Dilke (June 3. 1870)," *CW*, XVII, pp. 1730–1731.
(184) Ibid., p. 1731.
(185) Do., "Letter to Charles Kingsley (July 9. 1870)," *CW*, XVII, p. 1742, n. 1.
(186) Ibid., p. 1742.
(187) Ibid., pp. 1742–1743.
(188) Ibid., p. 1743.
(189) Ibid., p. 1744.
(190) Do., "Letter to John Nichol (December 29. 1870)," *CW*, XVII, p. 1789.
(191) Do., "Letter to an unidentified correspondent (January 5, 1871)," *CW*, XVII, p. 1794.
(192) Do., "Lettre à Gustave D'Eichthal (le 9 janvier 1871)," *CW*, XVII, p. 1796.
(193) Taylor, Helen, "Continuation of the Autobiography," *CW*, I, p. 625.
(194) *The Scotsman* (13 January, 1871), quoted in Mill, J. S., "Women's Suffrage [3] (12 January, 1871)," *CW*, XXIX, p. 402, editor's note.
(195) Ibid., p. 402.

（196） Ibid., pp. 402-403.
（197） Ibid., p. 403.
（198） Ibid., pp. 403-404.
（199） Ibid., p. 404.
（200） Ibid., p. 405.
（201） Ibid., p. 406.
（202） Ibid., pp. 406-407.
（203） Ibid., p. 407.
（204） Urbinati, Nadia, *Mill on Democracy : From the Athenian Polis to Representative Government* (Chicago, Ill. : University of Chicago Press, 2002), p. 167.
（205） *Ibid.*, p. 239, n. 38.
（206） *Ibid.*, p. 240, n. 38.
（207） Machiavelli, Niccolò (Leslie J. Walker tr.), *The Discourses*, bk. I, chap. 16, *The Discourses of Niccolò Machiavelli* (London : Routledge and Kegan Paul, 1950), Vol. I, p. 253.　永井三明訳『ディスコルシ』『マキァヴェッリ全集2』（筑摩書房、一九九九年）五九―六〇頁。
（208） Mill, J. S., "Letter to J. K. Hamilton Willcox (January 20. 1871)," *CW*, XVII, p. 1801, n. 1.
（209） Ibid., p. 1801.
（210） Rawls, John (Samuel Freeman ed.), *Lectures on the History of Political Philosophy* (Cambridge, Mass. : Belknap Press of Harvard University Press, 2007), p. 298.　齋藤純一ほか訳『ロールズ政治哲学史講義Ⅱ』（岩波書店、二〇一一年）五三四頁。
（211） Mill, J. S., "Letter to George Croom Robertson (May 13. 1871)," *CW*, XVII, p. 1818, n. 2.
（212） Do., "Letter to George Croom Robertson (September 20. 1871)," *CW*, XVII, p. 1834.
（213） Reeves, R., *op. cit.*, p. 431.

(214) Mill, J. S., "Letter to Josephine Butler (March 22. 1869)," *CW*, XXXII, p. 204.
(215) Reeves, R., *op. cit.*, p. 431.
(216) Mill, J. S., "Letter to George Croom Robertson (November 15. 1871)," *CW*, XVII, p. 1854.
(217) Do., "Letter to George Croom Robertson (November 5. 1872)," *CW*, XVII, p. 1917.
(218) Do., "Letter to Lilias S. Ashworth (After January 27, 1873)," *CW*, XVII, p. 1933.
(219) Do., "Letter to George Croom Robertson (February 8. 1873)," *CW*, XVII, p. 1938.
(220) Kinzer, B. L., A. P. Robson and J. M. Robson, *op. cit.*, p. 148.
(221) Mill, J. S., *The Subjection of Women*, p. 298.　大内訳一一〇頁。
(222) 水田珠枝『ミル『女性の解放』を読む』（岩波書店、一九八四年）一八五―一八七頁。Okin, S. M., *Women in Western Political Thought : [With New Afterword]*, pp. 226-227.　田林・重森訳一七三頁。Do., "John Stuart Mill's Feminism : *The Subjection of Women* and the Improvement of Mankind," pp. 45-46.
(223) Rawls, J. (S. Freeman ed.), *op. cit.*, p. 299.　齋藤ほか訳五三五頁。

第Ⅱ部　特権階級批判

第四章　選挙浄化論

はじめに

ジョン＝スチュアート＝ミルは『ミル自伝』でみずからの庶民院議員としての活動を回顧し、かれが積極的に貢献したけれども公衆の関心をほとんど喚起しなかった重要事項の一つとして、かれをふくむ一群の進歩的な自由党議員がベンジャミン＝ディズレイリ保守党政府の提案した「選挙請願にかんする法律を修正して、国会選挙における腐敗行為の防止をさらに有効に規定する法律」(1)について激論をつづけたことを特記している。(2)ミルはこの問題の細部にいたるまで入念に検討してきたひとびとと協議し、かれ自身も熟考して、本法案を多様な腐敗にたいして真に有効にするような修正条項と追加条項を作成した。かれらは選挙費用を削減することをめざした。修正条項のなかには、ヘンリ＝フォーセットによる選挙管理官の費用を候補者に請求するのではなくて公費負担とするもの、有償の選挙運動員を禁止して有償の選挙運動主宰者を一候補者につき一名に限定するもの、買収の防止と刑罰を地方選挙に適用するものなどがあった。地方選挙における買収は国会選挙における買収の「予備校」であるのみならず、恒常的な「かくれ蓑」であった。しかしながら、保守党政府は、選挙事件の管轄権を庶民院から裁判官に移転させる本法案のすぐれた規定をひとたび採択すると、それ以外の改善にことごとく断固として抵抗した。フォーセットの提案が実際に過半数の賛成票を獲得したあと、保守党政府は勢力を結集してこれを否決した。ミルの断言するところによれば、自由党は、誠実な国民代表を選出するのに必要な条件を保障するこうしたこころみをなんら助長しなかったことによって、はなはだ面目を失墜した。かれらは庶民院の多数党であったので、修正条項をことごとく採択することができたであろうけれども、まぢかにせまった総選挙の準備に没頭していた。対立候補がすでにその選挙区を遊説していたにもかかわらず、議員としての職務を立派に遂行しつづけたものもいたけれども、大多数は選挙運動を公務に優先させた。おおくの自由党議員はまた、買収を防止する法律が重要でなく、公衆の関心を秘密投票制からそらせるものにすぎず、秘密投票制が買収を防止する十分にして唯一の対策であるとみなした。これらの理由によって、ミルたちの論戦は、数夜のあいだ非常な精力を傾注してきたにもかかわらず、完全に不成功におわり、総選挙では腐敗行為がいっそう蔓延した。ミルは内心でウィリアム゠ユーアト゠グラッドストンの指導力の欠如を批判していた。[3] 腐敗防止を主張したのは自由党を急進化させるためでもあった。[4]

ところで、ミルは議員になってはじめて、この問題にとりくんだわけではない。かれはすでに一八三〇年一二月一二日付の週刊紙『イグザミナ』に掲載された論説「秘密投票制にかんする論争」で、不動産借主がその貸主の命令どおりに投票しなければ退去させられる「畜牛」の状態におかれて、自分の政治的意見と「公共的な共感」をもちえないことを問題として指摘した。[5] たとえば、ヘンリ゠ペラム゠ファインズ゠ペラム゠クリントン（ニューカースル公爵）は、かれの利益に反する投票をした不動産借主をたちのかせ、このことを貴族院でただされたさい「わたくしがわたくし自身のことについて、したいことをするのがまちがっているのでしょうか」と反論していた。[6]

なお、当時のミルは秘密投票制を支持していたけれども、一八四八年における二月革命以後のフランスの政情をみて、これに反対するようになったと推測される。[7] イギリスでは一八七二年に秘密投票法を制定するまで、公開の選挙集会において有権者が口頭で候補者名をつげる投票方法を採用していた。ミルは秘密投票制の導入を「退歩」[8]とみなし、共和政ローマの末期における秘密投票制がその没落の一因であるとかんがえたシャルル＝ルイ＝ドゥ＝モンテスキュー[9]とマルクス＝トゥッリウス＝キケロに言及している[10]。ミルはかれらの見解を受容したとする研究もある[11][12]。

ミルは、国会が一八三五年一月に施行された選挙における「前例にないほどの買収と脅迫」に対処することを期待した[13]。一八三二年に第一次選挙法改正がおこなわれる以前の国会は、買収あるいは脅迫を阻止する真剣な決意をまったくもたなかった。買収と脅迫は体制をささえる二本の柱であって、だれもそれらをなくそうとしなかった。閣僚とそのほかの公人は、違法な行為が証明されたごく少数の事件にたいして「高潔ぶった義憤」をしめし、証明されなかった多数の事件を緩慢に無視した。こうしたことは第一次選挙法改正以前の体制の「精神」に内在していて、体制を擁護するためならば「まったく申し分のない」こととされた。これこそ、エドマンド＝バークが「国制の恥ずべき部分[14]」と呼称したものにほかならなかった。

少数の有力者が大多数の議員を指名するならば、第一次選挙法改正は「改正」の名にあたいしないものとなる[15]。買収と脅迫が発覚せず処罰されなければ、こうしたことがつづくであろう。第一次選挙法改正後に買収と脅迫を防止することができなければ、政治的な堕落がいっそう拡大して、古来の「栄光ある国制」のいやしい自由市民と自治都市土地保有者以外の、非常に多数の清浄な階級のひとびとにおよぶかもしれなかった。庶民院議員選挙は「自由にして清浄で」なければならなかった。議員を「正当に」選出するためには、選挙事件を調査する専門官を創設して、その選挙運動主宰者が買収をおこなったと証明された議員の当選を無効にすべきであった[16]。

本章は、選挙浄化をめざしたミルの言動に焦点をあてて、その思想的特質を究明するものである。

一　腐敗防止の運動

ミルは『国会改革論』で、あらゆる形態の腐敗を厳重にとりしまることによって、投票が「私的な根拠」よりも「公共的な根拠」にもとづいてなされることを期待した。[17] 個々の候補者の選挙運動は、その支持者の「無報酬の熱意」か「寄付金」によっておこなうべきであった。[18] 幾人かの国会議員は選挙費用を負担せず、選挙区民がその全額をしはらっていた。かれらは「公共的な動機によって選出された」ということができるけれども、ほかの議員はことごとく「もっともすぐれたもの」としてではなくて「もっとも富めるもの」として選出されたかもしれなかった。[19] ミルは当選するために直接的にも間接的にも金銭あるいは金銭的価値をもつものをしはらわないと国会議員に宣誓させることが、それを禁止する法律を有効にするとかんがえた。[20] 宣誓を遵守しなければ、偽証罪を適用すべきであった。選挙費用を抑制するには、法律と世論が「共謀」しなければならなかった。

投票制度について、ミルは投票用紙をもちいる方法に反対した。[21] それが買収と脅迫をいっそう容易に、確実に有効にするとかんがえたからである。買収あるいは脅迫をおこなうひとは投票者の自宅で、投票用紙に候補者名をかきこませるかもしれなかった。[22] 救貧委員の選挙では、有権者が自宅で投票用紙に記入することができた。[23]

一八五九年一二月二〇日にミルがエドウィン＝チャドウィックにあてた手紙によれば、ヘンリ＝ジョン＝テンプル（パーマストン子爵）ホイッグ党政府もトーリ党も選挙を費用のかからないものにすることをのぞんでいなかったので、候補者による出費を禁止・処罰して買収を防止しようとしなかった。[24]

『代議政治論』は間接選挙制に、国会議員をえらぶ中間選挙人が有権者全体よりも少数で買収しやすいという理由で反対した[25]。また、投票者が自宅で記入した投票用紙を郵送するか公務員が回収するという、救貧委員の選挙で実施されていた投票方法を「致命的な」「買収」「脅迫」を助長するものとみなした[26]。

一八六四年二月二四日、外交官にして著述家であったウィリアム＝デューガル＝クリスティは社会科学振興国民協会法律学部会で「選挙腐敗の抑制計画についての提案」をおこなった[27]。ミルはその論文を「大変気にいった[28]。」同会は四月四日、チャドウィックの司会によってクリスティの「選挙腐敗」にかんする論文をめぐる討論会を開催し、ミルも出席した[29]。ミルは八月五日にフォーセットへ討論会の記録を送付して、同会への支援をよびかけた[30]。また『国会改革／参政権――『ニューカースル週刊紙』に初出した一連の論説[31]――』の著者ウィリアム＝トッドによる、買収されたものの参政権を喪失させて、買収したものの議員資格を永久に剥奪すべきであるという主張を称賛した[32]。

一八六六年五月二一日に庶民院議員ミルはクリスティにあてた手紙において、代議制度にかんする問題のなかでもっとも重要なのが「買収と選挙費用」であるとのべている[33]。この問題を解決するには改革家の団結が必要であった。グラッドストン財務大臣も「選挙における腐敗行為」が「緊急」の課題であることを認識していた[34]。「買収の抑制」は第二次選挙法改正後、最初におこなうべきことであった[35]。一八六七年二月五日のヴィクトリア女王による国会開会の辞にかんして、腐敗行為についての調査不足によって、エドワード＝ジョージ＝ジェフリ＝スミス＝スタンリ（ダービ伯爵）保守党政府が女王に、腐敗行為に言及するよう助言しえなかったことは、グラッドストンの遺憾とするところであった[36]。

ミルは国会議員選挙での買収に聖職者が積極的にとりくむことをのぞみ、トットネスの独立派教会が買収に関係した信徒を譴責し懺悔させて、こうしたあやまちを二度とおかさないと決意させたことをたかく評価した[37]。貴族院は第二次選挙法改正にさいして、投票用紙をもちいた投票を可能にしようとした[38]。これは「まったくひどい提案」であった。[39] 庶民院は買収と脅迫を増加させないために、この修正条項を否決すべきであった。採択すれば、不動産貸主はその借主を応接間につれてきて、みずからの党派的な利害関係にしたがって投票用紙に候補者名をかきこむよう強制するかもしれなかった。ミルは、この「ひどい計画」を実行するのであれば、選挙法改正をおこなわないほうがよいとさえのべている。結局、この条項は否決された。

第二次選挙法改正後、買収を抑止することは「はかりしれない重要性」をおびるようになった。[40] 労働者階級が投票権を行使するさい他者にうりわたす「危険」があったからである。選挙における腐敗行為を抑制するための最善の提案を、進歩的な自由党議員が支持しうる法案として、まとめなければならなかった。「選挙腐敗」が「もっとも重要な議題」であった。[41] ミルによれば、クリスティとおなじくらい、この問題に骨をおってきたひとはほとんどいなかったので、ミルはクリスティが法案の項目を作成することを希望した。なお両者とも、地方選挙にかんする規定が必要であるとかんがえていた。高額な選挙「費用」と「腐敗」は「有害で」「政治道徳を悪化」させていた。[42] 自由党議員がこの問題を提起すべきであった。

ミルはクリスティの提案をうけて、その「ほぼすべてが申し分ない」[43] としたけれども、選挙事件の管轄権を庶民院議長が任命する五名の国会議員と、一名の裁判所補佐人にもたせる案にはくみせず、それを一名の裁判官にもたせるべきであるとかんがえた。[44] 議員が「不偏不党」であることを期待しえなかったからである。採択を容易にするための「妥協案」[46] を提出してはならなかった。[45] ミルはチャドウィックにたいしても、選挙腐敗の防止法案にかんする意見をもとめた。[46] クリスティはスコットランドで国会議員選挙に立候補しようとしていた。[47] ミルはそれをとてもよろこんだ。選挙腐敗のすくないスコットランドでの当選は、その防止に尽力してきたクリスティにふさわしいことであったけれども、グリーンノックで立候補し落選した。[48]

二　腐敗防止法案をめぐる論戦

一八六八年三月二六日、ディズレイリ政府の「選挙請願にかんする法律を修正して、国会選挙における腐敗行為の防止をさらに有効に規定する法案」(49)における、選挙事件の管轄権を庶民院から裁判官に移転させる規定について、国会議員アレクサンダ＝ミッチェルがそれを庶民院に保有させつづける修正条項を提案したとき、(50)ミルは本法案の規定とミッチェルの修正条項のどちらをえらぶかといわれたら「躊躇せずただちに」前者を選択するとのべている。(51)本法案はミルの理想と完全に一致する、腐敗行為を抑止するのに十分なものではなかったけれども、かれはそれを好意的に評価した。本法案における右記の規定は、腐敗行為に緊急に対処しなければならず、こうしたはなはだしい害悪を抑止するのに通常の手段をもってしては不可能であるという政府の意識を反映したものであった。選挙事件の管轄権が庶民院にあるかぎり、買収したものにたいする刑罰を厳格に執行するのを期待することはできなかった。選挙事件を審理する国会議員のような、判決することになれないひとは有罪と決定することを自然にためらう。判決するものが被疑者とおなじ階級に属し、おなじ感情を有し、おなじ誘惑におちいりやすく、被疑者を「犯罪」者ではなくて「不運」なものとみなしがちなばあいは、なおさらであった。(52)

ミルが庶民院で紹介したクリスティの著書(53)によれば、請願があろうとなかろうと、国会選挙が終了するたびに、腐敗行為がなかったかどうかを調査すべきであった。(54)請願が提出されないか、提出されても「妥協」によってとりさげられることがあった。双方の当事者がおなじ瑕疵を有するので、調査が請願者にも不利となることに気づくからであり、当選者がその議席を買収によって獲得したとしても、落選者がそれを暴露すれば自分自身の信用をうしなうおそれがあるからであった。「国会選挙における買収の温床となっている地方選挙」についても、調査は必要不可欠であった。[55]保守党の事務弁護士であったフィリップ＝ロウズが貴族院の委員会で証言したところによれば、国会議員にとっては国会選挙に一〇〇ポンドをついやすよりも、地方選挙に一〇ポンドをついやすほうが有効であって、選挙運動主宰者のあいだでは「地方議員候補者を当選させることができた」ならば、その地方の「国会議員候補者を当選させることもできるであろう」[56]というのが自明の理となっていた。国会選挙における買収と腐敗を抑止しようとするならば、地方選挙にも干渉しなければならなかった。

ミッチェルの修正条項は採択されなかった。[57]ミルは政府にたいして本法案とは別個に、あるいはその一条項として地方選挙における買収を防止するための法案を提出する意向を確認した。[58]ディズレイリは、地方選挙における買収が「非常に重大」であるけれども、それを防止するための法案を提出する用意がなく、国会選挙に適用する法案を採択するためにできるかぎりの努力をするつもりであるという趣旨の回答をしている。[59]それはミルにとって「丁重」であったけれども「満足」しえない回答であった。[60]

四月二六日にミルがクリスティにあてた手紙によれば、ミルはクリスティからうけとった修正条項を「ことごとく気にいり」そのうちのどれをだれが提出するかを検討していく。[61]五月二一日にミルは、不当な選挙についての請願を「人民間訴訟裁判所」に提出しうることを規定した本法案第五条に補足して、当選しえなかった候補者などでなくても「選挙における腐敗行為が一般にひろくおこなわれていることについて」請願をなしうることをさだめる修正条項を提案した。[62]本法案は「不完全」であったけれども「政治的・道徳的害悪にとりくむ果敢なこころみ」として、選挙事件の管轄権を庶民院から裁判所に移転させようとしていた。[63]ミルの念願は、みずからの「政治的所信」を表明するためではなくて、おしみない出費によって「社会的地位」をえるために当選する国会議員を減少させることであった。[64]かれらは「かれら自身のためだけ」に政治家になったものであり、ミルが「かれらについてかたらずに、みておりすぎる」ことはできなかった。[65]かれらを庶民院からしめだすには、当選しえなかった候補者などでなくても請願をなしうるようにしなければならなかった。[66]

ミルの修正条項は採択されなかったけれども、庶民院の感情は予想外に良好であった。[67]とはいえミルは、急進派が秘密投票制を重視して買収防止法案を軽視することを懸念した。[68]かれの確信するところによれば、秘密投票制は「脅迫」にたいして有効であっても「買収」の防止にはほとんどあるいはまったく役だたなかった。もっとも本法案が廃案になる可能性はかなりすくなかった。[69]進歩的な自由党議員のなかには保守党政府と意思疎通をはかって、ディズレイリを援助するために自由党議員の代表団を派遣することをもうしでたものもいた。その派遣は実現しなかったようであるけれども、[70]ミルが代表団への加入を依頼した議員はみな、それを拒否しなかった。

六月二五日に国会議員エドワード＝ヘンリ＝ジョン＝クローフォードは本法案第五条について、不当な選挙にかんする請願を「人民間訴訟裁判所」ではなくて「庶民院」に提出しうるとする修正条項を提案した。[71]ミルはこの修正条項を採決にかけるのであれば反対票を投ずるつもりであると発言した。[72]クローフォードの修正条項は採択されなかった。[73]

七月六日に国会議員エドワード＝プレイドル＝ブーヴァリは選挙事件の管轄権を、上位裁判所の裁判官が主宰する庶民院の委員会に付与することを提案した。[74]かれは庶民院の委員会が選挙事件をきわめて公平無私に裁定すると主張したけれども、ミルが批判するところによれば、ある議員を買収のかどで有罪としたことは過去五〇年間に一度もなかった。[75]その選挙運動主宰者が買収をおこなったと証明された候補者と、おなじ階級に属しておなじ誘惑におちいりやすい議員の構成する法廷でなければ、その候補者を腐敗行為のかどで有罪と判決したであろう。[76]買収を黙許する庶民院に裁定させてはならなかった。[77] もっとも選挙事件の管轄権を庶民院から裁判官に移転させる本法案がブーヴァリの提案よりも「すぐれた長所」を有するとはいえ、ミルは裁判官を絶対的に信頼していたわけではなかった。裁判官がときに「政治屋」となることは、植民地総督法違反の罪で告訴されたジャマイカのエドワード゠ジョン゠エア総督にかんして、女王座裁判所コリン゠ブラックバーン判事が大陪審におこなった緩慢な説示の証明するところであった。[78]

当時、不当な選挙にかんする請願を提出するさいには一、〇〇〇ポンドという高額な保証金を供託しなければならなかったので、それをあえておこなうのは主として対立候補の当選無効をもうしたてる落選者であった。[79] ミルは請願の提出を助長しようとした。[80] 国会議員ジョージ゠デンマンが「正直な候補者」をくるしめるおおくの「いまいましい請願」に憤慨したのにたいして、[81] ミルは誠実な請願を費用のかかる面倒なものとしないことをのぞんだ。また、スコットランドの選挙民がその「政治的な誠実さをもとめる高潔な性格」によってクリスティを国会議員に選出することをねがっていた。[82]

七月一四日にミルは本法案について、地方選挙における腐敗行為を防止するための適切な手段を規定することを提案した。[83] 地方選挙における買収は国会選挙におけるのとおなじくらいに抑制すべきでものであって、これを黙許するか放置することは適当でなかった。地方選挙における買収は国会選挙における買収の「最高の学校」であった。保守党の事務弁護士であったロウズが腐敗行為にかんする庶民院の特別委員会でのべたとおり、地方選挙こそが国会選挙における買収という悪弊の「真の温床」であった。[84] 地方選挙における買収は国会選挙におけるそれとふかく関係しているので、両者の処罰と罰金にかんする規定をできるかぎり統一するのが有効であった。[85] ミルはこの「選挙腐敗の根源に鉈をふるう」ために、地方選挙における腐敗行為の調査にかんする規定を本法案にいれようとしたけれども、[86] 本法案が国会議員の選挙のみを対象としているので、そのあつかうべき範囲を逸脱しているとみなされ[87]、かれはこの修正条項を撤回した。

不当な選挙にかんする請願にかかる費用をその当事者がしはらうことをさだめた本法案第四三条について、ミルは「腐敗行為が一般にひろくおこなわれていることに苦情をもうしたてる請願」が「合理的にしてほぼ確実な理由がある」ものであれば請願者の出費を免除して、腐敗行為のかどで有罪と判決された当事者と、当該の州か都市に分担させることを提案した[88]。選挙における腐敗行為を究明・訴追することは「公共の奉仕」であるため、それをおこなうものが私費を支出する必要はなかった。告発の内容が真実であれば請願者が費用を免除される「明白な道徳上の権利」を有する。本来、費用を負担すべきなのは有罪と判決された当事者であるけれども、裁判官がその当事者に請願の全費用を負担させるほどおもい刑罰を科すとはかぎらないし、その当事者がそれをしはらう資力を有しない可能性もあった。そのばあいは、腐敗行為のかどで有罪と決定されたひとびとと、当該の州か都市が費用を分担すべきであったけれども、ミルの修正条項は採択されなかった[89]。

本法案第四五条は「買収」のかどで有罪と判決された候補者の当選を無効と宣告して、その被選挙権を七年間剥奪することを規定していた。ミルはこの「買収」という文言を「腐敗行為」におきかえることを提案した。その目的は本条の適用範囲を供応か脅迫をしたひとびとに拡大することであったけれども、ミルの修正条項は採択されなかった[90]。

本法案第四六条は腐敗行為をおこなった選挙運動主宰者を雇用したと証明された候補者の当選を無効としていた。七月一七日に国会議員ジョン＝ラッセル（アンバリ子爵）は修正条項を提案して、この候補者の被選挙権を三年間剥奪する刑罰を付加しようとした[91]。ミルはアンバリの修正条項を支持したけれども[92]、採択されなかった[93]。

ミルは買収のかどで有罪と判決された、候補者以外のひとびとの選挙権の剥奪などをさだめた本法案第四七条を、地方選挙にも適用しようとした[94]。しかし、ウィリアム＝ベイリヤル＝ブレット法務次長は本法案の争点を国会選挙に限定すべきであって、地方選挙について調査しなければならないのは将来においてであると主張した[95]。ディズレイリもおなじ趣旨の発言をしてミルに反対した[96]。ミルはこの修正条項を撤回した[97]。

七月一八日にフォーセットは本法案について「演壇、投票事務職員、投票用紙記入所およびそのほかの選挙管理に必要なものを提供するために、選挙管理官が正当に負担する費用」を地方税からしはらうことを規定して、当選者のなかで得票数のもっともすくないものがえた票の一〇％以下しか得票しえなかった候補者については、その供託金を選挙管理官の費用の支出を援助するのにもちいることを要求する追加条項を提案した[98]。ミルによれば、候補者が選挙管理官の費用をしはらっていることは腐敗行為でないとしても、選挙を公営化しなければ「金権政治」を脱却することができなかった[99]。選挙管理官の費用を地方税でまかなえば税負担が増大するけれども[100]、庶民院が「公正さと正義感」をそなえることのほうが「非常に少額の、たぶん一時的な」地方の支出の増加よりも重要であった。フォーセットの追加条項は供託金にかんする但書を除去したうえで承認された[101]。

七月二二日にミルは本法案について、地方選挙の腐敗行為にかんする条項を提案したけれども、否決された[102]。

つぎにミルは、有償の選挙運動員か、あるいは二名以上の有償の選挙運動主宰者の雇用を違法とする条項を提案した[103]。この雇用は選挙における「過度の出費」の最大の源泉であった。候補者が「金銭の力」によって万人の支持をえようとすれば、支出の大部分は選挙運動員の雇用についやされた。かれらは非常にしばしば、選挙運動をする意志をもたずに何百となく雇用され、そのおおくは一度も選挙運動をしなかった。多数の有権者は買収者の命ずるとおりに投票したことの報酬を、選挙運動の報酬という名目でうけとることができた。第二次選挙法改正法第一一条は候補者にやとわれているものの投票を許可してはならないと規定して、[104] こうした方法の買収に「一撃」をくわえたけれども、自分自身が投票しえなくても、その父親か兄弟に、あるいはその妻の父親か兄弟に、買収者の命ずるとおりに投票させることによって報酬をうけとることができた。「集団買収」すなわち選挙区全体の買収がおこなわれているところもあった。町の小規模な商人はことごとく、金銭を四方八方におしみなくなげだすものによって、事実上買収されていた。こうした金銭はほとんど、かれらの商店で消費されたからである。有権者が利益をえる支出はことごとく、一種の買収であった。百万長者のみを代表として選出することを可能にしている買収を廃止すべきであった。庶民院の議席は金銭の支出によっても、私的な投票の勧誘によっても獲得すべきものでなかった。有権者は候補者の政見を新聞か公開演説でしっていたので、選挙運動員がはなしかけることをのぞんでいなかった。[105] 選挙運動をしなければならないとしても、ヴォランティアによってすべきであった。ミルの信念によれば、候補者は選挙運動をおこなうのに十分な人数の熱心な支持者を「説得と道徳的な感化力」によって獲得すべきであったけれども、かれの提案した条項は採択されなかった。[106]

ミルは請願にともなう腐敗行為の調査費用を当該の州か都市に負担させる条項をも提案したけれども、採択されなかった。[107] また、ほかの国会議員による同年の地方選挙を延期する提案について、国会選挙の直前に地方選挙を施行することが国会選挙における買収を容易にするという理由で支持したけれども、[108] 採択されなかった。[109] 七月二三日には、腐敗行為によって処罰された選挙運動主宰者が再度おなじ職につくことに厳罰をくわえるという、ほかの国会議員の提案に賛成したけれども、この修正条項も採択されなかった。[110]

同日にブレット法務次長は、選挙管理官の費用を地方税からしはらうフォーセットの条項を除外することを提案した。[111] ミルは本条項の採択により、いっそう清浄な時代がはじまって、いっそう適格な候補者がうまれることを期待したけれども、削除された。翌二四日にフォーセットは本条項を再議することを提案した。(112) ミルは本条項に反対した政府の行動を非難して、(113) 再議を希望したけれども、(114) 承認されなかった。(115)

三　庶民院議員落選と腐敗行為

同夜、ともにウェストミンスタ選出の自由党議員であったミルとロバート＝ウェルズリ＝グロウヴナはウォリック＝ストリートで選挙演説をおこなった。(116) 演説に先だってグラッドストンの手紙がよみあげられた。それは保守党候補ウィリアム＝ヘンリ＝スミスがウェストミンスタの代表となるのがのぞましくないとしてグロウヴナを手みじかに称賛したあと「ミル氏についてはは世界的な名声を獲得したかたなので、わたくし〔グラッドストン〕が賛辞をのべるのはほとんど失礼といっていいでしょう」とことわったうえで、ミルが議員として「自己の意見を主張するさいには断固とした態度であったけれども、他者の意見にもっとも寛大な姿勢をとって」「私利私欲にとらわれないで公務に一意専心する稀有の模範」をしめし「庶民院の道徳的格調」をたかめたことを激賞していた。ミルは聴衆の「熱烈な歓迎をうけて」演説した。

かれによれば、政府は「選挙請願にかんする法律を修正して、国会選挙における腐敗行為の防止をさらに有効に規定する法案」を提出したとき、選挙における不正な行為を抑制するために「一つのやや大胆な方法」をとった。(117) すなわち庶民院に選挙腐敗について審理する権限を放棄させ、それを裁判官に移転させることを要求した。(118) 裁判官は庶民院議員よりも、選挙犯罪に同情しそうになかった。ミルたちは本法案にかんして、選挙腐敗を予防して、富者のみが議席を獲得することを可能にしている高額な選挙費用を削減するための「苦闘」をつづけてきた。一〇名程度のトーリ党議員がそれを「首尾一貫して立派に援助」した。しかし、政府は選挙事件の管轄権を庶民院から裁判官に移転させるという、政府自身が作成した条項を採択したあと、本法案を改善しようとしなかった。自由党議員と実直なトーリ党議員があいついで提案をおこなって、選挙をいっそう清浄な費用のかからないものにしようとしたけれども、政府はまったく許容しようとしなかった。本法案の改善に失敗したことで、有権者は百万長者の掌中におかれつづけた[119]。ミルの確信するところによれば、トーリ党の選挙運動主宰者であったマーカム＝スポファスはかれの友人である閣僚に、すくなくとも同年の選挙では腐敗行為をやめてはならないとかたっていた[120]。

本法案を改善しようというミルたちの努力は「日夜激論したあと、ことごとく水泡に帰し」フォーセットの提案した追加条項でさえ最終的に否決された[121]。この討論は将来の改革の出発点と位置づけられ、本法案はスコットランドとアイルランドにも適用されることになったけれども、のぞましい効果を期待することはほとんどできなかった。ミルが「憤慨」するところによれば[122]、一八五七年から一八六四年までブライトン選出の国会議員をつとめたあと、同選挙区におけるフォーセットの議席を奪取しようとして失敗したウィリアム＝カニンガムは[123]、フォーセットがブライトンのひとびとの私腹をこやさずに同調者のすくない条項を支持したという「否定しえない功績」を有していたのに、それを攻撃して、フォーセットが買収された有権者にたいする厳重な処罰をのぞんだことを非難した[124]。

一一月四日にソウホウのディーン＝ストリートで、ミルとグロウヴナはふたたび選挙演説をおこなった[125]。ミルが演説するとき、集会の「参加者はことごとくたちあがって、ながいあいだ帽子とハンカチをふり、とても心から感激して歓声をあげた。」かれは選挙における買収という「恥ずべき慣行」を廃止するために国会でなされたこころみをほとんど重要視していなかった[126]。国会選挙における買収を首尾よく廃止するには、地方選挙における買収を効果的に阻止しなければならなかった。後者が前者の「学校・温床」となっていたからである。同年の地方選挙が国会選挙に先だって施行されることになっていたので、ミルはそれを国会選挙のあとに延期させようとしたけれども、トーリ党政府はそれに反対した。ミルと聴衆の質疑応答のあと、フォーセットがミルとグロウヴナを支持する決意をしめして熱狂的な拍手をあびた[127]。フォーセットはミルを「偉大な政治家、立派な人間、著名な思想家、卓越した哲学者」と評した。この集会はグラッドストン、ミル、グロウヴナおよびフォーセットにたいする喝采をもって閉会した。

ミルは落選した。自由党陣営の選挙費用が約二、〇〇〇ポンドであったのにたいして、保守党の対立候補スミスのそれは約九、〇〇〇ポンドであった[128]。スミスの当選に異議をもうしたてる請願が提出され審理されたけれども、スミスは当選を宣言された[129]。フランス第二帝政に反対してイギリスに亡命していた著述家にして自由主義の政治家であったアルフォンス＝エスキロスにたいしてミルが一一月にあてた手紙によれば、腐敗行為のために「なげかわしいほど」金銭がもちいられた[131]。イギリスでは財産と社会的地位を非常に尊重する傾向があり、その魅力はきわめておおきかった。ミルが無神論者としてしられていたチャールズ＝ブラドローの選挙を支援したことも落選の一因となった。ミルはこのことを抗議されたとき[132]「選挙請願にかんする法律を修正して、国会選挙における腐敗行為の防止をさらに有効に規定する法案」にたいするミルとフォーセットの修正条項を採択して、選挙費用を削減していたら、ブラドローの費用を拠出する必要はなかったであろうと釈明している[133]。

グレイト＝ブリテンの民主的な党派の大多数は国会選挙における秘密投票制を、買収と脅迫を抑制する手段とみなして支持していたけれども、ミルはそうでなかった[134]。かれによれば、もっとも重要なのは有償の選挙運動員か、あるいは二名以上の有償の選挙運動主宰者の雇用を禁止することであった[135]。

おわりに

選挙浄化にかんするミルの思想は『代議政治論』に集約されている(136)。同書によれば、候補者の費用で投票者を投票場へ運送することを認容すべきでなかった。演壇、投票事務職員および選挙に必要な設備はことごとく公費によるべきであった。候補者が負担してよいのは五〇ポンドか一〇〇ポンドの供託金のみであった。広告・プラカード・ちらしによって自分の主張を有権者にしらせる費用は、この供託金を流用してよければ、それで十分であった。候補者がそれ以上の費用をしはらうことを違法とすべきであった。議員にそれをしなかったという宣誓をさせ、違反すれば偽証罪で処罰すべきであった。この処罰をおこなえば、国会が真剣であることが国民につたわり、世論はこの「社会にたいするもっとも重大な犯罪」を「ゆるすべき微罪」とみなさなくなり、宣誓が拘束力をもつとかんがえるであろう。

政治家が買収を防止しようと本気でこころみたことはなかった。選挙を費用のかからないものにすることを心からのぞんでいなかったからである。選挙に金銭がかかることは、その費用をしはらいうるものにとって、大勢の競争相手を排除するため有利となる。国会議員を富者に限定することは、それがいかに有害であっても、保守的な傾向を有するがゆえに歓迎された。こうした自由・保守両党の議員の「悪意」は、富者の階級的な利益か感情に敵対するものをおそれて、民主主義的なひとびとが国会議員に当選することを阻止した。

また、国会議員がその職務を自分の利益をうみだすものととらえて、当選するために金銭をしはらうことは、道徳的に有害であった。候補者が議員になるためについやす金額をきそいあって「腐敗」していれば、有権者はそれとおなじ「道徳的な気風」をもつ。議員が議席を獲得するために金銭をしはらえば、有権者も選挙を「利己的なとりひき」とみなすからであった。

本書序章でのべたとおり『代議政治論』は国民の「道徳的・知的・活動的な資質」を育成すること、その「すぐれた資質」を利用すること、しかもそれを「ただしい目的」のために活用することを善政の三つの基準として設定している。代議政治は「市民」の「公共精神」の涵養、「熟練した立法・行政」、万人の「権利・利益」の保障を可能にするものであった。ミルにとって、腐敗行為とは、国民の道徳的資質の育成と利益保障を阻害するものにほかならなかった。

（1）"An Act for amending the Laws relating to Election Petitions, and providing more effectually for the Prevention of corrupt Practices at Parliamentary Elections [31st *July* 1868]," 31 & 32 Victoria, c. 125, *A Collection of the Public General Statutes Passed in the Thirty-first and Thirty-second Years of the Reign of Her Majesty Queen Victoria : Being the Third Session of the Nineteenth Parliament of the United Kingdom of Great Britain and Ireland* (London : Printed by George Edward Eyre and William Spottiswoode, Printers to the Queen's most Excellent Majesty, 1868), pp. 670–682.

（2）Mill, John Stuart, *Autobiography* (1873), *CW*, I, pp. 282–284.　山下重一訳註『評註ミル自伝』（御茶の水書房、二〇〇三年）二七九—二八〇頁。

（3）Kinzer, Bruce L., Ann P. Robson and John M. Robson, *A Moralist In and Out of Parliament : John Stuart Mill at Westminster, 1865–1868* (Toronto ; Buffalo : University of Toronto Press, 1992), pp. 110–111.

（4）*Ibid.*, p. 112.

（5）Mill, J. S., "Controversy on the Ballot (*Examiner*, 12 December, 1830)," *CW*, XXII, p. 211.

（6）The Duke of Newcastle [Clinton, Henry Pelham Fiennes Pelham], "Complaint by the Duke of Newcastle, of the language used at Nottingham by the Attorney General (December 3, 1830)," *Hansard's Parliamentary Debates*, 3rd ser., Vol. I, col. 751.

（7）関口正司『自由と陶冶：J・S・ミルとマス・デモクラシー』（みすず書房、一九八九年）四六〇―四六一頁。Cf. Kinzer, Bruce L., *J. S. Mill Revisited : Biographical and Political Explorations* (New York : Palgrave Macmillan, 2007), p. 154.

（8）Mill, J. S., "Letter to Lord Monteagle (20 March 1853)," *CW*, XIV, p. 103.

（9）Montesquieu, Charles Louis de, *De l'esprit des lois, Œuvres complètes II* ([Paris] : Gallimard, 1951), p. 243.　野田良之ほか訳『法の精神』（岩波書店、一九八七年）二二―二三頁。

（10）Cicero, Marcus Tullius, *De legibus*, Clinton Walker Keyes tr., *De re publica ; De legibus* (London : W. Heinemann ; Cambridge, Mass. : Harvard University Press, 1951), Lib. I, xvi, and III, xv.　岡道男訳「法律について」『キケロー選集8』（岩波書店、一九九九年）二〇八―二〇九、二九三―二九四頁。

（11）Mill, J. S., "Letter to Harriet Mill (February 2 [1854])," *CW*, XIV, p. 147. Semmel, Bernard, *John Stuart Mill and the Pursuit of Virtue* (New Haven : Yale University Press, 1984), p. 100.

（12）Justman, Stewart, *The Hidden Text of Mill's Liberty* (Savage, Md. : Rowman & Littlefield, 1991), p. 72, n. 106.

（13）Mill, J. S., "Bribery and Intimidation at Elections (*Grobe and Traveller*, 12 February, 1835)," *CW*, XXIV, p. 767.

（14）Burke, Edmund, "Speech on American Taxation (19 April 1774)," Paul Langford ed., *The Writings and Speeches of Edmund Burke*, Vol. II (Oxford : Clarendon Press ; New York : Oxford University Press, 1981), p. 459.　中野好之訳「アメリカへの課税についての演説」『バーク政治経済論集：保守主義の精神』（法政大学出版局、二〇〇〇年）一四六頁。

（15）Mill, J. S., "Bribery and Intimidation at Elections," p. 768.

（16）Ibid., p. 769.

（17）Do., *Thoughts on Parliamentary Reform* (1859), *CW*, XIX, p. 318.

（18）*Ibid*., p. 320.

（19）*Ibid*., pp. 320-321.

（20）*Ibid*., p. 321.

（21）Do., "Letter to Edwin Chadwick (February 7. 1859)," *CW*, XV, p. 594.

（22）Do., “Letter to Edwin Chadwick (March 10 [1859]),” *CW*, XV, p. 604.

（23）Ibid., p. 605.

（24）Do., “Letter to Edwin Chadwick (December 20. 1859),” *CW*, XV, p. 654.

（25）Do., *Considerations on Representative Government* (1861), *CW*, XIX, p. 486.　水田洋訳『代議制統治論』（岩波書店、一九九七年）二五二—二五三頁。

（26）*Ibid.*, p. 495. 二七三頁。

（27）Do., “Letter to Edwin Chadwick (March 14. 1864),” *CW*, XV, pp. 923–924, n. 2.

（28）Ibid., p. 923.

（29）Do., “Letter to Edwin Chadwick (April 1. 1864),” *CW*, XV, p. 933, n. 4.

（30）Do., “Letter to Henry Fawcett (August 5. 1864),” *CW*, XV, p. 951.

（31）Todd, William, *Parliamentary Reform. The Franchise. Being a Series of Articles Originally Published in the Newcastle Weekly Chronicle* (Newcastle-on-Tyne, 1865), quoted in Mill, J. S., “Letter to William Todd (March 20, 1865),” *CW*, XVI, p. 1017, n. 1.

（32）Ibid., p. 1017.

（33）Do., “Letter to William Dougal Christie (May 21. 1866),” *CW*, XXXII, p. 165.

（34）The Chancellor of the Exchequer [Gladstone, William Ewart], “Speech on Parliamentary Reform—Representation of the People Bill (March 12, 1866),” *Hansard's Parliamentary Debates*, 3rd ser., Vol. CLXXXII, col. 25.

（35）Mill, J. S., “Letter to William Dougal Christie (February 21. 1867),” *CW*, XVI, p. 1245.

（36）Gladstone, [W. E.], “Address to Her Majesty on Her Most Gracious Speech (February 5, 1867),” *Hansard's Parliamentary Debates*, 3rd ser., Vol. CLXXXV, col. 71.

（37）Mill, J. S., “Letter to John Allen (May 27. 1867),” *CW*, XVI, p. 1274.

（38）Do., “The Reform Bill [10] (8 August, 1867),” *CW*, XXVIII, pp. 231–232, editor's note.

（39）Ibid., p. 232.

（40）Do., “Letter to James Garth Marshall (October 26. 1867),” *CW*, XVI, p. 1322.

(41) Do., "Letter to William Dougal Christie (November 20. 1867)," *CW*, XVI, p. 1331.

(42) Do., "Letter to William Dougal Christie (December 28. 1867)," *CW*, XVI, p. 1337.

(43) Do., "Letter to William Dougal Christie (January 8. 1868)," *CW*, XVI, p. 1348.

(44) Ibid., p. 1349.

(45) Do., "Letter to William Dougal Christie (January 17. 1868)," *CW*, XVI, p. 1353.

(46) Do., "Letter to Edwin Chadwick (January 27. 1868)," *CW*, XVI, p. 1355.

(47) Do., "Letter to William Dougal Christie (March 8. [1868])," *CW*, XVI, p. 1371.

(48) Ibid., p. 1371, n. 2.

(49) Cf. "A Bill for Amending the Laws relating to Election Petitions, and providing more effectually for the Prevention of corrupt Practices at Parliamentary Elections (13 *February* 1868)," *House of Commons Parliamentary Papers*, 1867–1868, Vol. II, pp. 263–286. "A Bill [As Amended in Committee] for Amending the Laws relating to Election Petitions, and providing more effectually for the Prevention of corrupt Practices at Parliamentary Elections (16 *March* 1868)," *ibid.*, pp. 287–308. "A Bill [As Amended in Committee and on Re-Commitment] for Amending the Laws relating to Election Petitions, and providing more effectually for the Prevention of corrupt Practices at Parliamentary Elections (18 *July* 1868)," *ibid.*, pp. 309–330.

(50) Mitchell, [Alexander], "Speech on Election Petitions and Corrupt Practices at Elections Bill (March 26, 1868)," *Hansard's Parliamentary Debates*, 3rd ser., Vol. CXCI, cols. 296–298.

(51) Mill, J. S., "Election Petitions and Corrupt Practices at Elections [1] (26 March, 1868)," *CW*, XXVIII, p. 262.

(52) Ibid., pp. 262–263.

(53) Christie, William Dougal, *Electoral Corruption and Its Remedies* (London : National Association for the Promotion of Social Science, 1864), quoted in ibid, p. 263, n. 2.

(54) Ibid., p. 263.

(55) Ibid., p. 264.

(56) "Report from the Select Committee of the Lords," *Sessional Papers*, 1860, I, 130, quoted in ibid.

（57） *Hansard's Parliamentary Debates*, 3rd ser., Vol. CXCI, col. 321.

（58） Mill, J. S., "Election Petitions and Corrupt Practices at Elections [2] (2 April, 1868)," *CW*, XXVIII, p. 265.

（59） Disraeli, [Benjamin], "Speech on Election Petitions and Corrupt Practices at Elections Bill—Bribery at Municipal Elections (April 2, 1868)," *Hansard's Parliamentary Debates*, 3rd ser., Vol. CXCI, col. 702.

（60） Mill, J. S., "Letter to William Dougal Christie (April 3. 1868)," *CW*, XVI, p. 1383.

（61） Do., "Letter to William Dougal Christie (April 26. 1868)," *CW*, XXXII, p. 192.

（62） Do., "Election Petitions and Corrupt Practices at Elections [3] (21 May, 1868)," *CW*, XXVIII, p. 279, editor's note.

（63） Ibid., p. 279.

（64） Ibid., p. 280.

（65） Dante Alighieri, *Inferno*, Canto III, ll. 37-39, 51, Edmund Gardner ed.,*The Divine Comedy* (London : Dent ; New York : Dutton, 1955), pp. 10-11.　寿岳文章訳『神曲：地獄篇』（集英社、新版一九八七年）三二頁。

（66） *Hansard's Parliamentary Debates*, 3rd ser., Vol. CXCII, col. 691.

（67） Mill, J. S., "Letter to William Dougal Christie (May 22. 1868)," *CW*, XVI, p. 1403.

（68） Do., "Letter to William Dougal Christie (June 6. 1868)," *CW*, XVI, p. 1409.

（69） Do., "Letter to William Dougal Christie (June 13. 1868)," *CW*, XXXII, p. 195.

（70） Ibid., p. 195, n. 5.

（71） Craufurd, [Edward Henry John], "Speech on Election Petitions and Corrupt Practices at Elections (re-committed) Bill (June 25, 1868)," *Hansard's Parliamentary Debates*, 3rd ser., Vol. CXCII, col. 2173.

（72） Mill, J. S., "Election Petitions and Corrupt Practices at Elections [4] (25 June, 1868)," *CW*, XXVIII, p. 300.

（73） *Hansard's Parliamentary Debates*, 3rd ser., Vol. CXCII, col. 2189.

（74） Bouverie, [Edward Pleydell], "Speech on Election Petitions and Corrupt Practices at Elections (re-committed) Bill (July 6, 1868)," *Hansard's Parliamentary Debates*, 3rd ser., Vol. CXCIII, cols. 724.

（75） Mill, J. S., "Election Petitions and Corrupt Practices at Elections [5] (6 July, 1868)," *CW*, XXVIII, p. 301.

(76) Ibid., pp. 301-302.

(77) Ibid., p. 302.

(78) Blackburn, Colin, "Charge to the Grand Jury," *Report of the Case of the Queen v. Edward John Eyre on His Prosecution in the Court of Queen's Bench, for High Crimes and Misdemeanours Alleged to Have Been Committed by Him in His Office as Governor of Jamaica; Containing the Evidence, (Taken from the Depositions), the Indictment, and the Charge of Mr. Justice Blackburn, with the Subsequent Observations of the Lord Chief Justice* (London: Stevens & son, 1868), pp. 53-102. 山下重一『J・S・ミルとジャマイカ事件』（御茶の水書房、一九九八年）二〇一―二一四頁。

(79) 犬童一男ほか『かくして政治はよみがえった：英国議会・政治腐敗防止の軌跡』（日本放送出版協会、一九八九年）一〇四―一〇五頁。

(80) Mill, J. S., "Election Petitions and Corrupt Practices at Elections [5]," p. 303.

(81) Denman, [George], "Speech on Election Petitions and Corrupt Practices at Elections (re-committed) Bill (July 6, 1868)," *Hansard's Parliamentary Debates*, 3rd ser., Vol. CXCIII, col. 745.

(82) Mill, J. S., "Letter to William Dougal Christie (July 7. 1868)," *CW*, XVI, p. 1421.

(83) Do., "Election Petitions and Corrupt Practices at Elections [7] (14 July, 1868)," *CW*, XXVIII, p. 307.

(84) "Minutes of Evidence taken before Select Committee on Corrupt Practices Prevention Act (1854), &c. (9 March 1860)," *House of Commons Parliamentary Papers*, 1860, Vol. X, p. 112.

(85) "Report from the Select Committee on the Corrupt Practices Prevention Act (1854), &c.," *ibid.*, p. 6.

(86) Mill, J. S., "Election Petitions and Corrupt Practices at Elections [7]," pp. 308–309.

(87) The Chairman [Dodson, John George], "Speech on Election Petitions and Corrupt Practices at Elections (re-committed) Bill (July 14, 1868)," *Hansard's Parliamentary Debates*, 3rd ser., Vol. CXCIII, cols. 1168–1169.

(88) Mill, J. S., "Election Petitions and Corrupt Practices at Elections [7]," p. 309.

(89) Ibid., p. 310.

(90) *Hansard's Parliamentary Debates*, 3rd ser., Vol. CXCIII, col. 1178.

(91) Viscount Amberley [Russell, John], "Speech on Election Petitions and Corrupt Practices at Elections (re-committed) Bill (July 17, 1868)," *ibid.*, col. 1370.

(92) Mill, J.S., "Election Petitions and Corrupt Practices at Elections [8] (17 July, 1868)," *CW*, XXVIII, p. 311.

(93) *Hansard's Parliamentary Debates*, 3rd ser., Vol. CXCIII, col. 1371.

(94) Mill, J. S., "Election Petitions and Corrupt Practices at Elections [8]," pp. 311-312.

(95) The Solicitor General [Brett, William Balliol], "Speech on Election Petitions and Corrupt Practices at Elections (re-committed) Bill (July 17, 1868)," *Hansard's Parliamentary Debates*, 3rd ser., Vol. CXCIII, col. 1373.

(96) Disraeli, [B.], "Speech on Election Petitions and Corrupt Practices at Elections (re-committed) Bill (July 17, 1868)," *ibid.*

(97) *Ibid.*

(98) Fawcett, [Henry], "Speech on Election Petitions and Corrupt Practices at Elections (re-committed) Bill (July 18, 1868)," *ibid.*, col. 1444.

(99) Mill, J. S., "Election Petitions and Corrupt Practices at Elections [9] (18 July, 1868)," *CW*, XXVIII, p. 313.

(100) Corrance, [Frederick Snowdon], "Speech on Election Petitions and Corrupt Practices at Elections (re-committed) Bill (July 18, 1868)," *Hansard's Parliamentary Debates*, 3rd ser., Vol. CXCIII, col. 1446.

(101) *Ibid.*, col. 1454.

(102) Mill, J. S., "Election Petitions and Corrupt Practices at Elections [10] (22 July, 1868)," *CW*, XXVIII, pp. 316-317.

(103) Ibid., p. 317.

(104) "An Act further to amend the Laws relating to the Representation of the People in *England* and *Wales* [15th *August* 1867]," 30 & 31 Victoria, c. 102, *A Collection of the Public General Statutes Passed in the Thirtieth and Thirty-first Years of the Reign of Her Majesty Queen Victoria : Being the Second Session of the Nineteenth Parliament of the United Kingdom of Great Britain and Ireland* (London : Printed by George Edward Eyre and William Spottiswoode, Printers to the Queen's most Excellent Majesty, 1867), p. 659.

(105) Mill, J. S., "Election Petitions and Corrupt Practices at Elections [10]," p. 318.

(106) *Hansard's Parliamentary Debates*, 3rd ser., Vol. CXCIII, col. 1643.

(107) Mill, J. S., "Election Petitions and Corrupt Practices at Elections [10]," pp. 318–319.

(108) Ibid., p. 319.

(109) *Hansard's Parliamentary Debates*, 3rd ser., Vol. CXCIII, col. 1650.

(110) Mill, J. S., "Election Petitions and Corrupt Practices at Elections [11] (23 July, 1868)," *CW*, XXVIII, p. 326.

(111) The Solicitor General [Brett, W. B.], "Speech on Election Petitions and Corrupt Practices at Elections Bill (July 23, 1868)," *Hansard's Parliamentary Debates*, 3rd ser., Vol. CXCIII, col. 1688.

(112) Fawcett, [H.], "Speech on Election Petitions and Corrupt Practices at Elections Bill (July 24, 1868)," *ibid.*, col. 1716.

(113) Mill, J. S., "Election Petitions and Corrupt Practices at Elections [12] (24 July, 1868)," *CW*, XXVIII, p. 327.

(114) Ibid., p. 328.

(115) *Hansard's Parliamentary Debates*, 3rd ser., Vol. CXCIII, col. 1732.

(116) Mill, J. S., "The Westminster Election of 1868 [2] (24 July, 1868)," *CW*, XXVIII, p. 329, editor's note.

(117) Ibid., p. 329.

(118) Ibid., p. 330.

(119) Ibid., pp. 330–331.

(120) Ibid., p. 331.

(121) Do., "Letter to William Dougal Christie (July 27. 1868)," *CW*, XVI, p. 1425.

(122) Do., "Letter to John Elliot Cairnes (October 29. 1868)," *CW*, XVI, p. 1465.

(123) Ibid., p. 1465, n. 6.

(124) Ibid., p. 1466.

(125) Do., "The Westminster Election of 1868 [4] (4 November, 1868)," *CW*, XXVIII, p. 341, editor's note.

(126) Ibid., p. 343.

(127) Ibid., p. 344.

(128) O'Leary, Cornelius, *The Elimination of Corrupt Practices in British Elections, 1868–1911* (Oxford : Clarendon Press, 1962), p. 50.

(129) Mill, J. S., "Letter to John Chapman (November 19. 1868)," *CW*, XVI, p. 1489, n. 4.

(130) Do., "Lettre à Alphonse Esquiros [décembre, 1868]," *CW*, XVI, p. 1496, n. 1.

(131) Ibid., p. 1496.

(132) Do., "Letter to John Hayward (December 13. 1868)," *CW*, XVI, p. 1522, n. 1.

(133) Ibid., p. 1522.

(134) Do., "Letter to Henry Villard (October 23. 1869)," *CW*, XXXII, p. 213.

(135) Do., "Letter to Sir Charles Wentworth Dilke (February 14. 1872)," *CW*, XVII, pp. 1871-1872.

(136) Do., *Considerations on Representative Government*, pp. 496-498.　水田訳二七五―二八〇頁。

第五章　地方政治改革論

はじめに

ジョン＝スチュアート＝ミルは一八二〇年五月から一八二一年七月まで、父ジェイムズ＝ミルのもとをはなれてフランスに留学した。渡仏後まもない一八二〇年六月一六日、当時一四歳だったミルは父に同国の地方制度について学習したことを以下のように報告している。

「トゥールーズのような地方都市の官憲は非常に多数です。文官の長は、都市の地方事務を監督する市町村長と、県の地方事務を監督する知事です。市町村長はまた、住民間の些細な紛争をことごとく裁決しています。これらのほかに裁判所があります(1)。……

各県は郡に、各郡は市町村に、それぞれ分割されています。わたくしたちがいまいるのはタルネイガローン県カステルサラザン郡ポンピニャン市（町村）です。各市町村には田園監視員と称する一種の警察官がいます(2)。」

その後、ミルの地方政治にたいする考察は、アレクシ＝ドゥ＝トクヴィルが一八三五年と一八四〇年に出版した

『アメリカにおけるデモクラシーについて』の研究をとおして「中央集権」だけでなく「地方自治」の重要性をあらためて認識したことなどによって深化していく[3]――『アメリカにおけるデモクラシーについて』はジェレミ＝ベンサムの『立法論』などとともにミルの知力を発達させた書物の一つであった。しかし、ベンサムがミルの精神形成に寄与したのにたいして、トクヴィルはむしろミルがすでに未熟なかたちで有していた思想をあかるみにだした[4]――。また、一八六五年から一八六八年まで庶民院議員をつとめて、首都の都政を適切なものにするために[5]、特別委員会でニューヨークなどの実情を調査したり[6]、地方団体を適切に構成すれば国会議員にとって「有益な養成所」となるのに首都の教区会がそうでないことを究明したりした[7]。本章は、ミルの地方政治にかんする改革論を追究するものである。

一　フランスの中央集権批判

本書序章でのべたとおり、ミルは精神の危機以後も「急進主義者・民主主義者」でありつづけた[8]。一八三〇年にフランスのブルボン復古王政を打倒した七月革命にミルは「極度に熱狂」し、週刊紙『イグザミナ』にフランス政治にかんする論説を寄稿した[9]。かれはそのなかで同国の「重大にして主要な悪弊」が国王とその官吏の「過度の権力」にあると指摘した[10]。ミルが確信するところによれば、地方の権限がことごとく国王に由来するのは、ヨーロッパのなかでフランスだけである[11]。それはアジアの専制政治に匹敵する。近代ヨーロッパ諸国の市民はその資力によって農奴の身分から解放され、安全と個人の独立を確保し、富を蓄積し、統治にかんする発言権を獲得し、庶民の代表者として国会に招集され、みずからを「自由な国民」と称した。イングランド・スコットランド・スペイン・オランダ・スウェーデン・ノルウェー・デンマーク・ポーランドはこうした方法で代議制を確立した。フランスでは国王が市町村よりもはやく権力を掌握したため、専制政治がうまれた。とはいえ、フランスの市民は地方の問題にかんして支配権を保持し、地方三部会がフランス革命まで存続し、革命後は各県・郡・小郡・市町村が公選にもとづく統治機構を有していた。ところが、ナポレオン＝ボナパルトがクーデタによって、これらの民主的な地方自治体の制度を一掃し、あらゆる統治手段を掌握した。

イギリスの地方行政権は教区と自治都市と州が分有している。[12] それらはことごとく腐敗していて、地方公務を受託・受任したものはそれを適切に遂行しえないので、国会が法律を制定して介入したり公衆自身が遂行したりする。しかし、ミルの認識によれば、フランスの地方行政のほうが有害であった。フランスでは、知事から田園監視員にいたるまで、国王の官吏の恣意によって任免されるため、他の人間にたいして責任をまったくもたない。かれらが公務の最中に殺人をおかしても、その上司かコンセイユ＝デタという行政審判所の承諾がなければ、裁判所で審理することができない。コンセイユ＝デタの評議は非公開で、国王がその構成員を随意に解任することができた。「まちがいなく、いかなる時代においても、いかなる国家においても、君主がかくも広範な権限をもつことはなかった。[13]」

フランス国民は、ハンブルクにある五本の樹木を伐採するのにパリの命令を八か月間またなければならず、オランダの堤防を修理するのにフランス内務省が認可するまで六か月かかったナポレオン帝国の時代について「愉快な懐旧談[14]」をすることはまったくなかった。[15] かれらは王政復古以後も民主的な地方自治体を要求しつづけた。[16] フランスには、おおくの住民が地方議会の選挙権をもつことによって、漸進的にかれら自身の問題を処理することに習熟し、広範な政治的特権を獲得することを期待するものもいた。

フランスの地方団体は「世論の制裁」をうけなければならなかった。[17] しかるに、知事と郡長は中央政府の「属官」「手先」であって、国王が任命していた。[18] 市町村長は国王の代理人ではなくて市町村の代表者とみなされ、普通はそこの要人がつとめていた。とはいえ、ナポレオンがもたらして、復位したブルボン家がなおいっそう推進したにくむべき中央集権制のもとで、国王か知事が市町村長を直接任命していた。また、県議会・郡議会・市町村議会の議員を任命するのも国王か知事であった。こうした任命方法をあらためないかぎり、地方の首長・議員の権力を拡大することは「たんなる弊害」をもたらすにすぎなかった。[19]住民の投票によって選出されたのでないひとびとが地方事務を遂行しなければならないとしたら、世論の制約をうけやすい大臣と代議院がするほうがよかった。

一八三一年三月二一日に制定された「市町村の組織にかんする法律」は市町村議会の選挙権を住民のなかの高額納税者——たとえば人口一、〇〇〇人以下の市町村では住民のなかの一〇分の一をしめる高額納税者——に付与した。[20]市町村長は従来どおり国王か知事が任命するけれども、市町村議会のなかから選任することになった。[21]同法については、フランスとイギリスの選挙法改正についてとおなじく、選挙権の拡大をめぐる賛否両論があった。フランスの民主的なひとびとは、地方議会の選挙権を「直接税を納税してよみかきのできるすべてのもの」にひろげるべきだと主張した。不動産所有者が地方議会の権力を独占し、かれらだけの利益をえるために権限を行使して「貧困階級と労働のみを生計の手段とするもの」に重税を課すという「おそるべき弊害」が生じることを懸念したからである。こうした意見にたいしては「無責任な権力」を要求するための「陳腐なきまり文句」が提示されていた。[22]それは「相当な財産」をもつものだけが「公務を処理するのにふさわしい」「その国に利害関係を有する」「知性の独占的な所有者」であるという「傲慢な憶説」であった。ミルはフランスの「有能な分別のある」「民主的な」代議院議員がそれを論破したのとおなじく、イギリス庶民院が同様の討論によって「民主的な党派の力の増大」を証明することをのぞんだ。

カジミール＝ペリエ内閣は「民主的制度と民意にたいする敵意」を表明した。[23]すなわち同内閣は、県議会と郡議会の議員を国王が任命する制度を廃止すべきであるという世論の要求にしたがって、県議会と郡議会の組織にかんする法案[24]を提出したけれども、それは国民の満足するものではなかった[25]。なぜならば県議会と郡議会の選挙権を代議院のとおなじくらい制限していたからである。当時のフランスの人口が約三、二〇〇万人であったのに、代議院の有権者は約二〇万人にすぎなかった。ミルは地方議会の選挙資格を代議院のよりも緩和すべきであると主張した。その根拠は、第一に地方の利害が国のよりも重要でなく、地方議会が重大にして不当な処置をとったとしても国会が干渉すればよいということ、第二に住民がかれら自身の地方の事務処理を、中央政府にかわって監督する訓練をうけるということ、第三に地方議会が国会のように全国民に注目されるのではないため、地方議会がその住民にたいして責任をおうのを監視する必要がなおいっそうあるということであった。フランスでは県議会と郡議会の組織にかんする法案とおなじ時期に、市町村議会の権限にかんする法案[26]と、県議会と郡議会の権限にかんする法案が提出された[27]。ミルによれば、イギリスの政治家はこれらの法案を注意ぶかく検討すべきであった[28]。かれらは第一次選挙法改正後にフランスと同様の地方議会を創設して、その権限を確定することを要求されるであろう。

ナポレオンの中央集権制は地方を「首都の重圧」でおしつぶすと同時に、公務の適切な遂行を不可能にしていた[29]。なぜならば、地方官庁は、パリからの命令がなければ、もっとも些細な行政行為をも遂行することができず、この命令をうけとるまでしばしば何か月もまたなければならないために、無数の損害が発生していたからである。「地方事務を処理する地方代議体[30]」あるいは立法・行政・課税権を十分にもつ「地方の代議制議会[31]」が存在しなければならなかった。ミルは『イグザミナ』において、フランスの中央集権制をきびしく批判したけれども、そのなかで、かれがつねに念頭においていたのは、イギリスの地方政治をいかに改革するかという問題であった[32]。

二　イギリスの地方政治改革

一八三三年八月一一日付の『イグザミナ』に掲載された「都市制度」と題するミルの論説によれば、イギリスの地方制度はことごとく「健全さ」をまったく欠如させていた[33]。そこでは「多数の重要な目的」ではなくて「のぞましからざる目的」を達成するための「政治的な不品行」がみられた。大半の市民にとっては、国王・首相・大法官よりも治安判事・貧民監督官・教区警察吏のほうが重要な存在であった[34]。にもかかわらず、地方団体がおこなうことはことごとく「極度に不適切」だった。「中央集権」国家フランスとことなって、イギリスでは「素人」たる治安判事が裁判のほかに救貧行政・監獄の管理と看守の任命・州税の賦課と支出の調整・道路建設・治安維持など、際限のない権力を行使していた[35]。かれらは四季裁判所で「目にあまる不当な行為を平然と」おこなっていた。かれらは「エリート」すなわち「精選した最良のひとびと[36]」とされていたけれども、おおくの土地を占有しているという理由で選任されたにすぎなかった[37]。庶民院議員とは大土地保有者が「指名」するものではなくて国民を「代表」するものでなければならないというホイッグ党のチャールズ＝グレイ首相の「国会改革[38]」原理を都市改革に適用する必要があった。無給の治安判事にかえて、適切に機能する地方的裁判所をおかなければならなかった。かれらのおこなってきた地方税の課税などの行政を、すべての地方税納税者が投票権をもつ地方代議体にゆだねるべきであった。これらの議会は、地方税を賦課してその充当目的を決定する「独占的な権力」のほかに地方警察の指揮権や学校の管理権などを有するべきであった[39]。フランスのあらゆる県・郡・市町村には、地方税の課税と地方行政のために一部の住民が選挙した代議体がうまれ、プロイセンでも公選による地方議会が存在してきた[40]。イギリスも治安判事の支配にともなう「偏見・

中世の制度・半未開の慣習」[41]を脱却する必要があった。

八月二二日に大法官ヘンリ゠ブルムがおこなった都市自治体を改革する提案[42]は「有益」なものでなかった。[43]かれはこの問題を熟考せずに参事会を存続させようとした。[44]それは「買収することができて腐敗した、俗悪にして無知な、卑劣にして利己的な、不正にして暴虐な」[45]ものとみなされていたので、教育のある洗練されたひとびとは会員にならないことがのぞましかった。参事会を指導する長老参事会員は治安判事を兼任して「素人裁判官からなる無給の司法裁判所」を構成していた。H・ブルムは「反民主的な本能」を有していた。かれは「大胆な」提案をすることに不安を感じて、終身の長老参事会員を存続させようとした。[46]それは全国民がつよく非難するものであった。[47]「愚者かもっとも腐敗したトーリ党員」のみが都市自治体の改革に反対していた。[48]

一八三四年の救貧法改正は、地方団体が「勝手放題に行使」してきた権力を「地方の利害にとらわれず地方の脅迫に動じない、少数の抜群の信頼しうる、慎重に選抜された」中央政府の救貧法委員会が監督するものであった。[49]ミルはこれを称賛したけれども「イギリス人の自由」の精神を有する「旧式のイギリス愛国者」はこうした中央集権に反対した。[50]かれらは「近隣の無能あるいは不純なひとびとの下劣な集団」たる地方政府が「もっとも自由奔放な目にあまる濫用」をしてきた職務を中央政府に託すことをおそれた。しかし、フランスは中央集権が過多であるとすれば、イギリスはそれが過少であり、イギリスを適切に統治するには、国民全体に十分に責任をおう中央政府が地方行政のあらゆる部門に厳重に油断なく注意しなければならなかった。イギリスはそれをしてこなかったので、ヨーロッパで最悪の行政をおこなう国となっていた。出版の自由と適切に構成された代議体が存在するところでは、中央政府に地方政府の監督権をあたえすぎるよりも、あたえなさすぎるほうが「危険」であった。民主的統制が純粋、賢明あるいは活発に機能するのは、それを大規模におこなうときだけであった。ベンサムの弟子エドウィン゠チャドウィックが主導した救貧法改正は、治安判事を供給する平凡な地方の大地主が救貧行政に必要な有能さをもたず、教区会のとるにたらない商人が公平無私でなく、きびしい規則を遵守して生活保護をおこなうことができない状況を打破するために「行政の専門化と中央集権化」をとなえたベンサムの改革構想にもとづくものであり、ミルもそれを踏襲していた。(51)

フランスが「つねに過剰統治してきた国」であるのにたいして、イギリスは「中央政府がほとんどなにごとにも干渉しない国」であった。(52)フランスでは国王と大臣が「真の統治権」を有していた。イギリスでそれを有していたのは地方役人・治安判事・貧民監督官などであった。フランスは中央政府を抑制する地方団体を、イギリスは地方団体を抑制する中央政府を、それぞれ必要とした。

国会議員ウィリアム＝ブルムが「イングランドにおいて出生・死亡・婚姻の全国的な登録を確立する法案」を提出したことは(53)「行政事務を処理する組織が完全に欠如していること」を例証していた。(54)フランスでは市町村長が「身分登記簿」を適正に保管していた。かれらと知事は情報の収集・法律の施行・地方事務の処理を適切におこなっていた。ところが、イギリスでは、国会が地方の調査あるいは事務をおこなうには、専門官を創設しなければならなかった。(55)工場法でさえ工場監督官を任命しなければ施行することができなかった。(56)第一次選挙法改正にともなう有権者登録は「無教育な」貧民監督官にゆだねられた。(57)かれらが報告を内務省に直接おこなったため、同省の事務は膨大となり、的確な処理をすることができなかった。これがイギリスの「中央集権」であった。チャドウィックとともに救貧法改正を主導したナッソー＝ウィリアム＝シーニアは国会の遂行すべき任務として都市自治体の改革をあげた。(58)ミルもこうした問題意識を共有していた。(59)

ミルはみずからが主筆をつとめる『ロンドン評論』創刊号（一八三五年四月号）に掲載したジョン＝アーサ＝ロウ

バックの論説「都市自治体の改革」を「政治哲学の最良の見解」を提示したものと称賛した(60)。ミルは『ロンドン評論』の経営者ウィリアム＝モウルズワースかロウバックが国会で都市改革を主張することを期待した。ロウバックによれば、都市自治体の改革家は「理性が反対していたのに時代が容認していた旧弊な慣例とおろかな慣習」と対決して「まったく多数のふるぼけた廃物」を一掃しなければならなかった(61)。「自治体における司法行政の欠陥(62)」としてロウバックが指摘するのは、市裁判官という「たんなる名ばかりの官吏」であった。かれらが判決をくだすのは年に数回だけであった。かれらはたいていロンドンで開業している法廷弁護士であって、ほんの数日だけ裁判官をつとめて、その事務を手ばやくあわてて処理していた。こうしたことを完全に改革して、常勤の裁判官をおくべきであった。裁判官は国民の「信頼と敬意」をえているべきなのに、治安判事は「反感と疑惑」をもたれていた。それは自治体における「独占と秘密の体系」の必然的な結果であった。敗訴した当事者は治安判事をまったく信用していないので、判決にけっして満足・黙従せず激昂・敵対した。大衆にとって「裁判は名ばかりのものにすぎず、法律は無慈悲な継母にすぎなかった(63)。」イギリスの政治家は「実務家」を自称して「哲学・理論」を嫌悪したけれども(64)、都市自治体法の制定にさいしては「立法の科学になみはずれて熟達している」ことが必要であった(65)。にもかかわらず、H・ブルムの提案はその「欠点」として(66)、長老参事会員を存続させていた(67)。

地方の代議制議会を創設して、国会を地方事務の負担から解放すべきであった(68)。「神の介入をゆるすのは、そのようなすくい手を必要とする葛藤が生じるときだけである(69)」という原理を適用すれば、国会のあつかう問題は、大英帝国の繁栄に関係することとか、地方政府が十分に対処しえないことに限定される(70)。そうしなければ「すぐれた立法」は不可能であった(71)。

一八三五年九月九日に都市自治体法すなわち「イングランドとウェイルズにおける都市自治体の規制を規定する法

律」が制定された[72]。その「重要な価値」は「民衆の特権」を付与する「自由主義的な措置」をとっていて「国民にたいするおろかな不信感」をしめしていないことであった[73]。同法は主たる統治機構を終身の長老参事会員が指導する参事会から、家屋の占有などを要件とする拡大した選挙権によってえらばれる市会にかえるものであった。

ミルはトクヴィルの『アメリカにおけるデモクラシーについて』を精読して、地方自治の重要性をあらためて認識した。トクヴィルによれば、アメリカ合衆国における都市の自治制度は「国民の政治教育の主要な手段」であって、それのみが「民主政治」の維持を可能にし、のぞましいものとする[74]。トクヴィルとミルの「政治哲学の基本原理」は、大多数の国民が地方の関心事を監督する習慣によってのみ「知性と精神的な活気」をそなえて、国事にかんして権力を行使する適格性を身につけうるということであった。「地方における民主主義は国家における民主主義の学校でも安全弁でも」あった[75]。ミルがトクヴィルと確信していたのは「地方政治における積極的な参加によって、市民は民主主義の責務を大規模にはたすことができるようになる」ということだった[76]。「地方自治」は国民の「公共精神」を陶冶する[77]。それは「市民であるための学校（a school for citizenship）」であった[78]。中央官庁が情報を収集・伝達して、地方団体に助言をあたえて、それらが遵守すべき一般的な規則をつくるための「中央集権」と、国民を教育する「地方自治」を「結合」することがミルの課題であった[79]。

三　中央集権と地方自治の両立

ミルは『エジンバラ評論』一八四七年一月号に掲載されたジョン＝オースティンの論説「中央集権」を称賛した。中央集権は公務員の無駄な増員と首長の腐敗をもたらし、民主的な地方官庁の存在と矛盾するといわれていたけれども、オースティンは中央集権によって行政機構を整理すれば、必要な職員が減少するとかんがえた[80]。また「地方官庁と中央政府の関係[81]」が適切であれば、すなわち後者が前者に「顧問的な発言」「助言」をするのであれば[82]、中央集権が民主的な地方官庁の存在と矛盾することはなかった。かれは、中央政府の助言が地方行政官の権力濫用を防止するとともに、地方行政官が相当な自由裁量権を行使してみずからの「政治教育」をおこなって「公益」に配慮することを期待した。中央政府が収集した各地方政府の「多様な経験」とそれにもとづく「公平な判断」を「命令」よりもむしろ「助言」というかたちで地方政府に伝達すべきであった。

一八五一年にミルは「首都衛生協会」から、だれがロンドンの水道を供給すべきかをたずねられた[83]。選択肢としてかんがえられるのは「商売会社」か「〔中央〕政府の任命する役人か委員会」か「地方か都市の官庁」だった。当時、ロンドンの水道を供給していたのは「商売会社」であった。それをただしいとみなすものが依拠していたのは「個人の自由なサービス提供機関が適切に遂行しうる業務」に公官庁が干渉すべきでないという「一般論」であった。しかし、ミルの見解によれば、水道は道路・橋梁の建設、街路の舗装・照明・清掃、下水などとおなじく、政府が規制すべきものであった[84]。にもかかわらず、ロンドンに都市自治体法が適用されなかったため、ロンドン全体を統括する地方政府は存在せず、さまざまな行政機関が乱立していた[85]。本来は、国会か中央政府にではなくて、ロンドン全体を統括する地方政府に水道料金をしはらうのがのぞましかった。「中央政府の威圧的にして強制的な権力の拡大」にたいするイギリス国民の警戒心はかならずしも賢明とはかぎらないけれども「もっとも健康的な感情」であって、こうした権力の拡大をしにくいという点で、イギリス政府はヨーロッパ大陸の政府よりもすぐれていた。とはいえ、地方政府にその職務を適切に遂行させることは、中央政府の職務であった[86]。ミルの暫定的な結論は、ロンドン全体を統括する地方政府が水道を管理すべきだけれども、それが存在しないので、救貧法委員会のように中央政府が任命して国会に責任をおうものがそれをおこなうべきであった。[87] 既存の水道会社を雇用するかどうかは「原理の問題」ではなくて「実際的な便宜の問題」にすぎないので、実務に精通するものが決定すればよかった。

地方政治の改革にあたって「郷土愛の喪失」[88]は悲嘆すべきものではなかった。この「地方気質」は「改革にとっての障害」となっていた。[89]「地方自治の模範」たるアメリカ合衆国がうみだしていたのは「郷土愛」ではなくて「愛国心」であった。それは「偏狭な観念」とは無関係の「公共精神と、公務にたいする知的な関心」を意味した。

一八五八年にエドワード＝ジョージ＝ジェフリ＝スミス＝スタンリ（ダービ伯爵）保守党内閣が「インドの統治権を東インド会社から女王陛下に移転させる法案」[90]を提出したことは、ミルにとって政府のあらゆる職務を中央集権化する「不吉な進行」とうつった。[91] ヨーロッパ大陸の主要な国民が「革命」をおこしたにもかかわらず「自由」を獲得しえなかった「最大の理由」は、その中央集権にあった。[92] とはいえ、ミルはイギリスの立法における中央集権化の傾向を容認していた。[93] しかし、その趨勢はイギリス「国民の精神」に反していたので、たとえば救貧法を改正したあとも、救貧行政の中央集権化はなかなかすすまなかった。イギリスの公衆が「地方権力のはてしない濫用」をおそれたために救貧法の改正が実現したけれども、かれらは中央政府の介入を永続的な「制度」ではなくて一時的な「劇薬」とみなしたにすぎなかった。[94]

『代議政治論』によれば、イギリスの下層中産階級は陪審や教区の職務という「公務に参加」する「公共精神の学校」を有していた。[95] ニューイングランド諸州では、地方の官吏にたいする「民主的な統制」を集合した住民が直接おこなって、予想以上に「十分な成果」をあげていた。[96] 地方政治の課題は地方事務の適切な遂行と、住民の「公共精神の涵養と知性の発展」すなわち「市民の公共教育」「政治教育」にあった。[97] そのためには「権力を地方に分散させること」と「知識を中央にあつめること」が必要だった。[98]

ミルは『エジンバラ評論』一八六二年四月号でフランスの経済学者シャルル＝ブルク＝デュポン＝ウィットと政治家オディロン＝バロという「二名の有能な練達の著者」による中央集権論を書評した[99]。イギリスとアメリカ合衆国をのぞく世界の有名な文明国では、中央集権が過剰であった[100]。イギリス人のかんがえによれば、ヨーロッパ大陸諸国は、とくにフランスは「政治的揺籃期」にあった。すなわち、その官僚制が専制政治を確立・維持し、国民の政治的・実践的な能力と知的な活気と道徳的な願望の成長をさまたげていた。とはいえ、フランスでも中央集権論にたいする反発は強烈になってきた。その底流をなしたのは、バロの「正確」な指摘によれば、バンジャマン＝コンスタンたちであって[101]、のちにトクヴィルが再生した。

しかるに、デュポン＝ウィットによれば「社会における活動的な啓発された前衛」たる中央政府は「無知にして偏狭な公共精神のすくない後衛」たる地方政府を「支配」して「優位」にたつべきであった[102]。また、中央政府は地方の「少数者」を保護するために、地方政府に住民への「公平」な課税などをおこなわせる「仲裁人」たるべきであった[103]。「数の専制」を防止するには中央政府という「公平な審判者」が必要であった。デュポン＝ウィットは地方自治が「市民の知性を陶治して、私的・個人的でない利益の処理に習熟させる」ことをみとめたけれども、かれが主張するところによれば、地方政府がその事務にたいする「完全な支配権」を有する必要はなかった。必要なのは「主権」ではなくて中央政府にたいする「拒否権と発議権」であった。しかし、デュポン＝ウィットが認識するところによれば、フランス中央政府の地方政府にたいする「干渉」は穏当な限度をこえて「監督」ではなくて「教育」となっていた[104]。かれはこうした「専制政治」を緩和するためにフランス国民の「行政規則にたいする偏執」を痛烈に批判した[105]。

ミルは「知識」と「普遍的な教養」をそなえて「教育をうけたひとびとの意見にたいする注意と習慣的な敬意」を

はらう中央官庁が「俗悪な偏見」と「せまくてゆがんだ近視眼的な意見」をもつ地方官庁を監督する必要性をみとめたけれども、中央官庁が「最高・絶対」たるべきだとはかんがえなかった。(106) かれは中央官庁における「権力の集中」よりもむしろ「知識と経験の集中」を主張し、(107) 地方官庁に「拒否権と発議権」だけをみとめればよいというデュポン＝ウィットの意見に満足しなかった。ミルによれば、地方官庁は管轄する事務について「ほぼ完全な裁量」を有し、中央官庁の干渉をうけるのは、明示された国会の命令に違反したときだけでなければならなかった。フランスの制度は地方団体にあまりにもすくない権限を付与しているだけでなく、これらの団体をあまりにも多数の小規模なものにしている点であやまっていた。中央官庁と地方官庁の「実践的な妥協」が重要であった。(108) ミルが中央集権だけでなく地方自治をも重視していたことは『代議政治論』（第三版一八六五年）で「ニューイングランド諸州の民主的な都市制度」(109) を加筆したことにもうかがえよう。

一八六七年に庶民院議員ミルは「首都のなかに諸都市自治体を確立するための法案」(110) を提出した。かれは「首都の地方政府にかんする特別委員会」の委員をつとめていた。(111) 同委員会の認識するところによれば「首都のための適切な都市制度」を実現するには、首都の各区と首都全体にそれぞれ代議体をもうけなければならなかった。(112)「首都のなかに諸都市自治体を確立するための法案」は首都の各区に代議体を創設するものであった。首都全体の代議体は、一八五五年に制定された「首都のいっそう適切な地方行政のための法律」(113) にもとづいて設立された「首都工務庁」にかわるものであった。ミルはそれを確立することをめざして「首都のいっそう適切な都政のための法案」(114) を提出した。かれによれば、イギリスの教区制度は、公務の形態とその遂行方法にかんする詳細な知識を下層階級に伝達して「市民」として意見表明をさせるという長所を有していたけれども、その規模がちいさすぎたため、首都にそれさえあればよいというわけではなかった。

ミルは一八六八年に「首都のなかに諸都市自治体を確立するための法案」「首都のいっそう適切な都政のための法案」と「おおむねおなじ[115]もの――「ロンドンという一自治体を創設するための法案[116]」「首都のなかにおける諸都市自治体の確立を規定する法案[117]」――を提出した。これらの採択を期待することはむずかしかった。政府がこの問題をとりあげようとしなかったからである。しかし、多数の請願がこれらの法案を支持していて、ミルも五月五日にそれらの請願を庶民院に提出した[118]。一八六七年に第二次選挙法改正がおこなわれたけれども、国民が要求していたのは「いっそうおおくの統治」ではなくて「いっそうおおくの行政」であった。かれらは衛生改革、労働者階級に供給する住宅の管理、街路の整備などをもとめていたけれども、それらを十分に遂行しうる地方官庁はなかった。中央政府もなしえなかった。イギリスには、中央官庁におおくのことをゆだねすぎることにつよい警戒心があった。イギリス行政の大部分が中央行政ではなくて地方行政であるということが「国家原理」となっていた。教区会によるロンドンの統治はながいあいだつづいてきたけれども「満足な」ものではなかった[119]。ロンドンの各区とロンドン全体を適切な地方自治体とすべきであった[120]。すなわち「二層制」が必要であった[121]。「首都工務庁」はロンドン全体を統括していたけれども、元来、国会が幹線下水の整備を目的として設立したものであった。

ロンドンには「二層行政」が必要であって、ロンドン全体を統括する議会だけが「公的なことがらにかんする事務能力の行使」をすればよいというわけではなかった[122]。こうした能力の行使は、イギリスでもアメリカでも、すぐれた思考力とひろい思考範囲をもたない多数のものを訓練して、重要な公務を履行しうるようにし、ほかのものがそれを監視・監督しうるようにする。公的な問題にかんする実践的な知性が政府と職員に限定されずに、官職をもたない市民のなかに普及しているということが「自由な国」とそうでない国との重大な相違の一つであった。イギリスの教区会は「不十分な学校」だったとはいえ、公共的な運動を組織して住民の連帯行動をうながすものはたいてい教区会でその最初の経験をつんでいた。都市の機能を集中しすぎれば、ロンドンでこのようなひとびとがすくなくなるかもしれなかった。

ミルの存命中にロンドンの二層制が実現することはなかった。ロンドン州議会が設立されたのは一八八九年であり、そのもとに区議会が設置されたのは一八九九年であった。

おわりに

治安判事たちが支配する地方政治の改革においてミルが主としてめざしたのは、地方自治による「市民」の「公共精神」の育成と中央集権による「熟練した立法・行政」であった。すなわち「参加」と「有能さ」という双方の目的をかなえるために「中央集権」と「地方分権」の均衡を唱道した。(123) 地方分権をさらに推進して政府間関係を対等なものとすることが喫緊の課題となっている現代でも「権力の集中」よりもむしろ「知識と経験の集中」を主張するミルの中央集権論はなお有効であろう。また、かれの地方自治論がいっそう重要であることは、さまざまな住民投票の事例によってもあきらかであろう。ミルの重視した地方公務への参加は、グローバル化にともなってますますその必要性がたかまりつつある「市民教育」のきわめて有効な手段となろう。(124)

本書序章でのべたとおり、ミルは『自由論』において「陪審審理」「自由にして民主的な地方・都市制度」「自発的な結社による授産的・博愛的な事業運営」が「市民に特有の訓練」であることを、すなわちひとびとを個人・家族本位のせまい範囲からつれだして「共同の利害」を理解させ「共同の関心事」を処理させ「公共的か半公共的な動機から行動」させるものであることを、認識していた。かれは「国家に直接依拠しない、自主的に組織する、法的に保証された領域」たる「市民社会」を「国家の介入」によって「窒息」させないよう「保護・再生」しようとした。[125] また「市民の自発的結社（association）の存在とそこでの自治を自由の条件とみな」した。[126] それは「近代市民社会の基本的な原理」であった。[127]「自由にして民主的な地方・都市制度」は市民社会の形成に不可欠なものであるといえよう。ミルの思想は「市民」による「共同活動」がかならずしも十分でないという代議政治の難点の克服をめざす「強靭な民主主義」論の源流と位置づけられよう。[128]

（1） Mill, John Stuart, "Journal and Notebook of a Year in France (May 1820 to July 1821)," *CW*, XXVI, p. 24. 山下重一訳「フランス日記Ⅰ」杉原四郎・山下重一編『J・S・ミル初期著作集1』（御茶の水書房、一九七九年）三九頁。
（2） Ibid., p. 25.
（3） Do., *Autobiography* (1873), *CW*, I, pp. 201, 203. 山下重一訳註『評註ミル自伝』（御茶の水書房、二〇〇三年）二七二―二七三頁。
（4） Schwartz, Pedro, *The New Political Economy of J. S. Mill* (London : Weidenfeld and Nicolson [for the] London School of Economics and Political Science, 1972), p. 110.
（5） Mill, J. S., *Autobiography*, p. 276. 山下訳三六九頁。
（6） Do., "Questions before Committees of the House of Commons I. Select Committee on Metropolitan Local Government (16 July, 1866)," *CW*, XXIX, pp. 522–529.
（7） Do., "Questions before the Select Committee on Metropolitan Local Government (11 April, 1867)," *CW*, XXXI, pp. 405–406.
（8） Do., *Autobiography*, p. 177. 山下訳二三〇頁。
（9） *Ibid.*, p. 179. 二三二頁。
（10） Do., "The French Elections (*Examiner*, 18 July, 1830)," *CW*, XXII, p. 123. 山下重一訳「フランスの選挙」杉原四郎・山下重一編『J・S・ミル初期著作集2』（御茶の水書房、一九八〇年）二一四頁。

（11） Do., "Prospects of France, VI (*Examiner*, 14 November, 1830)," *CW*, XXII, p. 186.

（12） Ibid., p. 187.

（13） Fiévée, J[oseph], *Correspondance politique et administrative*, Vol. III, Pt. 14 (Paris : Le Normant, imprimeur-libraire, 1818), p. 36.

（14） Mill, J. S., "Prospects of France, VI," p. 188.

（15） Fiévée, J., *op. cit.*, Vol. I, Pt. 1, 4 éd. (Paris : Le Normant, imprimeur-libraire, 1816), p. 25.

（16） Mill, J. S., "Prospects of France, VI," p. 189.

（17） Do., "French News [11] (*Examiner*, 16 January, 1831)," *CW*, XXII, p. 237.

（18） Do., "The Municipal Institutions of France (*Examiner*, 13 February, 1831)," *CW*, XXII, p. 260.

（19） Ibid., p. 261.

（20） "Loi sur l'organisation municipale (21 mars 1831)," Titre I, Chap. ii, Sect. 1, Art. 11, *Collection complète des lois, décrets, ordonnances, réglemens et avis du Conseil-d'Etat*, Tom. XXXI. 2 éd. (Paris : Chez M. Bousquet, directeur de l'administration, 1838), p. 91.

（21） Ibid.,Ttitre I, Chap. i, Art. 3, pp. 85–86.

（22） Mill, J. S., "The Municipal Institutions of France," p. 262.

（23） Do., "French News [28] (*Examiner*, 25 September, 1831)," *CW*, XXIII, p. 352.

（24） "Projet de loi (le 15 septembre 1831)," *Le Moniteur Universel*, No. 259 (16 Septembre 1831), pp. 1586–1587.

（25） Mill, J. S., "French News [28]," p. 353.

（26） "Projet de loi (le 14 septembre 1831)," *Le Moniteur Universel*, No. 258 (15 Septembre 1831), pp. 1577–1579.

（27） "Projet de loi (le 16 septembre 1831)," *Le Moniteur Universel*, No. 260 (17 Septembre 1831), pp. 1599–1600.

（28） Mill, J. S., "French News [28]," p. 354.

（29） Do., "French News [41] (*Examiner*, 1 January, 1832)," *CW*, XXIII, p. 385.

（30） Do., "Hickson's The New Charter (*Examiner*, 5 February, 1832)," *CW*, XXIII, p. 404.

(31) Do., "French News [64] (*Examiner*, 17 June, 1832)," *CW*, XXIII, p. 476.
(32) 山下重一「J・S・ミルとフランス七月革命（上）」『國學院法學』第一五巻第一号（一九七七年）八六頁。
(33) Mill, J. S., "Municipal Institutions (*Examiner*, 11 August, 1833)," *CW*, XXIII, p. 585.
(34) Ibid., p. 586.
(35) Ibid., p. 587.
(36) Milton, John, *Paradise Lost*, II, 423, Helen Darbishire ed., *The Poetical Works of John Milton*, Vol. I (Oxford : Clarendon Press, 1952), p. 37.　平井正穂訳『失楽園』（筑摩書房、一九七九年）七〇頁。
(37) Mill, J. S., "Municipal Institutions," p. 588.
(38) Earl Grey [Grey, Charles], "Speech on Parliamentary Reform—Bill for England—Second Reading—First Day (October 3, 1831)," *Hansard's Parliamentary Debates*, 3rd ser., Vol. VII, col. 936.
(39) Mill, J. S., "Municipal Institutions," pp. 588–589.
(40) Ibid., p. 589.
(41) Roebuck, [John Arthur], "Speech on National Education (July 30, 1833)," *Hansard's Parliamentary Debates*, 3rd ser., Vol. XX, col. 147.
(42) The Lord Chancellor [Brougham, Henry], "Speech on Municipal Corporations (August 22, 1833)," *Hansard's Parliamentary Debates*, 3rd ser., Vol. XX, cols. 821–824.
(43) Mill, J. S., "The Corporation Bill (*Examiner*, 20 October, 1833)," *CW*, XXIII, p. 628.
(44) Ibid., p. 629.
(45) "Detector," "Letter to the Editor of The Times," *The Times* (August 28, 1833), p. 3.
(46) Mill, J. S., "The Corporation Bill," p. 630.
(47) *The Times* (August 26, 1833), p. 2.
(48) Mill, J. S., "The Corporation Bill," p. 631.
(49) Do., "The Proposed Reform of the Poor Laws (18th April, 1834)," *CW*, VI, p. 205.

(50) Ibid., p. 206.

(51) Halévy, Élie (E. I. Watkin tr.), *A History of the English People in the Nineteenth Century*, Vol. III, 2nd (rev.) ed. (London : Benn, 1950), pp. 122-123.　山下重一「J・S・ミルの政治的ジャーナリズム――『新聞ノート』（一八三四年）について――」『國學院法學』第一七巻第二号（一九七九年）九五頁。

(52) Mill, J. S., "Walter on the Poor Law Amendment Bill (*Morning Chronicle*, 12 May, 1834)," *CW*, XXIII, p. 710.

(53) Brougham, [William], "Speech on Registry of Births, Deaths, and Marriages (May 13, 1834)," *Hansard's Parliamentary Debates*, 3rd ser., Vol. XXIII, cols. 940-949. "A Bill to establish a General Register of Births, Deaths, and Marriages in England (14 *May* 1834)," *House of Commons Parliamentary Papers*, 1834, Vol. III, pp. 459-478 (not enacted).

(54) Mill, J. S., "Mr. William Brougham's Bills for a Registry of Births, Deaths, and Marriages (14th May, 1834)," *CW*, VI, p. 231.

(55) Ibid., pp. 231-232.

(56) "An Act to regulate the Labour of Children and young Persons in the Mills and Factories of the United Kingdom [29th *August* 1833]," 3 & 4 William IV, c. 103, Sect. 17 and 18, *The Statutes of the United Kingdom of Great Britain and Ireland*, Vol. XIII (London : Printed by George Eyre and Andrew Spottiswoode, Printers to the King's most Excellent Majesty, 1835), p. 525.

(57) Mill, J. S., "Mr. William Brougham's Bills for a Registry of Births, Deaths, and Marriages," p. 232.

(58) Senior, Nassau William, *On National Property and on the Prospects of the Present Administration and of their Successors* (London : B. Fellowes, 1835), Donald Rutherford ed., *Collected Works of Nassau William Senior*, Vol. IV (Bristol : Thoemmes Press ; Tokyo : Kyokuto Shoten, 1998), pp. 37-39.

(59) Mill, J. S., "Senior's On National Property [1] (*Sun*, 3 January, 1835)," *CW*, XXIV, p. 755.

(60) Do., "The London Review on Municipal Corporation Reform (*Globe and Traveller*, 17 April, 1835)," *CW*, XXIV, p. 770.

(61) J. A. R. [Roebuck, J. A.], "Municipal Corporation Reform," *The London Review*, Vol. I (April 1835), p. 49.

(62) Mill, J. S., "The London Review on Municipal Corporation Reform," p. 771.

(63) J. A. R. [Roebuck, J. A.], "Municipal Corporation Reform," p. 55.

(64) Mill, J. S., "The London Review on Municipal Corporation Reform," p. 772.
(65) J. A. R. [Roebuck, J. A.], "Municipal Corporation Reform," p. 58.
(66) Mill, J. S., "The London Review on Municipal Corporation Reform," p. 773.
(67) J. A. R. [Roebuck, J. A.], "Municipal Corporation Reform," pp. 70-71.
(68) Mill, J. S., "Rationale of Representation (1835)," *CW*, XVIII, p. 33.
(69) Horace (Quintus Horatius Flaccus), *Ars Poetica*, H. Rushton Fairclough tr., *Satires, Epistles, and Ars Poetica* (Cambridge, Mass.：Harvard University Press, 1978), p. 466 (l. 191). 岡道男訳『詩論』（岩波書店、一九九七年）二四一頁。
(70) [Bailey, Samuel], *The Rational of Political Representation by the Author of Essays on the Formation of Opinions* (London：R. Hunter, 1835), p. 94.
(71) *Ibid*., p. 95.
(72) "An Act to provide for the Regulation of Municipal Corporations in *England* and *Wales* [9th *September* 1835]," 5 & 6 William IV, c. 76, *The Statutes of the United Kingdom of Great Britain and Ireland*, Vol. XIII (London：Printed by George Eyre and Andrew Spottiswoode, Printers to the King's most Excellent Majesty, 1835), pp. 1013-1065.
(73) Mill, J. S., "Parliamentary Proceedings of the Session (1835)," *CW*, VI, p. 303.
(74) Do., "De Tocqueville on Democracy in America [I] (1835)," *CW*, XVIII, p. 60. 山下重一訳「トクヴィル氏のアメリカ民主主義論Ⅰ」杉原四郎・山下重一編『J・S・ミル初期著作集3』（御茶の水書房、一九八〇年）二三一頁。
(75) Ibid., p. 63. 二三六頁。
(76) Zakaras, Alex, "John Stuart Mill, Individuality, and Participatory Democracy," Nadia Urbinati and Alex Zakaras ed., *J. S. Mill's Political Thought：A Bicentennial Reassessment* (Cambridge [U. K.]：Cambridge University Press, 2007), p. 208.
(77) Mill, J. S., "De Tocqueville on Democracy in America [II] (1840)," *CW*, XVIII, pp. 168-169. 山下重一訳「トクヴィル氏のアメリカ民主主義論Ⅱ」杉原四郎・山下重一編『J・S・ミル初期著作集4』（御茶の水書房、一九九七年）一四九―一五〇頁。
(78) Schwartz, P., *op. cit*., p. 111.

（79）Mill, J. S., "De Tocqueville on Democracy in America [II]," pp. 169-170.　山下訳一五〇—一五一頁。
（80）Do., "Austin on Centralization (*Morning Chronicle*, 6 February, 1847)," *CW*, XXIV, p. 1064.
（81）Ibid., p. 1065.
（82）[Austin, John], "Centralization," *The Edinburgh Review, or Critical Journal*, Vol. LXXXV (January 1847), p. 255.
（83）Mill, J. S., "The Regulation of the London Water Supply (1851)," *CW*, V, p. 433.
（84）Ibid., p. 434.
（85）Ibid., p. 435.
（86）Ibid., p. 436.
（87）Ibid., p. 437.
（88）Newman, Francis William, *Lectures on Political Economy* (London : John Chapman, 1851), p. 293.
（89）Mill, J. S., "Newman's Political Economy (1851)," *CW*, V, p. 457.
（90）"A Bill to Transfer the Government of India from the East India Company to Her Majesty the Queen (26 *March* 1858)," *House of Commons Parliamentary Papers*, 1857-1858, Vol. II, pp. 287-312.
（91）Mill, J. S., *A Constitutional View of the India Question* (1858), *CW*, XXX, p. 175.
（92）*Ibid*., p. 176.
（93）Do., "Lettre à Charles Dupont-White (le 6 avril 1860)," *CW*, XV, p. 691.
（94）*Ibid*., pp. 691-692.
（95）Do., *Considerations on Representative Government* (1861), *CW*, XIX, pp. 411-412.　水田洋訳『代議制統治論』（岩波書店、一九九七年）九五—九六頁。
（96）*Ibid*., pp. 534-535.　三五二頁。
（97）*Ibid*., pp. 535-536.　三五三—三五四頁。
（98）*Ibid*., p. 544.　三六九頁。
（99）Do., "Centralisation (1862)," *CW*, XIX, p. 581.

(100)　Ibid., p. 582.

(101)　Barrot, Odilon, *De la centralisation et de ses effets* (Paris : H. Dumineray, 1861), p. 12.

(102)　Mill, J. S., "Centralisation," p. 598.

(103)　Ibid., p. 599.

(104)　Dupont-White, [Charles Brook], *La centralisation, suite de l'individu et l'état* (Paris : Librairie de Guillaumin et cie, 1860), p. 86.

(105)　*Ibid.*, p. 71.

(106)　Mill, J. S., "Centralisation," p. 606.

(107)　Ibid., p. 607.

(108)　Ibid., pp. 609–610.

(109)　Do., "Letter to Joseph Henry Allen (February 9. 1865)," *CW*, XVI, p. 992. Cf. do., *Considerations on Representative Government*, pp. 534–535.　水田訳三五二頁。

(110)　"A Bill for the Establishment of Municipal Corporations within the Metropolis (21 *May* 1867)," *House of Commons Parliamentary Papers*, 1867, Vol. IV, pp. 447–466.

(111)　Mill, J. S., "The Municipal Corporations Bill (21 May, 1867)," *CW*, XXVIII, p. 162.

(112)　Ibid., p. 163.

(113)　"An Act for the better Local Management of the Metropolis [14th *August* 1855]," 18 & 19 Victoria, c. 120, Sect. 31, [*A Collection of the Public General Statutes, Passed in the Eighteenth and Nineteenth Years of the Reign of Her Majesty Queen Victoria : Being the Third Session of the Sixteenth Parliament of the United Kingdom of Great Britain and Ireland*] (s.l.n.d.), p. 481.

(114)　"A Bill for the better Municipal Government of the Metropolis (6 *August* 1867)," *House of Commons Parliamentary Papers*, 1867, Vol. IV, pp. 207–256.

(115)　Mill, J. S., "The Municipal Corporations (Metropolis) Bill [1] (5 May, 1868)," *CW*, XXVIII, p. 273.

（116）"A Bill for the Creation of a Corporation of London (*7 May* 1868)," *House of Commons Parliamentary Papers*, 1867–1868, Vol. I, pp. 345–396.

（117）"A Bill to provide for the Establishment of Municipal Corporations within the Metropolis (*7 May* 1868)," *ibid.*, Vol. III, pp. 515–536.

（118）*The Times* (May 6, 1868), p. 8.

（119）Mill, J. S., "The Municipal Corporations (Metropolis) Bill [1]," p. 274.

（120）Ibid., pp. 274–275.

（121）Ibid., p. 275.

（122）Do., "Letter to James Beal (February 8. 1869)," *CW*, XVII, p. 1557.

（123）Thompson, Dennis F., *John Stuart Mill and Representative Government* (Princeton, N. J.: Princeton University Press, 1976), p. 130.

（124）Heater, Derek, *What is Citizenship?* (Cambridge: Polity Press; Malden, MA: Blackwell, 1999), pp. 172–173.　田中俊郎・関根政美訳『市民権とは何か』（岩波書店、二〇〇二年）二八七頁。

（125）Keane, John, *Democracy and Civil Society: On the Predicaments of European Socialism, the Prospects for Democracy, and the Problem of Controlling Social and Political Power* (London: Verso, 1988), p. 36.

（126）山口定『市民社会論：歴史的遺産と新展開』（有斐閣、二〇〇四年）一四〇頁。

（127）星野智『市民社会の系譜学』（晃洋書房、二〇〇九年）二頁。

（128）Barber, Benjamin R., *Strong Democracy: Participatory Politics for a New Age*, 20th-anniversary ed. with a new preface (Berkeley, Calif.: London: University of California Press, 2003), p. 244.　竹井隆人訳『ストロング・デモクラシー：新時代のための政治参加』（日本経済評論社、二〇〇九年）三六七―三六八頁。

第六章　イギリス国教会廃止論

はじめに

本章はジョン＝スチュアート＝ミルがイギリス国教会の改革を、究極的にはその廃止を積極的に主張した一八三〇年代を主たる考察対象とするものである。当時は産業革命の進展にともなって、イギリスの貴族支配をささえる国教会にたいする不満が増大し、非国教徒をあらゆる官職からしめだす審査法・自治体法の廃止（一八二八年）とカトリック教徒の解放（一八二九年）につづく改革が期待されていた。その反動として、イギリス国教会内部では、政府による改革に反対するオックスフォード運動が生じていた。

一八三一年までオックスフォード大学経済学教授を、その後ダブリン大主教をつとめたリチャード＝ホエイトリが[1]悲嘆するところによれば、イギリス国教会とイギリスの大学は「有益な知識」をそなえていないのに「人間の精神を教化・陶冶するという目的あるいは口実で、区別され報酬をうけとって」いた[2]。ホエイトリをダブリン大主教に任命したのは「賢明な」ことであった[3]。かれは宗教的な著作よりも論理学・修辞学・経済学にかんする著述によって公衆にしられていた。ホエイトリは「平易な解説のためのすぐれた才能」と「大変な思考力」を有していた。ミルはホエイトリがイギリス国教会の聖職者の「一般的な精神的陶冶」を助長することを期待した。ホエイトリの「拡大した自由な宗教解釈」は「偏狭にして排他的な精神」といちじるしくことなっていた。

一　国民教育論

一八三三年二月二日にミルはトマス＝カーライルにあてた手紙のなかで、第一次選挙法改正後の国会がイギリス国教会を「改革」しなければならないとのべている[4]。それにたいする「立法府の干渉」が必要であった[5]。ミルによれば、イギリス国教会は「基本財産の用途を変更する立法府の権力」に異議をとなえる資格をもっとも有しないものであった[6]。ローマ＝カトリック教会は「国家」と無関係に組織され、その基本財産を「公的な目的」ではなくて「私的な目的」のために、すなわち「信託」ではなくて「公正なとりひき・売買」によって入手した。それにたいしてイギリス国教会は「国立教会」であり、その財産は「国家」がローマ＝カトリック教会から奪取したものであった。その基本財産は立法府の裁量で、元来とはちがう目的にあてることができようものであった[7]。もっともサミュエル＝テイラ＝コウルリッジによれば「国家の聖職者」とは「牧師」「宗教教師」としてだけでなく「学識者階級」として存在し「精神的陶治」をおこなうために任命されていた[8]。イギリス国教会はこの「本来の性質・目的」からそれていた。それは「全国民の主要な教育機関」でなければならなかった。したがって「国民の精神の教化・陶治」のためであれば、イギリス国教会の基本財産を押収してもよかった[9]。

ミルが批判するところによれば、ホイッグ党チャールズ＝グレイ内閣の財務大臣ジョン＝チャールズ＝スペンサ（オールトラップ子爵）は「世論」[10]をしらず、国民あるいは庶民院が貴族院におけるイギリス国教会の代表をのぞんでいると確信していた[11]。月刊誌『マンスリ＝リポジトリ』の経営者ウィリアム＝ジョンソン＝フォックスが執筆したとおもわれる論説「教会の改革――宗派の問題ではなくて国家の問題としての考察[12]――」はミルの評価によれば「卓越した論説[13]」であって、イギリス国教会の財産が「全住民の精神的陶冶のための公共信託である[14]」と主張していた。おなじくミルが「好意的な評論[15]」をおこなった同誌に掲載されたフォックスによるものとみられる論説「非国教徒の問題[16]」によれば、おおいに非難しなければならないのはイギリス国教会の改革が国会において国教派と非国教派の問題にすぎなくなっていることであった[17]。考察すべきは「対抗する諸党派・諸宗派の権利・諸教会の不平等」よりも、イギリス国教会が「不相応に保持している莫大な量の財産をかくも悪用しつづけるのか、あるいはその正当な目的に、すなわち全住民の知的・道徳的陶冶に充当するのか」という重大な問題であった。それは国民の「権利・利益」にかかわる、あらゆる愛国的な議員が討議すべき問題であった。

一八三四年三月二六日にミルが「新聞ノート」という表題を付して『マンスリ＝リポジトリ』にかいた「内閣と非国教徒」についての時評によれば、国会の主要な関心事はイギリス国教会と非国教徒をめぐる問題であって、イギリス国教会の「改革」ではなかった[18]。ミルによれば、立法府の重要な課題はイギリス国教会の「完全な廃止」にあったけれども、それは保守党にとって「おそろしい」ことであった。

非国教徒はイギリス国教会を支援する目的ですこしでも課税されることに反対していた[19]。すなわち税をしはらいすぎていることにではなくて、それをしはらうこと自体に不平をいだいていた。エドワード＝ジョージ＝ジェフリ＝スミス＝スタンリ陸軍・植民地大臣がのべるように「国家と教会」の「結合」の「真髄」は国家が国教会の費用を公共の基金からはらうことだとしても[20]、その聖職者に税をしはらわないことはイギリス国教会にたいする「侮辱」とならなかった[21]。イギリス国教会が「国民の基本財産」を所有していることは猛烈な異議がとなえられていた。イギリス国教会はその費用を、それを支出するのに十分な自身の基金からしはらわなければならなかった。庶民院における「もっとも節操のある熱心な改革家の一人」であって、多数の自由党議員とちがって論敵にとって不快な発言をする勇気をもつトマス゠ギズバンは、国教会の原理にたいする敵意を「かざりなく率直にいつわりなく」表明した。かれによれば、教会を維持するのは、それを使用するものでなければならなかった(22)。ミルは哲学的急進派の議員がギズバンとおなじ発言をする勇気をもつことをねがっていた。

四月二八日にミルがカーライルにあてた手紙によれば、ジョン゠スターリングは「あらゆるコウルリッジの門弟と同様に、一種の保守主義者にして国教信者」であって、聖職につこうとしていた(23)。かれは聖職者の「思索か実践」にかんして、まちがっているとみなすことをことごとく非難していた。ミルの信ずるところによれば、スターリングのようなひとびとはすくなからずいた。イギリスの大学の若者のなかのもっとも熱心にしてもっとも温和なもののおくは同様の意見をもって聖職につくか、つこうとしていた。しかし、かれらがイギリス国教会を「外部から破壊」するほどすみやかに「内部から革新」するとは期待しえなかった。

大法官ヘンリ゠ブルムは四月一六日に貴族院で、政府がすべての教区に学校を設置すれば、非常に多額の補助金を支出しているヴォランタリ゠スクールが無駄になるという理由で(24)「国民教育(25)」に反対を表明した。にもかかわらず五月一二日には貴族院で、ヴォランタリ゠スクールがなんの役にもたたず国家が万事をしなければならないとして、つぎのようにのべている。

「欲求のなかには、わたくしたちの本性にそなわった動物本能にまかせておけば充足しうるものもあります。空腹をみたして渇をいやそうとする気もちにたいしては、わたくしたちの肉体上の必要を喚起することによって、必然的に配慮することになります。あるものがこうしたことを感じれば感じるほど、ますます空腹をみたして渇をいやそうとします。しかし、これらよりも洗練された高尚な感覚については、そうではありません。普通の世俗教育の事例には、こうしたことはあてはまりません。啓発されていないものほど、みずからの無知に気づかず、苦労して自分自身を進歩させようとしないのです。[26]」

ブルムは国教会を是認するとともに、国家が普通の世俗教育をおこなうべきであるともかんがえていた。かれは国教会に賛成していたけれども、ミルはブルムと「まったく意見を異にして」いた。[27] とはいえ、ミルとブルムならびにほかのあらゆる「理性的なひとびと」によれば、強制的な課税によって国家がはたすのがふさわしい目的を、ヴォランタリ原理によって達成することはできなかった。[28] 教育すなわち「知的能力の体系的な陶冶」は、そうしたことの一つであり、国家が提供するのが最適であった。ミルは宗教教育を除外しなかったけれども、それは一般教育課程の全科目のなかで、国家による提供をもっとも必要としない、政府の影響力が有益であることがもっともふさわしくないものであった。聖職者のなかには宗教教師をつとめるものもいたけれども、聖職者とは、大多数のキリスト教信者のかんがえによれば、かれらをおしえるためにではなくて、かれらと一定の儀式をおこなうために任命されたひとであった。それは個人的にして私的な関心事であって、国家が援助しなければならないことではなかった。[29] 国家は国民を教育して、その「知力」を鍛錬するだけでなく、その「道徳的認識」を発達させることができた。[30]「精神的能力の一般的陶冶」のあらゆる分野は、国家が提供するのがふさわしいものであった。ミルはつぎのとおりのべている。

「ひとびとは日々のパンをえるのに必要なことを自分でまなぶことができよう。人間ではなくて商人と主婦をつくりあげることを意図する教育は、非常に貧困なひとびとにとって以外は、国家の施設が提供する必要のないものである。購入者がその品質を判断しえない医師や教員のような少数の職業をのぞけば、職業教育は市場の競争にまかせてよいものである。しかし、わたくしたちが〔たんに〕いきるためにではなくて、よくいきるためにおこなわれる教育は、わたくしたちを賢明・善良にすることをめざす教育は、ことごとく政府の管理を必要とする。」

ミルは「人間・社会の重大な利益と関係するあらゆる種類の教育を国家が提供すべきである」というときに、宗教教育をけっして除外しなかった。公教育の全課程のなかで重要なのは「良心あるいは義務の原理」の喚起・啓発を目的とするものであった。それは国民教育の「必要不可欠な」部分であった。あらゆるキリスト教国で流布している道徳的信念、人生の規則について世間のいだく概念の大半は宗教にもとづいていた[31]。それゆえ、宗教教育を除外することは道徳教育を除外することを意味した。

人間は宗教にかんして、はなはだしく意見を異にする。道徳哲学・形而上学・政治学・経済学・医学にかんしてもそうである。これらはみな国民教育の課程にふさわしい学科であるとみとめられていた。もっともあやまった観念が、これらの学科においても宗教においても、ひろくいきわたってきた。宗教をほかのいかなる科目ともおなじくらい申し分のない国民の授業科目にするには、独断的ではなくて探究的な態度で「個人の精神の自由」を喚起するように、それを破棄しないようにおしえなければならなかった。意見をおしえこむことが教育の目的ではなかった。教師が生徒にただ「人間の精神を奴隷化し無力にし」がちな過程を「原理として、おしえこむ[32]」ことは、その権限のもっともひどい濫用であった。啓発された教師は、実際にいだかれている意見を学習者にしらせるだけであった。また、学習者の知力を増強して、その精神にもろもろの観念を蓄積して、その注意をあらゆるうたがわしい論旨だけでなく、あらゆる明白な論旨の根拠にもむけさせて、学習者に能力と刺激を付与して、みずから真理を発見させた。授業をこうした態度でおこなえば、その教師の意見はほとんど問題とならなかった。もっともあやまった教師がもっとも啓発された生徒をしばしばそだてあげてきた。授業の目的は教師の意見をおしつけることではなかった。

しかし、ミルが悲嘆するところによれば、イギリス国民の知性と感情をせばめて、あやまらせることのない「国民宗教教育」を期待するのは「まったく無駄」であった[33]。プロイセンでは「自由な探究の精神」が浸透し、その宗教は排他的でなかった。ドイツ人は教義を、それが教義であるがゆえに尊重するということはないし、その宗教の「精神」のみに関心を有していた。イギリスにおける宗教はプロイセンと「不幸にも正反対」の状態にあった。イギリス国教会は宗派心を矯正するものではなくて、それを非常に助長するものとなっていた。その真髄は信仰個条への署名にあった。その教会員を結束させている紐帯は「形式だけの信条」であり「いける精神」ではなかった[34]。ミルはイギリス国教会の「原理を改革」するには何世代もかかるであろうし、これを「撲滅」するには歳月にまかせる以外になかろうと予想した[35]。

カンタベリ大主教ウィリアム＝ハウリはブルムにつづいて「素朴」な演説をおこなった。ハウリによれば、国教信者が非国教徒に「敵意」をいだいていないのに、後者が前者にそうした感情をあらわしていることは「不当」であった[36]。国教信者は非国教徒のあらゆる願望を阻止しているけれども、それは非国教徒のためであった。たとえばハウリとほかの主教の大部分は、非国教徒をあらゆる官職からしめだす審査法・自治体法の廃止に抵抗した。しかし、それはイギリス国教会のためではなくて、その廃止がイギリスの一般的な政策と調和しえないからであった[37]。ミルによれば、非国教徒は、このような動機によるときでさえ、ふみつけられることを嫌悪していた。国教信者と非国教徒のどちらがもっとも憤慨しているのかという問題について、もっともはげしい敵意をいだいているのが後者である証拠はなかった。しかし、そうであったとしても、ミルはおどろきも、いきどおりも感じなかった。

二　トーリ主義批判

ハウリはカンタベリ大主教であり、神のまえに人間の「理解力と意志を平伏させること」[38]をとき――ジェレミ＝ベンサムはこれを神ではなくて人間にたいする平伏であると批判した[39]――、国王が法律上の擬制においてだけでなく実際に「あやまりえない」[40]という理論を有していた。ハウリは大主教に任命されて、クロイドンにちかいアディントンのうつくしい丘に隣接する家屋と大庭園を公邸として手にいれたとき、治安判事に命令させて、この丘のいただきにそってとおっている公道を閉鎖し、そのほぼ全域を柵でかこいこんだ[41]。そのため、クロイドンの住民はそこを散歩することができなくなり、ロンドンと近郊の住民はその景観をたのしむことができなくなった[42]。ミルはこのような土地がほかの教会財産とともに国家の自由に処分しうるものになることをのぞんだ。多数のひとが少数のひとの犠牲になってはならなかった。

オックスフォードは「トーリ主義の温床」であり、それが教育するイギリス国教会の聖職者と若者は「トーリ主義者」であった[43]。ミルはかれらがイギリスにおける「最後のジャコバイト（ジェイムズ二世派）」であって「最後のトーリ主義者」になると予想した。「道徳と宗教の本源」を自任していたオックスフォードはかつて強力であったけれども、その勢力の「威光」をうしなって「ばかげた」ものとなっていた。ミルはイギリス国教会の「衰亡」すなわち政治権力の受託者としてのイギリス貴族の「没落」を展望した[44]。

ミルの評価によれば『ロンドン評論』一八三五年七月号に掲載された父ジェイムズ＝ミルの論説「教会とその改革」は論調こそ「無愛想」だったけれども「不名誉」なものではなかった[45]。父ミルはイギリス国教会が「善」にかんして「まったく無価値」であって「悪」をもたらす「有効・有力な主因」であるとみなした。[46]

『ロンドン・ウェストミンスタ評論』一八三六年四月号に掲載したミルの論説「一八三六年の政情」によれば、イギリス国教会における無任所聖職禄の数を減少させて、聖職者の兼職・不在にたいする制限を増大させることは「のぞましい」ことであった。「国民の財産」と「市民的あるいは政治的な特権」をもつイギリス国教会の聖職者の基本財産は本来「根絶」してよい「害悪」であったけれども、それを「軽減」することはほとんどできなかった。[47]「政治家」の名にあたいするひとがイギリス国教会を支持しようとするのは、それを宗派志向でないものにすることを期待してであった。そのための「自由な探究の味方であって敵ではない」その宗教の「教義」よりもむしろ「精神」にしたがうものをイギリス国教会の高位につける「教会改革」をただちにおこなうことは、ありそうになかった。

同誌一八三七年一〇月号に掲載したミルの論説「諸政党と内閣」によれば「穏健な急進派」[48]のおおくは、トーリ党のようにイギリス国教会を「発展」させてきたのではないけれども、それを「支持」していた。聖職者の世俗的所有物を減少させる法案にたいしては「教会にとっての脅威！　教会の敵！　教皇礼賛者と不信心者の同盟！　教会からの強奪！　宗教教育を貧者にほどこさないのか！」というさけび声があがっていた。[49]ミルはこうした主張をしているひとびと自身が「高遠な宗教上の根拠」にもとづいて「抜本的な教会改革」を提案し「貴族の世襲財産」とおなじくイギリス国教会を「永久に破壊」して、スコットランド人を「未開人」から「文明人」にひきあげたような「真の宗教教師」を養成して俸給をしはらうことにその基金を充当することをのぞんだ。[50]ミルによれば、このような法案に賛成するものは「信仰家」であり、反対するものは「パリサイびと・罪びと」にして「貧者に宗教教育をほどこさない」「教会の真の強盗」であった。[51]貴族になることを期待しているものはトーリ主義者であった。[52]法曹はトーリ主義者だった。わかい法廷弁護士はことごとく富者・貴族となることをめざしていたからである。イギリス国教会もトーリ主義者だった。その理由は詳述するまでもなかった。

ミルは同誌一八三九年四月号で「革新政党の再編成」を構想した。かれによれば、地主側は聖職者推挙権の所有者であるため、イギリス国教会の基本財産は実質上かれらのものであった[53]。かれらは「魂の救済」をその「家族の財産」にかえ、キリスト教の牧師職をその「家族であるばかものか放蕩者」――おろかすぎるか、ひますぎるか、堕落しすぎてはたらくことができず「気楽な生活」にのみたえうるもの――のためのそなえとした。土地所有者のおさない子どもの世襲財産はイギリス国教会の「悪弊」であった。

イギリス国教会の聖職禄をあたえられた聖職者は保守主義者であった[54]。イギリス国教会は国制の「重要部分」にして「もっとも罪ぶかい部分」であった。聖職禄をあたえられた聖職者ほど熱烈なトーリ主義者は「特権階級」のなかにいなかった――ミルが「特権階級」と呼称したものにはホイッグ党もふくまれていた。それは「裏面の特権階級」[55]「所定の位置にいないトーリ党[56]」であった――。もっともイギリス国教会の「改革派」は一般信徒のなかで、聖職者のなかでさえ増大していた[57]。かれらは直接「無礼」なあつかいをうけなくても「義務感」によってのみ「改革」に味方した。かれらが非国教徒のように、自分の礼拝しないものをささえるために課税されることはないけれども、その宗教が牧師の世俗的な利害関係によって腐敗していることをしっていた。これらの牧師は貴族の出身で、その「重要部分」であった。立法府で優位をしめる階級が聖職禄を授与し、牧師職を創設して、教会の位階をあたえていた。土地の所有者は教会の所有者でもあった。イギリス国教会の「改革派」がかれらの目的を達成するには、その利益によって教会の悪弊をもたらすものが庶民院を左右してはならなかった。教会を腐敗させる教義・慣行、精神的な圧制となる要求、あるいは世知にたけた追従の奨励はことごとくイギリス国教会のなかのトーリ主義のひとびとから発し、教会を「政治的な機関」にする欲望によって指令されていた。

ミルの理想とする「統一運動党」を形成するには「カトリック教徒と自由主義的な国教信者と非国教徒」が連携して行動しなければならなかった[58]。教会が国家に依存せず民間の寄付によって維持されるべきであるとする「任意派」とイギリス国教会の「改革派」は選挙のさいに相互に支援することができよう[59]。「非国教徒とローマ＝カトリック教徒と自由主義的な国教信者」は「緊密な提携」をせず、多数の誠実なイギリス国教会の改革家は「任意派」あるいはカトリック教徒をおそれていた[60]。けれども「任意派」は「自由主義的な国教信者」の「敵」ではなくて「補助者」であった[61]。後者は前者の「敵対者」ではなくて「近親者」であった。かれらは双方ともイギリス国教会において世俗的な性質が精神的な性質を圧倒していることを認識・悲嘆していたからである。

ミルは「革新政党の再編成」をイギリス国教会の「高教会派」によびかける必要がないとのべている。かれらの信ずるところによれば、人間は一般に自己の宗教を個人的な判断ではなくて、さだめられた権威からうけとらなければならず、イギリス国教会はそうした権威であった[62]。かれらにとっては、公認された国家の機関であるイギリス国教会が当然「第一の目的」であって、ほかのものは「二次的」にすぎなかった[63]。ミルが「革新政党の再編成」をよびかけたのは、イギリス国教会の「低教会派」すなわちその「精神性」が「政治的特権」をうわまわるとみなす教会員にたいしてであり、イギリス国教会が国家の機関としてその義務をおこたって牧師の贅沢・安楽のために信者の福祉を犠牲にしていると信ずるものにたいしてであった。イギリス国教会は「外敵の恐怖」がなければ「内部の味方の警告」に耳をかたむけないので、イギリス国教会の「改革派」は「任意派」を大切にすべきであった。逆も同様であった。イギリス国教会の悪弊を維持するだけでなく、それを国家と結合しつづけているものが「世俗的な利益」であると「任意派」が信ずるのであれば、イギリス国教会の「改革派」がおしすすめることはことごとく、それを支持する「不純な動機」を減少させるということを心にとどめるべきであった[64]。無任所聖職禄を廃止することによって、その占有者と候補者は現状の支持者でなくなる。高位聖職者の報酬を削減するか聖職禄所有者の報酬を平等にする処置と、報酬に任務を付帯させて聖職者に勤勉な生活をさせる進歩は「私欲」にみちた貴族にとってイギリス国教会の価値を減少させる。イギリス国教会の改革を完璧にするには「諸悪の根源」たる無責任な個人による教区牧師の指名をなくさなければならない。聖職者推挙権の制度をなくせば、イギリス国教会における「私益」をジェントリにあたえるものはなくなる。それゆえに非国教徒とイギリス国教会の「改革派」は完全に提携すべきであった。しかるにトーリ主義者は「教皇礼賛者と非国教徒と不信心者の提携」がイギリス国教会を破壊すると宣伝していた[65]。また、イギリス国教会に対抗するこうした「三重の共謀」があらゆる急進主義の「黒幕」であって、国制にたいする攻撃が主としてイギリス国教会にむかい、その解体をのぞんでいるのが教皇礼賛者か非国教徒ではなくてあらゆる宗教の敵であるとみなした。そのうえで、キリスト教の「指定席」「本拠地」はイギリス貴族にあると推論させていた。

イギリス国教会にたいして「穏健な急進派」は「徹底的にして包括的な改革」をめざすべきであった[66]。その改革を高位聖職者にとどめて教区の聖職者を無傷とするべきではなかった。国民にとって重要なのは「立派な高位聖職者」よりも「立派な教区牧師」であったからである。労働に従事する聖職者の報酬と任務の平等化も不可欠であった[67]。このような計画方針を発表する政党は、イギリス国教会の自由主義的な平信徒とまずしい聖職者とほとんどすべての副牧師だけでなく、非国教徒の支持をもえるであろう[68]。

三　政教分離論

イギリス国教会の内部ではカトリック教義にかんする論争が『時局小冊子』の発行によってたかまっていた[69]。『時局小冊子』とは「小冊子運動家」「オックスフォード運動」「ピュージ派」というさまざまな名称でしられる集団が、イギリス国教会の基本教義である三九信仰箇条についてプロテスタンティズムを軽視する解釈をおこなったものである。指導者はエドワード＝ブーヴァリ＝ピュージとジョン＝キーブルとジョン＝ヘンリ＝ニューマンであった。ピュージはオックスフォード大学ヘブライ語欽定講座担任教授だった。キーブルはオックスフォード大学詩学教授、ハンプシャ州ハーズリの教区委任牧師であって、その「国民的背教」と題する説教が、教会問題にかんして国家権力の優越を主張するエラストス主義を非難して、一八三三年にこの運動の口火をきった。ニューマンはこの集団のなかのもっとも重要な論客であって『時局小冊子』第九〇号で信仰箇条がカトリック教義と両立しうると示唆して、この運動に反対するひとびとを激昂させた。

一八四二年一月一三日付『モーニング＝クロニクル』に掲載されたミルの論説「ピュージ主義（一）」によれば「ピュージ派」が国家から派生していないというイギリス国教会の基本財産は、国家から派生していた。(70) ミルはその基金の不可侵性を否定した。それを有益なものに充当することは立法府の権利にして義務であった。「多数の善良にして賢明なひとびと」とともにミルは、国家がイギリス国教会の基本財産を正当にとりあげることができるとかんがえた。国家は宗教教師のどれか一つの団体にこうした財産を寄付するかどうかを決定する権利を有する。宗教上の授業という目的のためにその基本財産を付与する国家の権力は絶対的であった。しかしミルは、国家がそれを「一定の教義をおしえるという条件で、しかもそれだけをおしえるという条件で」付与する権利を否定した。国家がしなければならないのは「教義」ではなくて「教師」を選択することであった。閣僚も国会議員も「神学者」ではなかった。国家の任務は「おそわる内容」ではなくて「おしえる資格」を審査することであった。「ニューマン派」はイギリス国教会が「神の任命する教師」であって「全能者の信任状」を有するというけれども「いかなる宗教団体が、あるいはいかなるひとびとの団体が、一般的な能力という点で、キリスト教にかんする正当な解釈をおこなうのに、またその実践的な原理を国民にふかくさとらせるのに、最適なのか」を決定するのは、国家でなければならなかった。

ミルは「教会と国家の結合」[71]を非難した。世俗の統治者が宗教の授業に干渉すれば、それは確実に腐敗する。かれらが宗教上の教義を規定することに手をだすとき、よい目的でそれをすることはめったにない。教会を国家に従属させることによって、宗教は「世俗の専制政府を支持するための手段」「怠惰な支配者が黙認して貪欲な支配者を利するあらゆる悪弊の協力者」となる。コンスタンチノープルとペテルブルクのギリシア正教会も、イギリス国教会とたいていのプロテスタント教会も、このような歴史を有していた。ローマ＝カトリック教会でさえ「同罪」であった。かつてフランスのフィリップ四世美王は使者ギヨウム＝ドゥ＝ノガレにイタリアのアナーニで教皇ボニファティウス八世をとらえて監禁させ、教皇クレメンス五世をアヴィニョンに移転させた[72]。クレメンス五世は「テンプル騎士団の虐殺」をはじめとする「強欲な専制君主」フィリップ四世のあらゆる非道な行為を容認する「世俗の圧制者の堕落した手先」であった。

ミルは「ニューマン派」とともに、こうした国教会に「抗議」した[73]。それは国家の命令することだけをおしえなければならないものであった[74]。その職務は国家のために教員になることと、世俗の支配者を拘束して畏怖させている義務の観念と感情で人心をみたすことであった。イギリス国教会は人心をひどく動揺させるあらゆる論点と、統治者としての上流階級の義務に関係する宗教上あるいは道徳上のあらゆる問題について、秩序を維持しなければならないという「暗黙の了解」を有していた。

おわりに

ミルにとってイギリス国教会とは万人の「権利・利益」の保障をさまたげるものであった。かれはその基本財産を国民の知的・道徳的陶冶にもちいることをのぞんだ。ミルのイギリス国教会廃止論の要諦はこうした政治参加論と表裏一体をなす特権階級批判にあった。イギリス国教会は「旧体制の支柱」であり、その勢力を全滅させることがミルの使命であった(75)。それは「ふるびた政治・社会秩序の遺物」であると同時に、人間の道徳に「利己的な性格」を付与するその「受動的な服従の教義」はすぐれた「純粋に人間的な」道徳――「公衆にたいする義務の観念」と「私生活の道徳」における「雅量・高潔・人格的威厳・名誉心」など(76)――の発達を阻害するものでもあった。

（1）Mill, John Stuart, "Whately's Introductory Lectures on Political Economy (*Examiner*, 12 June, 1831)," *CW*, XXII, p. 327, editor's note.
（2）Ibid., p. 328.
（3）Do., "Dr. Whately's Elevation to an Archbishopric (*Examiner*, 25 September, 1831)," *CW*, XXIII, p. 356.
（4）Do., "Letter to Thomas Carlyle (2d February 1833)," *CW*, XII, p. 141.
（5）Do., "Corporation and Church Property (1833)," *CW*, IV, p. 205.　柏經學・岩岡中正訳「公共財団と教会財産」杉原四郎・山下重一編『J・S・ミル初期著作集2』（御茶の水書房、一九八〇年）二四九頁。
（6）Ibid., p. 209.　二五六頁。
（7）Ibid., p. 210.　二五八頁。
（8）Ibid., p. 220.　二七三頁。

（9）Ibid., p. 221. 二七四頁。

（10）Do., "Conduct of the Ministry with Respect to the Post-Office Department, and the Payment of Officers by Fees (*Examiner*, 10 November, 1833)," *CW*, XXIII, p. 645.

（11）Althorp [Spencer, John Charles], "Speech on Church Temporalities (Ireland) (June 18, 1833)," *Hansard's Parliamentary Debates*, 3rd ser., Vol. XVIII, col. 985.

（12）Mill, J. S., "The Monthly Repository for December 1833 (*Examiner*, 15 December, 1833)," *CW*, XXIII, p. 655, n. 8.

（13）Ibid., p. 655.

（14）[Fox, William Johnson], "Church Reform, Considered as a National and Not a Sectarian Question," *The Monthly Repository*, New series, Vol. VII (1833), p. 809.

（15）Mill, J. S., "The Monthly Repository for January 1834 (*Examiner*, 12 January, 1834)," *CW*, XXIII, p. 659, editor's note.

（16）Ibid., p. 660, n. 2.

（17）[Fox, W. J.], "Case of the Dissenters," *The Monthly Repository*, New series, Vol. VIII (1834), p. 63.

（18）Mill, J. S., "The Ministry and the Dissenters (26th March, 1834)," *CW*, VI, p. 194.

（19）Do., "The Church-Rate Abortion (22nd April, 1834)," *CW*, VI, p. 211.

（20）Stanley, [Edward George Geoffrey Smith], "Speech on Church Rates (April 21, 1834)," *Hansard's Parliamentary Debates*, 3rd ser., Vol. XXII, col. 1035.

（21）Mill, J. S., "The Church-Rate Abortion," p. 212.

（22）Gisborne, [Thomas], "Speech on Church Rates (April 21, 1834)," *Hansard's Parliamentary Debates*, 3rd ser., Vol. XXII, col. 1023.

（23）Mill, J. S., "Letter to Thomas Carlyle (28th April 1834)," *CW*, XII, p. 225.

（24）The Lord Chancellor [Brougham, Henry], "Speech on Progress of Education (April 16, 1834)," *Hansard's Parliamentary Debates*, 3rd ser., Vol. XXII, cols. 843-844.

（25）Mill, J. S., "Lord Brougham's Defence of the Church Establishment (13th May, 1834)," *CW*, VI, p. 225.

(26) The Lord Chancellor [Brougham, H.], "Speech on Dissenters—Glasgow Petition (May 12, 1834)," *Hansard's Parliamentary Debates*, 3rd ser., Vol. XXIII, cols. 845–846.

(27) Mill, J. S., "Lord Brougham's Defence of the Church Establishment," pp. 225–226.

(28) Ibid., p. 226.

(29) Ibid., pp. 226–227.

(30) Ibid., p. 227.

(31) Ibid., p. 228.

(32) Locke, John, *An Essay Concerning Human Understanding*, Peter H. Nidditch ed., *The Clarendon Edition of the Works of John Locke* (Oxford : Clarendon Press, 1975), p. 81.　大槻春彦訳『人間知性論（一）』（岩波書店、一九七二年）九六頁。

(33) Mill, J. S., "Lord Brougham's Defence of the Church Establishment," p. 229.

(34) Ibid., pp. 229–230.

(35) Ibid., p. 230.

(36) The Archbishop of Canterbury [Howley, William], "Speech on Dissenters—Glasgow Petition (May 12, 1834)," *Hansard's Parliamentary Debates*, 3rd ser., Vol. XXIII, col. 853.

(37) Ibid., col. 854.

(38) Howley, W., *A Charge Delivered to the Clergy of the Diocese of London* (London : Payne and Foss, and Hatchard, 1814), p. 16, quoted in Mill, J. S., "Business of the House of Commons (6th June, 1834)," *CW*, VI, p. 249, n.

(39) Bentham, Jeremy, *Church-of-Englandism and its Catechism Examined*, James E. Crimmins and Catherine Fuller ed., *The Collected Works of Jeremy Bentham* (Oxford : Clarendon Press ; New York : Oxford University Press, 2011), p. 259.　重森臣広「ベンサムの国教会批判——その『安楽死』構想と宗教の自由化論——」『法学新報』第一〇一巻第五・六号（一九九五年）一四三頁。

(40) The Bishop of London [Howley, W.], "Speech on Bill of Pains and Penalties against her Majesty (November 7, 1820)," *The Parliamentary Debates*, New series, Vol. III, col. 1711.

(41) Mill, J. S., "Business of the House of Commons," pp. 249–250.
(42) Ibid., p. 250.
(43) Do., "The Tom-foolery at Oxford (14th June, 1834)," *CW*, VI, p. 250.
(44) Do., "The Close of the Session (1834)," *CW*, VI, pp. 286–287.
(45) Do., "Letter to Joseph Blanco White (1st July, 1835)," *CW*, XII, p. 268.
(46) P. Q. [Mill, James], "The Church, and its Reform," *The London Review*, Vol. I (July, 1835), p. 259.　山下重一『ジェイムズ・ミル』（研究社、一九九七年）二五三頁。
(47) Mill, J. S., "State of Politics in 1836 (1836)," *CW*, VI, p. 325.
(48) Do., "Parties and the Ministry (1837)," *CW*, VI, p. 389.
(49) Ibid., p. 393.
(50) Ibid., pp. 393–394.
(51) Ibid., p. 394.
(52) Ibid., p. 402.
(53) Do., "Reorganization of the Reform Party (1839)," *CW*, VI, p. 471.　山下重一訳「革新政党の再編成」『國學院法學』第二七巻第三号（一九九〇年）一〇三頁。
(54) Ibid., p. 474.　一〇七頁。
(55) Mazlish, Bruce, *James and John Stuart Mill: Father and Son in the Nineteenth Century* (New York: Basic Books, 1975), p. 441, n. 24.
(56) Wallas, Graham, *The Life of Francis Place, 1771–1854* (London: Longmans, Green, 1898), p. 40.
(57) Mill, J. S., "Reorganization of the Reform Party," p. 477.　山下訳一一〇頁。
(58) Ibid., p. 479.　一一二頁。
(59) Ibid., p. 481.　一一四頁。
(60) Ibid., pp. 489–490.　一二三頁。

(61) Ibid., p. 490.
(62) Ibid., pp. 490-491.　二一四頁。
(63) Ibid., p. 491.
(64) Ibid., p. 492.　二一五頁。
(65) Ibid., p. 493.　二一六頁。
(66) Ibid., p. 494.　二一八頁。
(67) Ibid., pp. 494-495.
(68) Ibid., p. 495.
(69) Do., "Puseyism [1] (*Morning Chronicle*, 1 January, 1842)," *CW*, XXIV, p. 811, editor's note.
(70) Do., "Puseyism [2] (*Morning Chronicle*, 13 January, 1842)," *CW*, XXIV, p. 818.
(71) Ibid., p. 819.
(72) Ibid., p. 819, n. 6.
(73) Ibid., pp. 819-820.
(74) Ibid., p. 820.
(75) Raeder, Linda C., *John Stuart Mill and the Religion of Humanity* (Columbia：University of Missouri Press, 2002), p. 18.
(76) Mill, J. S., *On Liberty* (1859), *CW*, XVIII, pp. 255-256.　早坂忠訳『自由論』関嘉彦責任編集『ベンサム：J・S・ミル』（中央公論社、一九七九年）二七二―二七三頁。

第Ⅲ部　国際道徳論

第七章　アイルランド国教会廃止論

はじめに

フランス革命戦争中の一七九八年に秘密結社ユナイテッド＝アイリッシュメンはフランスの援軍をえてアイルランド反乱をおこした。ウィリアム＝ピット（小ピット）首相は両国が手をむすぶことをおそれて、一八〇一年にグレイト＝ブリテンとアイルランドの「合同」をおこなった。ジョン＝スチュアート＝ミルが誕生したのは、その五年後である。かれは生涯をつうじて、アイルランドがイギリスから独立するのに賛成することはなかった。しかし、住民の大多数をしめるカトリック教徒から十分の一税を徴収してきたアイルランド国教会（アイルランドのイギリス国教会）にたいしては、批判的な態度をとっている。本章ではさまざまな紙誌におけるミルのジャーナリストとしての活躍と、庶民院議員としての言動に主たる焦点をあてて、かれのアイルランド国教会廃止論を検討し、ミルがアイルランド政治においてなにをめざしていたのかを究明したい。

一　ジャーナリストとしての活躍

⑴　一八三四年以前

年刊誌『国会の歴史と評論』に掲載されたミルの論説「アイルランド」（一八二五年）によれば、アイルランド人が抑圧されているのは「カトリック教徒」としてではなくて「貧者」としてであった。[1] カトリック教徒を解放しても、不動産借主にたいするその貸主の権力と、十分の一税の支払人にたいするその収受者の権力と、国民の大部分にたいする治安判事の権力を放置するならば、アイルランド小作農の状態を改善することはできなかった。カトリック教徒がプロテスタント教徒よりも、不動産貸主としてその借主を厚遇する保証はなかった。ミルは父ジェイムズ＝ミルとともに、アイルランドにおける貴族主義的支配体制の変革こそが急務であるとかんがえたのである。[2]

アイルランドでは「富者のための法律」と「貧者のための法律」がそれぞれ別個に存在していた。[3] 国民はわずかな収入をもつにすぎないにもかかわらず、そのほとんどを国教会のためについやすことをしいられていた。[4] 聖職者は国民を憎悪・軽蔑し、できるかぎり多額の金銭を奪取しようとしてきた。[5]

一八二五年六月一四日における国会議員ジョウジフ＝ヒュームの提案によれば、アイルランド国教会が所有する財産は「公共財産」であって、国会がこれを管理して「社会全体」の利益のためにもちいることができる。[6] アイルランド国教会の改革は「重要な問題」であった。[7] 外務大臣ジョージ＝キャニングは同日の演説で、アイルランド国教会の改革が「グレイト＝ブリテンとアイルランドの合同のための法律」[8] に違反し、アイルランド国教会の収入が「財産」であって、これに干渉することは「略奪」を意味すると非難し、ヒュームの提案が「かつてきいたことがないほど下劣な原理」にもとづくものであるという毒舌をふるいさえした。(9) しかし、国会議員フランシス＝バーデットが「辛辣」(10)に反論したとおり、イギリス人とアイルランド人の関係を、ペルシア人とかれらが滅亡させたメディア人のそれと、同一視してはならなかった。(11)「グレイト＝ブリテンとアイルランドの合同のための法律」はイギリスとアイルランドの教会をおなじ法律にしたがう同一の国教会にむすびつけることを規定したにすぎないのに、イギリスの国会によるアイルランド国教会の改革を永久に禁止していると解釈することは、ミルにとって「嘲笑の的」(12)であった。国会議員ヘンリ＝ブルムはキャニングを、その「みごとな演説」のなかで「完璧に論破」した。ブルムによれば、アイルランド国教会の収入は「私有財産」と性質を異にするものであって、これを規制することは「略奪」にあたらなかった。(13) キャニングがヒュームに「悪態」をついたのは、その反論がまちがっていることを証明していた。(14)

週刊紙『イグザミナ』一八三三年九月二二日号に掲載されたミルの論説「内閣の宣言」によれば、アイルランド国教会が存続すべきであると信ずるひとは、アイルランド国教会の主教と裕福な聖職者の人数と報酬を削減して、その分を国教会のほかの用途にあてることをすばらしいとみなすかもしれないけれども、ミルのような「理性的なひと」にとっては、まったくのぞましいことでなかった。(15) なぜならば、アイルランド人の不平の原因は、アイルランド国教会がかれらから「略奪」したものを分配する方法ではなくて、ともかくそれらが「略奪」されているという事実にあったからである。アイルランド国教会の聖職者は、アイルランド人がその教義を信仰せず、その聖職者から恩恵をこうむっていないのに、みずからの報酬のために十分の一税を「搾取」し、アイルランド人の財産を「不法占有」していた。もはや「国教会の抽象的な功利」を問題とすべきではなかった。国教会の潤沢な基本財産は、その宗教を「維持する」のに役だつとしても「普及させる」のに有効ではなかった。ミルは「ただ一つの重要な政治道徳原理」として、アイルランド国教会を「全廃」しなければならないと主張した。かれはホイッグ党のチャールズ＝グレイ内閣がこうした提案をしなかったことを露骨に非難することはなかったけれども、ミル自身がそれをただちにおこないうる立場にあったならば、アイルランド人にとって「不愉快」な、かれらを「侮辱」するアイルランド国教会を即刻消滅させ、かれらを「激昂」させなくするであろうとのべている。

第一次選挙法改正後の国会はアイルランド弾圧法を制定した。[16] アイルランドを戒厳令下においたことによって、アイルランド人の「暴力行為」は終息したけれども、それは十分の一税の徴収を強行しようとする「非常識な企図」の結果であった。[17]「アイルランド人の非合法な暴動は反乱の性質を有する。」それは「圧制」への「抵抗」であった。グレイが政権を掌握したときに、十分の一税にたいするアイルランド人の「消極的抵抗」がはじまり、アイルランド国教会の聖職者は徴税することができず、こうした「不評判の税」を事実上、撤廃するにいたった。[18] アイルランド大臣エドワード＝ジョージ＝ジェフリ＝スミス＝スタンリは十分の一税を将来「廃止」[19] すると宣言したけれども、未納分を武力できびしくとりたてて、[20] 現行法の執行を「強行」[21] しようとした。イギリス政府は軍隊を動員して、非武装のアイルランド人からとりたてようとしたけれども挫折し、面目をうしなった。[22] その原因はグレイ内閣の「無計画な」方針にあった。同内閣は、アイルランド人が十分の一税をしはらう意志をもたず、きびしくとりたてようとすればするほど「嘲弄」を一身にあびて、イギリスの法律と政府がいっそう嫌悪されるにすぎないということを「警告」されてきたのに耳をかたむけず「愚行」をつづけてきた。グレイ内閣の「自業自得」の結果、アイルランド人とイギリス政府の「不名誉な抗争」が勃発し、十分の一税をしはらわなければならないという法律を無視することに成功した「無法状態の極致」が生じた。こうしたことを処罰するという口実でアイルランド弾圧法を制定し、戒厳令をしいた。ミルはグレイ内閣の「僭越」と「低能」を批判した。[23]

イギリス国民は、グレイ内閣が国教会の弊害を是正することを切望していた。[24] 国王ウィリアム四世は一八三四年二月四日における国会開会の辞で、十分の一税にかんする「最後の修正」をおこなってイギリスとアイルランドの「合同」を維持することをのぞんだ。[25] ミルが指摘するとおり、[26] スタンリはその二年まえにアイルランド国教会の十分の一税の「廃止」[27] を宣言していた。

アイルランド国教会の十分の一税をめぐる問題を「解決」[28] するために、グレイ内閣は十分の一税を「廃止」して、それを「土地税」にかえようとした。[29] しかし、この土地税をしはらうのは不動産貸主だけれども、かれらはそれに相当する金額を地代にうわのせするであろうから、不動産借主は地代と十分の一税の合計額をまとめて地代としてしはらうことになるだけであった。[30] プロテスタント聖職者の資金となる税金を大半のカトリック住民から徴収しているという非難は減少するかもしれないけれども、[31] ダニエル＝オコンネルがのべるとおり、不動産貸主を「十分の一税の〔納税〕代理人」[32] とするだけであった。

六月六日にグレイ首相は貴族院でアイルランド国教会にかんして「称賛にあたいする演説」をおこなった。[33] それは貴族院に「屈従」するのではなくて「反抗」するものであった。かれは貴族院を畏怖しなかった。[34] かれの演説は首相としておこなった第一次「選挙法改正法案の作成につぐ、もっとも勇敢な行為」であった。かれは「国教会の誠実な支持者」であったけれども「もっとも断固たる改革家」として言明したところによれば、国教会の収入がかなりおおすぎるならば、国家はその余剰分を公益のためにもちいる権利を有する。[35] アイルランド国教会の収入はその必要とくらべて莫大な不相応なものであった。

何世紀ものあいだ、イギリスの寡頭政治家はかれらに「敵意」をいだくアイルランド人に国教会の聖職者を滞留させるよう命じてきた。[36] アイルランド人はこうした「侮辱と無礼」にたえることができなかった。イギリスの寡頭政治家は「理性と正義へのうったえ」に、あるいはアイルランド支配の「最終的な結果」にたいする懸念にさえ、耳をかたむけなかった。それゆえに、アイルランド人は十分の一税のしはらいを拒否するという、かれらにのこされたただ一つの手段をとった。イギリスの寡頭政治家によれば、それは「扇動家たちの責任」であって、オコンネルがいなければ、アイルランド人は国教会の聖職者に十分の一税をしはらいつづけたであろうし、オコンネルは「英雄」ではなくて「悪魔」であった。しかし、ミルによれば、それは「むなしい憤慨」にすぎなかった。アイルランド人は敵対する国教会の聖職者に十分の一税をしはらうことに反対していた(37)。こうしたことをやめさせなければならなかった。

ミルは貴族院を理論上有害であるという理由だけで廃止しようとすることが不合理であって、ほどほどにうまく存続させることができるならば維持すべきであろうとのべている(38)。かれは貴族院が重要な法案をできるかぎり阻止しないことをのぞんだ。もっとも、貴族院が十分の一税を「廃止」して、それを「土地税」にかえる法案を否決したことは(39)、同法案を批判するミルにとって「実際的な善」であった。けれども、否決したのが「教会の財産を譲渡しうるという原理」と対立したためであったことは、かれの肯定しえないところであった(40)。ミルは貴族院をアイルランド国教会の聖職者の「口先だけの味方」とみなして、この法案の否決によって窮乏する聖職者に同情したけれども、かれらの大部分は「貴族の親類か子分」であって、貴族かその後援者による援助をうけているにちがいなかった(41)。ミルは十分の一税を徴収しえない状況がアイルランド国教会の「根絶」をもたらすことを展望した。アイルランド国教会の「縮小」をめざして「内閣・庶民院・国民の連合」が貴族院と闘争しなければならなかった(42)。

(2)　一八三五年以後

ミルは一八三五年に出版された経済学者ナッソー＝ウィリアム＝シーニアの著書について、イギリスの国会がアイルランド国教会の世俗的所有物をプロテスタント住民の必要にたりる額に削減して、その余剰をアイルランドの全住民の教育にささげなければならないという趣旨のシーニアの主張を妥当とみなしている[43]。国家は公衆にとって有益な目的のために教会の財産をもちいる権利を有する[44]。国会議員ヘンリ゠ジョージ゠ウォードによれば、アイルランド国教会はそのプロテスタント住民の宗教上の必要をこえているので、その世俗的な所有物を削減すべきであった[45]。シーニアはこうしたことをおこなう国家の権利を「穏当に哲学的に断固として明言・強調して」いた[46]。

ホイッグ党のウィリアム゠ラム（メルボーン子爵）内閣が提出した「アイルランドにおける教会の収入をいっそう適切に規制して、宗教・道徳教育を振興するための法案[47]」は教会の基本財産を譲渡することができないという「迷信」にたいする「決定的な打撃」を意味した[48]。本法案はアイルランド国教会を「縮小」するものであって「完全に廃止」するものではなかった[49]。国教会の理性的な支持者は、少数者が多数者に、あるいはある民族がほかの民族に、その教会をおしつけることを正当化しようとしなかった[50]。そうすることは、いかなる民族も「銃剣にたいする恐怖」からでなければ甘受しない「暴虐な行為」であった。アイルランド国教会を維持することは、ほかのあらゆる宗派を国教化しないかぎり、不正であった。ミルは「怪物」のような国教会を全廃する法案を、同内閣に期待しなかった。提出しても、庶民院がたぶん採択しなかったからである。本法案は主教の人数を削減していなかったけれども、こうした「枝葉」のことについてではなくて、その「原理」をめぐって貴族院とたたかい、アイルランド国教会を徹底的に「撲滅」しなければならなかった。

政治家ジョン゠ウォルシュが一八三六年に出版した著書のなかで指摘した「通俗な、流布している、皮相な」見方によれば、アイルランドは無数のカトリック住民と、非常に少数のアイルランド国教会のプロテスタント教徒からなる国である[51]。後者はトーリ政府の支持をえて公職と責任のある重要な地位と位階と報酬を独占し、前者を市民として束縛された状態においてきた[52]。また、アイルランドを偏狭な、頑迷な、圧制的な精神で統治して、カトリック信仰を就職のさいの欠格条項とし、栄誉あるいは出世をさまたげる障害としてきた。アイルランド国教会は少数者の教会であるにもかかわらず肥大しすぎた悪弊である。イギリスの内閣は非常にながいあいだ、アイルランド国教会をとおしてアイルランドを支配することに満足して、宗教上の不和を永存させ、アイルランド人を憤激させて、かれらの大部分にとって圧制的にして不正な、一種の宗教的な寡頭政治体制を力ずくで維持してきた。賢明にして寛大な政策をとろうとするならば、こうした過酷にして排他的な体制とあらゆる点で正反対の行為を必要とする。アイルランド行政の第一の目的と責任は、イギリス政府が標語としてきた、国教徒を不当に優先させる痕跡を、消去することでなければならない。もはやプロテスタントの優越を、権力の行使と、叙勲と報酬の支給にさいしての原理としてはならない。多数のカトリック教徒の利益を正当に考慮しなければならない。かれらがプロテスタント教徒と平等に、あらゆる世俗の地位につくことを適格としなければならない。アイルランドにおけるプロテスタント過激派の秘密結社オレンジ党の横暴にして暴虐な精神をあらゆるかぎりの方法で圧倒し、これに反対しなければならない(53)。アイルランド国教会はプロテスタント教徒にとって必要以上のものであって、カトリック教徒にとっては圧制的でも侮辱的でもあるので、縮小するか廃止しなければならない(54)。アイルランドはイギリス軍の支援をうけたオレンジ党員からなる駐屯部隊のもとで、征服されたカトリック教徒の国として処遇されてきた。アイルランドを自由なカトリック教徒の国家として統治して、プロテスタント教徒の利益を削減しなければならない。

ウォルシュによれば、こうした見方は「完全にあやまっているか不公平な、せまい、かぎられた」ものであった。「本質的な」問題は、ミルが同意するとおり、プロテスタント教徒が「富者」で、カトリック教徒が「貧者」であるということだった(55)。「征服者」イギリス人と「被征服者」アイルランド人のあいだに「快適にして完全な連合」をうみだすことはできなかった(56)。イギリスとことなる起源からうまれたアイルランドの特徴を消滅させて、アイルランド人の「敵意」をいやすことはできなかった。アルザスかロレーヌうまれのひとはかれ自身をパリの住人とちょうどおなじくらい立派にして完璧なフランス人であるとかんがえている。[57] カタロニア人とカスティリヤ人はともにスペイン人である。[58] しかし、ケルト族のアイルランド小作人は、言語と宗教という二つの重大な障壁によって、プロテスタントの同国人から隔離され、とおい昔のはっきりしない伝説をなお追懐している。プロテスタントの土地所有者か裕福な商人はケルト族のアイルランド小作人のそばをとおりすぎるとき肩ごしにしかめっつらをし、後者は前者をふとくてひくい喉音のゲール語で「サクソン人の侵略者・簒奪者・異端者」とののしっている。

ミルによれば、かつてはアイルランドのみならず、ヨーロッパのあらゆるキリスト教国が外国の侵略者に占領されていた。かれらは土地を所有して、その住人を奴隷身分に零落させ、その国のすべての財産と知性を所有していた。[59] 領主から逃走したか、自由を獲得することを許可された各国の庶民院議員は、この奴隷化した住人の子孫であった。[60] アイルランド以外の国では、こうした被抑圧階級が徐々にいやしい身分から浮上し、自由と富と知性を獲得して、政治的特権の事実上の平等を、最終的にはその明文上の平等さえをも手にいれて、過去の侮辱された記憶を消去して、征服者と被征服者の子孫のあいだに、いかなる差別ものこらなかった。ではなぜ、アイルランドにおいてのみ同様の進歩がまったく生じなくて、イギリス人とアイルランド人のあいだに、前者が後者を最初に征服したときの関係が存続しているのであろうか。ミルのかんがえるただ一つの理由は、アイルランド以外の国における統治が、征服と略奪のもたらした結果にもかかわらず、まったくわるいとはかぎらなかったし、被征服者の進歩と両立しないわけではなかったのに、アイルランド人だけが、かれらを進歩させない統治のもとに、かれらを裕福にも理性的にもしない統治のもとに、かれらが征服によってうしなったものを産業によってとりもどすことを不可能にした統治のもとに、あったということである。このような事実はアイルランド人の気質と歴史にふかく刻印されていた。

急進派の国会議員ウィリアム＝モウルズワースは『ロンドン・ウェストミンスタ評論』一八三七年一月号に掲載された論説「急進派とホイッグ党の提携の条件」[61]を執筆するさい、ミルに助言をもとめた[62]。ミルの回答によれば、急進派がホイッグ党に要求すべきことは、ホイッグ党の法案が不適当で、急進派がアイルランド国教会の「撲滅」などを要求する急進的な修正条項を提案しても、立腹しないことであった[63]。アイルランド国教会とは、少数のイギリス人が征服したアイルランド人におしつけたものであった[64]。前者は後者の土地を没収して、ながいあいだ猛獣のようにおいつめてきた。アイルランド人にとって、アイルランド国教会の支配は「非道な行為」であり「不愉快」な「侮辱」であった[65]。

ミルは『ロンドン・ウェストミンスタ評論』一八三九年四月号において「革新政党の再編成」を構想している。かれによれば、アイルランド国教会とは、教会の名をけがすものであって、これを弁護しようとすることは、アイルランド人にとっての侮辱を意味する[66]。改革家の名にあたいするひとびとはことごとく結束して、それに反対している。アイルランド国教会の支配は公然の明白な暴虐であって、アイルランド人はこれに「無条件降伏」することを余儀なくされている。アイルランド国教会はイギリス人がアイルランド人に、征服によっておしつけたものである。それはアイルランド人の意志に反しているにもかかわらず、かれらを武力で服従させている。ミルは急進派の内閣が誕生して、こうした「非道な行為」をおえることをのぞんだ。もっともかれは「穏健な急進派の内閣が政権を掌握するやいなや、アイルランド国教会を完全に廃止する法案を提出すべきである」とはのべていない。政府とは、時期と状況を考慮しなければならず、世間一般の感情より進歩しすぎてはならなかったからである。公衆にこうした「正義の行動」への心の準備をさせて、アイルランド国教会の基本財産を削減することを、ただちにはじめるべきであった。

二　庶民院議員としての言動

『代議政治論』はアイルランド人がアイルランド国教会に不平をいだいていることを指摘しているけれども、アイルランドとイギリスを「分離」することを主張していない。(67)「少数の貧困な」アイルランド人が「もっとも近隣の裕福な」「もっとも自由な、文明化した、強力な」イギリス人と、外国人ではなくて同市民であることから必然的に獲得するにちがいない利益を確信していたからである。こうしたミルのアイルランド観は終生かわらなかった。

一八六五年七月三日、ミルは庶民院議員候補者としてセント＝ジェイムズ＝ホールで選挙演説をおこない、三〇〇名ないし四〇〇名の紳士から大喝采をもって歓迎された。(68)かれは聴衆から、アイルランドのカトリック神学校であるメイヌース＝カレッジへの補助金にかんする見解をたずねられた。(69)同校は一七九五年にイギリス政府がカトリック教徒を宥和するために設立したものであって、一八〇〇年以降、毎年補助金を交付していた。ミルは「教会と国家を完全に分離することが最善である」としてメイヌース＝カレッジへの補助金を批判したけれども、それを廃止するにはアイルランド国教会をなくす必要があった。アイルランド国教会のためにカトリック教徒のわずかな収入をうばうことは「非常にはなはだしい不名誉」であった。ミルは同月五日におこなった演説でも、有権者との質疑応答のなかで「アイルランド国教会を完全に廃止するつもりである」と宣言して喝采をあびた。(70)かれは庶民院議員に当選した。

アイルランドを完全に正当に処遇するには、地主側の優位を排除し、地主あるいはアイルランド国教会の偏見に左右されない階級に政治権力の大部分を譲渡する改革が必要であった。(71)ミルは一八六七年の第二次選挙法改正がそれをなしとげることを期待した。かれは、労働者階級か進歩的な自由党員があらたに獲得した権力を行使して「教会と土地という二つのもっとも根本的な問題」にかんするアイルランドの不平を完全に解消することを確信していた。また、アイルランドとイギリスの代議士が賢明な調和した行動によって進歩して、両国の関係に「真の利益」をもたらし、アイルランドにとって「希望の時代」が開幕することを希求した。

ミルの『イギリスとアイルランド』（一八六八年）は土地問題の解決に重点をおいていたけれども、アイルランド国教会の基本財産を回収し、その収益を利用してアイルランド人の進歩を助長しなければならないとも主張している[72]。かれはその一例として、全アイルランド人に初等学校・中等学校・高等学校・大学における完全に宗派志向でない教育をほどこし、もっとも優秀な生徒については無償で入学させることを提案した。アイルランド人の教育を改善するために、アイルランド国教会の基本財産をもちいるべきであった[73]。『イギリスとアイルランド』はアイルランドを「平穏」にすることを、あるいはアイルランド人にイギリスとの「合同」を「甘受」させることをめざしていた[74]。

保守党のベンジャミン＝ディズレイリ政府はアイルランド国教会の問題にかんして、かれらの自称する「真に自由主義的な」政策をとっていなかった[75]。アイルランド国教会は「大変な恥辱・不正」であって、アイルランド人をこれに武力で服従させていた[76]。一八三八年に制定された「アイルランドにおける十分の一税の構造を廃止して、それを地代負担にかえる法律[77]」はアイルランドの不動産貸主を「十分の一税の〔納税〕代理人」としたけれども、アイルランド人から十分の一税をうばう方法を変更しただけで、うばう金額を減少させるものではなかった[78]。もっともミルはアイルランド国教会から取得した財産をカトリック教会に贈与することには反対していた[79]。

一八六八年七月二二日にミルはセント＝ジェイムズ＝ホールで、ともにウェストミンスタ選出の自由党の庶民院議員であったロバート＝ウェルズリ＝グロウヴナと再選をめざして選挙演説をおこなった。ミルによれば、アイルランド国教会は「古来の不正」であった。[80]とはいえ、有権者との質疑応答のなかで、グロウヴナがそれを廃止するときに「アイルランド国教会から取得した基金の幾分かをアイルランドで信仰されているすべての宗教のためにもちいるであろう」と発言したのにたいして、ミルはグロウヴナとおなじく「宗教上の平等という重要な原理」を承認しつつも、アイルランド国教会の財産をあらゆる聖職者か宗派のためにもちいることに反対した。[81]

ノーサンプトンではともに自由党の現職国会議員であったチャールズ＝ギルピンとアンソニ＝ヘンリ＝イーデン（ヘンリ男爵）が再選をめざして立候補していた。[82]ミルはヘンリの議席を奪取しようとしていたチャールズ＝ブラドローの選挙運動のために一〇ポンドを寄付した。自由党の党首ウィリアム＝ユーアト＝グラッドストンは同年春にアイルランド国教会を廃止するための闘争を先導していた。[83]ミルはヘンリのような自由党の「忠実な支持者」「アイルランド国教会に反対の投票をするのをいとわないもの」の落選を積極的にねがっていたわけではないけれども、ブラドローのような「独創的な私見を有するもの」の当選を重視した。[84]ミルは「この重大な時期におけるもっとも重要な事項」がグラッドストンの支持者と、アイルランド国教会の基本財産を没収することの支持者を国会議員に選出することにあると認識しつつ、ブラドローの当選を念願していた。[85]

アイルランド国教会を廃止するには、それにかならず賛成投票するだけでなく、たくみな敵対者にその進行を阻止させず、グラッドストンに忠実にしたがうものを庶民院議員に当選させる必要があった。[86]ミルが想起していたのはグラッドストンを妨害・邪魔して自由党を弱体化させたアドラム派であった。アドラム派はグラッドストンの提出した第二次選挙法改正法案に反対した自由党内の保守派であり、同法案の否決と自由党内閣の総辞職をもたらした。ミルはアイルランド国教会廃止法案にかんして同様の結果が生じることを懸念した。

ミルはアイルランド国教会をめぐる問題に「うんざり」していた。[87]その存続をねがう「私利」と「頑固な偏見」をもつものが、その廃止という「正義」によって「敗者」となることに「激昂」していた。ミルはこの「ふるくからの問題」が決着することを切望した。もっとも「国家の教育における宗派主義に反対する感情」がつよまっていることは、ミルの歓迎するところであった。かれはアイルランドの非宗派的なカレッジであるクイーンズ＝カレッジの学生数が予期したほど減少しなかったことをよろこび、アイルランド国教会と同時にメイヌース＝カレッジへの補助金を廃止することによって、アイルランドの「国教徒の独占物」(88)とされていたトリニティ＝カレッジを国教徒以外にも「開放」することを期待した。

アイルランド国教会の基金をアイルランドのために使用しなければならなかった。(89)それはアイルランド人のもので、アイルランドの土地と農産物からうまれたものであった。それを「宗派志向でない、特定の宗派に属さない教育」をはじめとするアイルランドにとって緊急に必要なことにもちいなければならなかった。ミルはウィリアム＝ランダル＝クリーマがウォリックで国会議員に当選することをのぞんでいた。(90)かれの対立候補エドワード＝グリーヴズはトーリ党員であって、グラッドストンに反対投票をして「重大な、古来より存続している不正」たるアイルランド国教会に賛成投票をすることが予想されたからである。選挙の結果、クリーマは落選し、(91)グリーヴズが当選した。(92)

一一月一一日にキング＝ウィリアム＝ストリートで開催された集会において、ミルはグロウヴナと演説した。ミルは多数の聴衆から「大喝采」(93)をもって歓迎された。ディズレイリ首相とスタンリ（ダービ伯爵）前首相はアイルランド国教会を維持したいという願望を有していたけれども、自由党はアイルランド国教会の維持によってアイルランドにくわえる「侮辱」をなくそうとしていた。(94)それによってイギリス人はアイルランド人と「親密な友好関係」を構築することができず、アイルランド人を「激昂」させていた。ミルはアイルランド国教会を廃止することをのぞんでいた。それはアイルランド人を征服された外国人として処遇する体制の唯一の遺物であった。(95)ミルは不動産貸主と完全に利害をおなじくするトーリ党ではなくて、自由党が政権を掌握することを期待した。アイルランド国教会を廃止して、土地問題を解決すれば、アイルランド人はイギリス人と「握手」して、かつてなかったほど「一体化」するであろう。

一三日にミルとグロウヴナと有権者からなる集会がセント＝ジェイムズ＝ホールで開催された。ミルにたいする「歓迎は熱烈で、聴衆は一緒に起立し……帽子とハンカチを数分間ふって」(96)「声をかぎりに喝采した。」(97)グラッドストンはかつてアイルランド国教会を廃止しようとしたことによって「危険な大臣」とよばれたけれども、ミルはグラッドストンを支持するよう聴衆にうったえた。(98)アイルランド国教会の廃止は「正当」にして「重要な目的」であった。ミルはグラッドストンとその支持者が次期国会において、アイルランドを「抑圧」してきたという「恥辱」を清廉潔白に払拭することを期待した。イギリスがアイルランドを圧制してきたことをトーリ党でさえ後悔しているけれどもド人に、かれらを抑圧してきた先祖とことなることを証明する必要があった。そのためには、イギリス人はアイルランドに「侵入」して設立したアイルランド国教会という「過去の暴虐な行為の名残」を一掃するとともに、アイルランドの土地所有者と耕作者の「悲惨な関係」をおえなければならなかった。

一四日にデットフォードの有権者からなる集会がハイ＝ストリートで開催され、ミルが演説した。かれは満員の会衆から大喝采で歓迎された。(99)かれはアイルランド国教会の問題にかんしてグラッドストンを支持しなければならないと主張した。(100)賢明に行動するためには、アイルランドに何世紀ものあいだ施行してきた「多数の悪法」について賠償する必要があった。イギリスはアイルランドを「妹」ではなくて「奴隷」のように、しかも多数の奴隷よりも過酷に処遇してきた。アイルランドは「あまやかされた」奴隷ではなくて「蹂躪された」奴隷であった。

その後におこなわれた投票の結果、ミルは落選した。かれは国会の仕事から解放されて非常にうれしいとのべている。[101] ミルにとって、その仕事のおおくはおびただしい時間の浪費であった。アイルランド国教会の問題にかんして激烈な政党間の論争が生じていたときは、とくにそうであった。ミルは庶民院がアイルランド国教会をめぐる討論に没頭するだろうと予想したけれども、その廃止を主張する議員がほかにもいたため、再選をめざそうとしなかった。[102]

アイルランド国教会の特権を廃止することは「理性と正義」にかなうことであった。[103] 経済学者ジョン゠エリオット゠ケアンズは、アイルランド国教会がまったくうんざりする心痛の種となっていて、それを廃止してほうむりさるとありがたいとのべている。[104] ミルもまったくおなじような意見を有していた。[105] かれらはアイルランドの教育を特定の宗派教義にもとづくものとする「退歩」に「抵抗」しようとした。[106] イギリスは「断固として」アイルランドにおける「特定の宗派に属さない教育」をはじめなければならなかった。

選挙後に庶民院は「即座に」グラッドストン首相のもとでアイルランド国教会を廃止しなければならなかった。[107] その基本財産を没収してアイルランドの「宗教上の平等」にかんする問題を解決し、何世紀ものあいだ「悪政」によって「虐待」してきたアイルランド人に「賠償」しなければならなかった。[108] しかるに、ミルの対立候補として庶民院議員に当選したトーリ党のウィリアム゠ヘンリ゠スミスはプロテスタント教徒のカトリック教徒にたいする「迫害」を永続させることに賛成し、アイルランド国教会の廃止に反対していた。[109]

もろもろの基本財産に干渉する国家の権利が存在することは「討論と政治思想の進歩」によって自明となっていた。[110] それを「略奪」とみなす「偏見」は庶民院が「アイルランド国教会を廃止して、その世俗的所有物と王立メイヌース゠カレッジについて規定する法律」[111]を制定したことで「致命的な打撃」をうける以前から、ほとんど強力なものでなくなっていた。この「正義と常識」からなる「偉大な」法律に賛成したものによれば、もろもろの基本財産にたいする国家の支配権は、その目的の完全な変更にまでおよんでいた。ほかのあらゆる重要な問題についてとおなじく「時代おくれの少数派」が存在するけれども、国民の大半にとって、基本財産を没収しえないということは「過去の妄想」にほかならなかった。こうした「迷信」と格闘したものはアイルランド国教会という「ふるいあやまり」を打破したあとの「反動」を防止しなければならなかった。アイルランド国教会からとりもどした財産をアイルランド人の教育についやすことが適切であった(112)。その基金の最適な使途は「教育」にあった(113)。

おわりに

ミルは『ミル自伝』において庶民院議員時代を回顧し、アイルランド国教会にかんする問題は一八六八年にグラッドストンたちが非常に精力的にあつかっていたので、それを力づよく支持する以上のことをする必要がなかったとのべている(114)。ミルはアイルランド国教会の廃止に同意していたけれども、他者が上手におこなっている運動にみずからの時間か精力をささげようとしなかった(115)。かれが自己の政治思想に忠実でなかったわけではない。

本書序章でのべたとおり『代議政治論』によれば、代議政治は「市民」の「公共精神」の涵養、「熟練した立法・行政」、万人の「権利・利益」の保障を可能にするものであった。ミルはこうした政治原理をイギリスの属領にも適用した。ただし、かれはカナダやオーストラリアのように「支配国と同様の文明をもつ国民が構成する、代議政治が可能な、それに絶好の」ところと、インドのように「こうした状態から、なお非常にへだたっている」ところを識別した。前者には「最大限の国内自治」を承認したけれども、後者については、その国民の「進歩」を助長するための「文明化した」支配国による「専制政治」を正当化した。ミルによれば、それは「未開あるいは半未開の国民にたいする自由な国民の理想的な支配」であった。かれはインド支配の経験からえた教訓を、アイルランドの窮状に適用しようとした[116]。ミルが「インドにたいしておこなってきたことを、いまやアイルランドにたいしておこなわなければならない」[117]とのべたのはアイルランドの土地法か、すくなくとも土地税にかんする行政の改変を意図したものだったかもしれないけれども[118]、かれはアイルランドについても、イギリスとの「合同」を維持しながら、アイルランド人を「進歩」させ、代議政治に適合させることを究極的な理想としていたのではなかろうか。ミルにとって、アイルランド国教会はそうした過程における障壁にほかならなかった。

　ミルは自由主義国家が外国を植民地化して、それらの国ぐにに自由主義原理をまなばせることが正当であるとみなしていた[119]。かれのアイルランド問題にたいする視角は「英国を中心とする」ものであった[120]。ミルはアイルランドの道徳的・知的・政治的な状態の改善に尽瘁したけれども、それはイギリスの道徳的・知的・政治的な状態の改善を意味した。現代では「文明化した」支配国による「専制政治」を正当化せずに、隣国の善政をめざしたミルの意志を継承していく必要があろう。

（1）Mill, John Stuart, "Ireland (1825)," CW, VI, p. 67.
（2）山下重一『ジェイムズ・ミル』（研究社、一九九七年）二一九頁。
（3）Mill, J. S., "Ireland," p. 71.
（4）Ibid., pp. 71-72.
（5）Ibid., p. 72.
（6）Hume, [Joseph], "Speech on Ireland—Church Establishment (June 14 [1825])," *Parliamentary History and Review; Containing Reports of the Proceedings of the Two Houses of Parliament during the Session of 1825: —6 Geo. IV. With Critical*

Remarks on the Principal Measures of the Session (London : Printed for Longman, Rees, Orme, Brown, and Green, 1826), p. 270.

(7) Mill, J. S., "Ireland," p. 97.

(8) "An Act for the Union of *Great Britain* and *Ireland* [2d *July* 1800]," 39 & 40 George III, c. 67, [*The Statutes at Large, from the Thirty-ninth Year of the Reign of King George the Third, to the Forty-first Year of the Reign of King George the Third*] (s.l.n.d.), pp. 359–375.

(9) Canning, [George], "Speech on Ireland—Church Establishment (June 14 [1825])," *Parliamentary History and Review ; Containing Reports of the Proceedings of the Two Houses of Parliament during the Session of 1825 : —6 Geo. IV. With Critical Remarks on the Principal Measures of the Session*, pp. 270–271.

(10) Mill, J. S., "Ireland," p. 97.

(11) Burdett, F[rancis], "Speech on Ireland—Church Establishment (June 14 [1825])," *Parliamentary History and Review ; Containing Reports of the Proceedings of the Two Houses of Parliament during the Session of 1825 : —6 Geo. IV. With Critical Remarks on the Principal Measures of the Session*, p. 271.

(12) Mill, J. S., "Ireland," p. 98.

(13) Brougham, [Henry], "Speech on Ireland—Church Establishment (June 14 [1825]);," *Parliamentary History and Review ; Containing Reports of the Proceedings of the Two Houses of Parliament during the Session of 1825 : —6 Geo. IV. With Critical Remarks on the Principal Measures of the Session*, pp. 271–273.

(14) Mill, J. S., "Ireland," p. 98.

(15) Do., "The Ministerial Manifesto (*Examiner*, 22 September, 1833)," *CW*, XXIII, p. 605.

(16) "An Act for the more effectual Suppression of local Disturbances and dangerous Associations in *Ireland* [2d *April* 1833]," 3 & 4 William IV, c. 4, *The Statutes of The United Kingdom of Great Britain and Ireland*, Vol. XIII (London : Printed by George Eyre and Andrew Spottiswoode, Printers to the King's most Excellent Majesty, 1835), pp. 2–9.

(17) Mill, J. S., "The Marvellous Ministry (*Examiner*, 29 September, 1833)," *CW*, XXIII, p. 608.

(18) Ibid., pp. 608–609.

(19) Stanley, [Edward George Geoffrey Smith], "Speech on Tithes (Ireland) (February 14, 1832)," *Hansard's Parliamentary Debates*, 3rd ser., Vol. X, col. 322.

(20) Mill, J. S., "The Marvellous Ministry," p. 609.

(21) Stanley, [E. G. G. S.], "Speech on Tithes (Ireland) (March 8, 1832)," *Hansard's Parliamentary Debates*, 3rd ser., Vol. X, col. 1367.

(22) Mill, J. S., "The Marvellous Ministry," p. 609.

(23) Ibid., p. 610.

(24) Do., "The King's Speech (5th February, 1834)," *CW*, VI, p. 152.

(25) William IV, "Speech at the Opening of Parliament (February 4, 1834)," *Hansard's Parliamentary Debates*, 3rd ser., Vol. XXI, col. 4.

(26) Mill, J. S., "The King's Speech," p. 153.

(27) Stanley, [E. G. G. S.], "Speech on Arrears of Tithes (Ireland) (April 16, 1832)," *Hansard's Parliamentary Debates*, 3rd ser., Vol. XII, col. 594.

(28) Mill, J. S., "The Ministerial Resolutions on Irish Tithe (21st February, 1834)," *CW*, VI, p. 168.

(29) Littleton, [Edward John], "Speech on Tithes (Ireland) (February 20, 1834)," *Hansard's Parliamentary Debates*, 3rd ser., Vol. XXI, cols. 572–591. "A Bill to abolish Compositions for Tithes in Ireland, and to substitute in lieu thereof a Land Tax, and to provide for the Redemption of the same (27 *February* 1834)," *House of Commons Parliamentary Papers*, 1834, Vol. IV, pp. 241–304 (not enacted).

(30) Mill, J. S., "The Ministerial Resolutions on Irish Tithe," pp. 168–169.

(31) Ibid., p. 169.

(32) O'Connell, [Daniel], "Speech on Tithes (Ireland) (February 20, 1834)," *Hansard's Parliamentary Debates*, 3rd ser., Vol. XXI, col. 596.

(33) Mill, J. S., "The Ministry (17th June, 1834)," *CW*, VI, p. 252.

(34) Ibid., p. 253.

(35) Earl Grey [Grey, Charles], "Speech on Church of Ireland—Commission (June 6, 1834)," *Hansard's Parliamentary Debates*, 3rd ser., Vol. XXIV, col. 254.

(36) Mill, J. S., "The Irish Tithe Bill (5th July, 1834)," *CW*, VI, p. 262.

(37) Ibid., p. 263.

(38) Do., "Defeat of the Irish Tithe Bill (12th August, 1834)," *CW*, VI, p. 276.

(39) *Hansard's Parliamentary Debates*, 3rd ser., Vol. XXV, cols. 1204-1207.

(40) Mill, J. S., "Defeat of the Irish Tithe Bill," pp. 276-277.

(41) Ibid., p. 277.

(42) Do., "The Close of the Session (1834)," *CW*, VI, p. 286.

(43) Senior, Nassau William, *On National Property, and on the Prospects of the Present Administration and of their Successors* (London : B. Fellowes, 1835), Donald Rutherford ed., *Collected Works of Nassau William Senior*, Vol. IV (Bristol : Thoemmes Press ; Tokyo : Kyokuto Shoten, 1998), pp. 23-37. Mill, J. S., "Senior's On National Property [1] (*Sun*, 3 January, 1835)," *CW*, XXIV, p. 755.

(44) Do., "Senior's On National Property [2] (*Morning Chronicle*, 6 February, 1835)," *CW*, XXIV, p. 763.

(45) Ward, [Henry George], "Speech on Church of Ireland (May 27, 1834)," *Hansard's Parliamentary Debates*, 3rd ser., Vol. XXIII, col. 1396.

(46) Mill, J. S., "Senior's On National Property [2]," p. 764.

(47) "A Bill for the better Regulation of Ecclesiastical Revenues, and the promotion of Religious and Moral Instruction in Ireland (7 *July* 1835)," *House of Commons Parliamentary Papers*, 1835, Vol. II, pp. 379-428 (not enacted).

(48) Mill, J. S., "Parliamentary Proceedings of the Session (1835)," *CW*, VI, p. 301.

(49) Ibid., pp. 301-302.

（50） Ibid., p. 302.
（51） Walsh, John, *Chapters of Contemporary History* (London : John Murray, 1836), p. 116.
（52） *Ibid.*, p. 117.
（53） *Ibid.*, pp. 117–118.
（54） *Ibid.*, p. 118.
（55） Mill, J. S., "Walsh's Contemporary History (1836)," *CW*, VI, p. 336, n.
（56） Walsh, J., *op. cit.*, p. 121.
（57） *Ibid.*, pp. 121–122.
（58） *Ibid.*, p. 122.
（59） Mill, J. S., "Walsh's Contemporary History," pp. 336–337, n.
（60） Ibid., p. 337, n.
（61） W. M. [Molesworth, William], "Terms of Alliance between Radicals and Whigs," *The London and Westminster Review*, Vol. XXVI (January, 1837), 279–318.
（62） Mill, J. S., "Letter to Sir William Molesworth (8th December 1836)," *CW*, XVII, p. 1968, n. 2.
（63） Ibid., p. 1968.
（64） Do., "Parties and the Ministry (1837)," *CW*, VI, p. 389.
（65） Ibid., p. 395.
（66） Do., "Reorganization of the Reform Party (1839)," *CW*, VI, p. 494.　山下重一訳「革新政党の再編成」『國學院法學』第二七巻第三号（一九九〇年）一二七頁。
（67） Do., *Considerations on Representative Government* (1861), *CW*, XIX, p. 551.　水田洋訳『代議制統治論』（岩波書店、一九九七年）三八四―三八五頁。
（68） Do., "The Westminster Election of 1865 [1] (3 July, 1865)," *CW*, XXVIII, p. 13, editor's note.
（69） Ibid., p. 18.

（70）Do., "The Westminster Election of 1865 [2] (5 July, 1865)," *CW*, XXVIII, p. 26.
（71）Do., "Letter to an unidentified correspondent (Before September 3, 1867)," *CW*, XVI, p. 1316.
（72）Do., *England and Ireland* (1868), *CW*, VI, p. 531.　高島光郎訳『イギリスとアイルランド』『エコノミア』第四一巻第三号（一九九〇年）三八頁。Cf. do., "England and Ireland：First Draft (December, 1867–January, 1868)," *CW*, VI, p. 543.
（73）Do., "Letter to John Elliot Cairnes (March 1. 1868)," *CW*, XVI, pp. 1368–1369.
（74）Ibid., p. 1369.
（75）Do., "The State of Ireland (12 March, 1868)," *CW*, XXVIII, p. 247.　高島光郎訳「アイルランド問題に関する演説」『エコノミア』第四二巻第二号（一九九一年）三六頁。
（76）Ibid., pp. 247–248.
（77）"An Act to abolish Compositions for Tithes in *Ireland*, and to substitute Rent-charges in lieu thereof [15th *August* 1838]," 1 & 2 Victoria, c. 109, *The Statutes of The United Kingdom of Great Britain and Ireland*, Vol. XIV (London：Printed by George Eyre and Andrew Spottiswoode, Printers to the King's most Excellent Majesty, 1838), pp. 935–949.
（78）Mill, J. S., "The State of Ireland," p. 252.　高島訳四〇頁。
（79）Do., "The Established Church in Ireland (7 May, 1868)," *CW*, XXVIII, p. 277.
（80）Do., "The Westminster Election of 1868 [1] (22 July, 1868)," *CW*, XXVIII, p. 321.
（81）Ibid., p. 325.
（82）Do., "Letter to Charles Gilpin (September 12. 1868)," *CW*, XVI, pp. 1434–1435, n. 2.
（83）Ibid., p. 1435, n. 4.
（84）Ibid., p. 1435.
（85）Do., "Letter to Thomas Beggs (September 27. 1868)," *CW*, XVI, p. 1450.
（86）Do., "Letter to Edward P. Bouverie (October 19, 1868)," *CW*, XVI, p. 1463.
（87）Do., "Letter to John Elliot Cairnes (October 29. 1868)," *CW*, XVI, p. 1465.
（88）田口仁久『イギリス教育史：スコットランドとアイルランド』（文化書房博文社、一九九三年）二三四頁。

(89) Mill, J. S., "The Westminster Election of 1868 [3] (2 November, 1868)," *CW*, XXVIII, p. 340.
(90) Do., "Letter to William Randal Cremer (November 10. 1868)," *CW*, XVI, p. 1485.
(91) Ibid., p. 1484, n. 2.
(92) Ibid., p. 1485, n. 5.
(93) *Morning Star* [12 November, 1868], quoted in Mill, J. S., "The Westminster Election of 1868 [7] (11 November, 1868)," *CW*, XXVIII, p. 355, editor's note.
(94) Ibid., p. 356.
(95) Ibid., p. 357.
(96) *Daily Telegraph* (14 November, 1868), quoted in Mill, J. S., "The Westminster Election of 1868 [8] (13 November, 1868)," *CW*, XXVIII, p. 359, editor's note.
(97) *Daily News* [14 November, 1868], quoted in ibid.
(98) Ibid., p. 361.
(99) Do., "W. E. Gladstone [2] (14 November, 1868)," *CW*, XXVIII, p. 363, editor's note.
(100) Ibid., p. 366.
(101) Do., "Letter to Charles Eliot Norton (November 28. 1868)," *CW*, XVI, p. 1493.
(102) Do., "Letter to Lord Amberley (November 30. 1868)," *CW*, XVI, p. 1495.
(103) Do., "Lettre à Alphonse Esquiros [décembre, 1868]," *CW*, XVI, p. 1497.
(104) Cairnes, John Elliot, "Letter to John Stuart Mill (November 9, 1868)," quoted in Mill, J. S., "Letter to John Elliot Cairnes (December 4. 1868)," *CW*, XVI, p. 1506, n. 2.
(105) Ibid., p. 1506.
(106) Ibid., p. 1507.
(107) Do., "Letter to Henry Fawcett (December 7. 1868)," *CW*, XVI, p. 1511.
(108) Do., "Letter to R. C. Madge (December 7. 1868)," *CW*, XVI, p. 1513.

(109) Do., "Letter to John Hayward (December 13. 1868)," *CW*, XVI, p. 1522, n. 3.

(110) Do., "Endowments (1869)," *CW*, V, p. 615.

(111) "An Act to put an end to the Establishment of the Church of Ireland, and to make provision in respect of the Temporalities thereof, and in respect of the Royal College of Maynooth [26th July 1869]," 32 & 33 Victoria, c. 42, *A Collection of the Public General Statutes, Passed in the Thirty-second and Thirty-third Years of the Reign of Her Majesty Queen Victoria : Being the First Session of the Twentieth Parliament of the United Kingdom of Great Britain and Ireland* (London : Printed by George Edward Eyre and William Spottiswoode, Printers to the Queen's most Excellent Majesty, 1869), pp. 158–178.

(112) Mill, J. S., "Letter to Henry Fawcett (March 22. 1869)," *CW*, XVII, pp. 1579–1580.

(113) Do., "Letter to John Elliot Cairnes (April 9. 1869)," *CW*, XVII, p. 1588. Cf. Cairnes, J. E., "Letter to John Stuart Mill (April 13, 1869)," quoted in Mill, J. S., "Letter to John Elliot Cairnes (April 19. 1869)," *CW*, XVII, p. 1593, n. 3.

(114) Do., *Autobiography* (1873), *CW*, I, p. 279.　山下重一訳註『評註ミル自伝』（御茶の水書房、二〇〇三年）三七四頁。

(115) Kinzer, Bruce L., Ann P. Robson and John M. Robson, *A Moralist In and Out of Parliament : John Stuart Mill at Westminster, 1865–1868* (Toronto ; Buffalo : University of Toronto Press, 1992), p. 288, n. 30.

(116) Zastoupil, Lynn, *John Stuart Mill and India* (Stanford, Calif. : Stanford University Press, 1994), p. 184.

(117) Mill, J. S., *England and Ireland*, p. 519.　高島訳二九頁。

(118) Lloyd, Trevor, "John Stuart Mill and the East India Company," Michael Laine ed., *A Cultivated Mind : Essays on J. S. Mill Presented to John M. Robson* (Toronto : University of Toronto Press, 1991), p. 72.

(119) Kymlicka, Will, *Multicultural Citizenship : A Liberal Theory of Minority Rights* (Oxford ; New York : Clarendon Press, 1995), p. 166.　角田猛之・石山文彦・山崎康仕監訳『多文化時代の市民権：マイノリティの権利と自由主義』（晃洋書房、一九九八年）二四八頁。

(120) Kinzer, Bruce L., *England's Disgrace? : J. S. Mill and the Irish Question* (Toronto : University of Toronto Press, 2001), p. 7.

第八章　アイルランド統治論
——革命秘密結社フィーニアンへの対応を中心として——

はじめに

ジョン＝スチュアート＝ミルは『ミル自伝』において庶民院議員在職中に「アイルランド問題と労働者階級にかんする問題」について自己のはたした役割を回顧することに「非常に満足している」と自負し、活動内容の一つとして「有罪判決をうけたフィーニアンの暴徒バーク将軍の助命をダービ卿に説得した国会議員の代表団の先頭にたった」ことをあげている(1)。

イギリスはアイルランドを武力で征服し、アイルランド農民の土地を収奪して、かれらを小作人にしてきた。イギリスのプロテスタント地主はおおむねイギリスに在住してアイルランドにいない不在地主で富裕であったのにたいして、アイルランドのカトリック小作人は貧困にあえいでいた。アイルランドでは一八四五年から一八四七年にかけて大飢饉が発生し、おおくのひとびとが餓死したりアメリカ合衆国等へ移住したりした。にもかかわらずイギリスの大地主によるアイルランド農民にたいする収奪・おいたてがつづいたため、アイルランド国教会を廃止し、イギリスとの合同を撤回し、アイルランドを独立させることをめざす運動がおこった。フィーニアンとは、こうした状況を背景として武力によってアイルランドを共和国として独立させることをめざした革命秘密結社のひとびとをさす。この名称は古代アイルランドの戦士「フィーアナ」に由来する。かれらは一八五八年にニューヨークでフィーニアン同盟を、ダブリンでアイルランド共和主義同盟を、それぞれ結成した。アメリカ合衆国のアイルランド移民からなるフィーニアン同盟は、南北戦争後に除隊したアイルランド人士官を、資金と武器をもたせてアイルランドにおくりこんだ。一八六七年三月五日にアイルランドのダブリン・ラウズ・ティペレアリ・コーク・ウォータフォード・リマリック・クレアで武装蜂起したけれども、不十分な武器、悪天候、多数のスパイ・密告者の存在などが原因で大敗北を喫した。(2)

「バーク将軍」とはアイルランド系アメリカ人のフィーニアンであるトマス＝フランシス＝バークのことであって、ティペレアリの蜂起に関与したかどで大逆罪と評決され五月二九日に絞首刑に処する宣告をうけていた。(3)五月二五日(土曜日)午後、ミルをふくむ主として国会議員からなる約六〇名の代表団が在宅中の内閣総理大臣エドワード＝ジョージ＝ジェフリ＝スミス＝スタンリ(ダービ伯爵)を訪問した。(4)その目的はT・F・バークにたいするヴィクトリア女王の恩赦をもとめることだった。この代表団の人数は、幾人かの議員があやまってダウニング＝ストリートの首相官邸にいかなければ、もっとおおくなっていたであろう。

当時はフィーニアンがイギリスに「挑戦」した時代であった。(5)それはミルに重大な影響をあたえ、かれはアイルランドの要求を再考することをせまられた。本章はフィーニアンにかんする院内外におけるミルの言動を検討して、そのアイルランド統治論の特質を究明するものである。

一　Ｔ・Ｆ・バークの助命

ミルたちは「党派の区別なしに」「人間がもちうるかぎりの痛切にして熱烈な感情をもって、イギリスの絞首台を政治犯のためにくみたてないことを嘆願するために」ダービ首相を訪問した。[6] Ｔ・Ｆ・バークのほかにジョン＝マカファティやジョン＝マクルアというフィーニアンも処刑される予定だった――マカファティやマクルアはのちに終身自由刑に減刑され、四年間刑務所にいたあと一八七一年に国外追放された[7]――。ミルがもっとも深刻に懸念したのは、Ｔ・Ｆ・バークたちを処刑することによって、かれらがアイルランドの「英雄・殉難者」とみなされることであった。[8] こうした「不幸な」ひとたちを処刑することはフィーニアン運動に「神聖さ」を付与し、アイルランドにとってもイギリスにとっても「不幸な結果」を招来するにちがいなかった。

ダービ首相はＴ・Ｆ・バークたちを処刑すれば諸外国がどうおもうかということを考慮すべきであった。諸外国はイギリスが「心からのいつわりない希望をもってアイルランドを繁栄させようと、アイルランドにイギリスとの合同を後悔する原因をもたらさないように努力してきたこと」をしらず、イギリスがアイルランドを「武力によって支配」「抑圧」していると認識していた。したがってＴ・Ｆ・バークたちを処刑することは「世界中でもっとも致命的な行為」であった。死刑は「もっとも過酷な刑罰」ではないけれども「もっとも同情をかきたてる刑罰」であった。Ｔ・Ｆ・バークたちを処刑すれば、アイルランド国民はかれらを「心から追想」し、その「おもいでを神聖視」し、かれらを「模範」として、何百人もかれらのあとをおうことが予想された。「死刑のかわりに重懲役刑を宣告するのがただしい道徳」であった。[9]

ダービ首相はミルたちの説得をうけて、同日午後にかれらの作成する文書を閣議に提出するとのべた。[10] ミルたちは、その配慮と親切に謝意を表したあと、ダービ首相の客間に集合し「わたくしたち署名した庶民院議員が非常につつしんで表明させていただきたい希望は、囚人バークの事件にかんする死刑という極刑を減刑してほしいということです」としるした文書を作成し、代表団の全員が署名してダービ首相に手わたした。

同日午後七時からセント＝ジェイムズ＝ホールで「全国選挙法改正連合」の集会が開催された。[11] そこには「選挙法改正連盟」の多数の会員も出席していた。ミルはこの集会で、かれに先だって演説した「庶民院におけるもっとも徹底的な決然とした改革家の一人」であるチャールズ＝ギルピンとともに、ダービ首相をたずねる代表団を結成して、T・F・バークという「不幸な囚人」を助命しようと努力したことを報告した。[12] かれはのちに死刑判決が終身重懲役に減刑され、さらに七年後に釈放されるけれども、[13] 二四日（金曜日）夜にミルたちはT・F・バークたちを処刑するというしらせをうけた。ミルたちはただちに代表団を結成するために、できるだけおおくの国会議員をさがしだそうとしたけれども、かれらのおおくは金曜日の夜ということで退京あるいは外出していた。こうした状況であったにもかかわらず「庶民院でもっとも名声のある幾人かをふくむ五、六〇名のイングランド・スコットランド・アイルランドの議員をあつめて首相を訪問した」のである。

イギリスはアイルランドを、イギリスの統治に満足させることができれば、アイルランドを従属させておく権利を有するというのがミルの認識であった。[14] しかし、アイルランド国民はイギリスの統治に満足していなかった。それはイギリス国民の責任ではなかった。イギリスがアイルランドをあやまって統治するのは、その支配階級が適切な統治方法をしらないからであった。T・F・バークたちはイギリス国民がアイルランド国民を正当に処遇しようとしていることをしらないので、その忍耐力をすりへらし、もっとも絶望的な状況で生命を賭して、かれが悪政とみなすものを廃止しようとした。こうした「不幸な」ひとたちが「いきるにあたいしない」ということはなかった。とはいえ、ミルによれば、T・F・バークたちを処罰することは必要であった。失敗した革命家はみな処罰されなければならなかった。なぜならば、おおくの国民が内乱をのぞんで、その成功のみこみがかなりあるのでなければ、何人も同胞の生命を危険にさらして内乱をおこす権利を有しないからである。失敗した革命家を処罰しなければ「わずかの少人数で、あらゆる種類のばかげた理由で」内乱をくわだてるものが続出することが予想された。[15] ミルは「暴動と革命がときに正当とみとめられると信じて」いた。[16] かれはその具体例としてピューリタン革命と名誉革命、ロシアにたいするポーランド蜂起、ジュゼッペ＝ガリバルディたちによるイタリア革命をあげている。ミルは「あらゆる暴動が、成功すれば非難されずにすむ」とかんがえているわけではなかった。たとえば、アメリカ南北戦争における南部の奴隷所有者による北部への「反乱」は「有罪」であって、南部が勝利していたら「いっそういまいましいこと」だったであろう。ミルが主張したのは、かれの共鳴にあたいする革命家でさえ、失敗すれば「公益」にてらして法律上の処罰をうけるべきだということであった。

ミルはT・F・バークたちを処罰しなければならないけれども、絞首刑に処する必要はないとかんがえた。[17] イギリス国民は自国を政治犯の血でよごすことを嫌悪していた。死刑が執行されたとしたら、それはイギリス政府の行為であって、国民の行為ではなかった。イギリス国民は政府に共鳴せず、内乱をおこすという「もっともあやまった方法によってでも自国の自由の獲得をめざした不幸な」T・F・バークたちを絞首刑に処することをのぞんでいなかった。政治に不満をもつものが悪人であることはきわめてまれであった。かれは概して平均的なひとびとよりも優良であった。かれは非常にしばしばあやまったことをするけれども「公共の目的」のために自己の生命と自己にとって大事なものをすべてかけようとするひとは概して普通のひとびとよりも優良であった。かれは「同情の的」であって

「憎悪の的」ではなかった。

ミルがのぞんだのは、蜂起に参加したもの全員を処罰するのではなくて指導者だけを終身刑ではない自由刑に処することであった。T・F・バークたちを「世間のくずども」のようにあつかってはならなかった。ミルはかれらが大赦によって釈放されるのをのぞみ、それにむけて全力をつくすつもりであった。政治犯にたいするこうしたあつかいはヨーロッパのもっとも専制的な国でもおこなわれていた。それをおこなわないのはスペインとロシアだけであった。イギリス政府はT・F・バークたちを絞首刑に処するほど「なげかわしい」ものならば、スペインの独裁的な軍人首相ラモン＝マリア＝ナルヴァエスと、一八六三年のポーランド蜂起を容赦なく鎮圧したロシアの軍人総督ミハイル＝ニコラエヴィチ＝ムラヴィヨフにしか共鳴しないであろう。また、イギリスは「名誉」をうしなって、ほかのあらゆる国から「尊敬」されず「未来の繁栄」も「未来における階級間のこのましい感情」も「未来のアイルランドとイギリスのこのましい感情」もうしなうことが予想された。[18] したがって、ミルはイギリス政府がこれらの点に配慮して、T・F・バークたちの死刑宣告を「有徳にも撤回する」ことを期待した。[19]

この集会は、ヴィクトリア女王にフィーニアンの囚人を助命することを懇願した建白書をおくることに合意した。この約三、〇〇〇名からなる集会が閉会したあと、ミルをふくむ少数のひとが「わたくしたち陛下のいやしい建白書の作成者が失礼ながら熱心に懇願させていただくのは、陛下が減刑にかんする国王大権を行使して、いま大逆罪のかどで死刑宣告をうけているアイルランドにおけるわたくしたちの不幸な同国人〔T・F・バークたち〕を助命することです」としるした建白書を作成して、ゲイソーン＝ゲイソーン＝ハーディ内務大臣におくった。

翌二六日になっても、イギリス政府は「フィーニアンの囚人の血をながすという大失敗をも犯罪をも、まだまぬがれて」いなかった。[20] T・F・バークを絞首刑に処さないでほしいという嘆願がうけいれられなければ、ミルは二七日に院内で政府をはげしく攻撃するつもりであった。しかし、二七日に庶民院で自由党のアイルランド自治主義者だったダニエル＝オウドナヒュー[21]が「政府は女王陛下による減刑を、いまアイルランドで死刑宣告をうけている政治犯〔T・F・バーク〕にほどこすことをすすめたのでしょうか[22]」とたずねたのにたいして、ベンジャミン＝ディズレイリ財務大臣が「女王陛下はわたくしたちの助言にしたがい、この囚人がうけた極刑を免除するご自身の意志を、好意的によろこんで表明されました[23]」と回答した。政府がそうしなければ、オウドナヒューと、アイルランド国教会の廃止をめざしていた国会議員ジョン＝グレイたちが、同日夜にヴィクトリア女王の私的なとりなしをもとめにいくところであった[24]。

五月三日にジョン＝ブライトはフィーニアンの囚人にかんする請願を庶民院に提出した。それは第一に「フィーニアンにすでに宣告した」「おもい刑」「過度の腹だたしいきびしいしうちを変更すること」を懇願していた。第二に「フィーニアンとして政治犯罪ゆえに罰せられる囚人を」「通常の刑法にそむく犯罪ゆえに罰せられる囚人とおなじように監禁してはならないこと」を主張していた[25]。第三に「インドとジャマイカにおけるイギリス陸軍とその将校による行為」とおなじく「一七九八年にアイルランドで〔ユナイテッド＝アイリッシュメンの反乱にさいして〕イギリスの軍隊がおかした残虐行為」を想起して「アイルランドに現在いる陸軍に、正当にして人道的な戦闘行為にかんする法律にたいする最高の節度と厳格な遵守をおしえこむこと」を懇請していた[26]。第四に「囚人を公判まえに手あつく処遇して裁判し、秩序の維持と矛盾しない程度に寛大に判決をいいわたすこと」を懇望していた[27]。

六月一四日に国会議員オーガスタス＝ヘンリ＝アーチバルド＝アンソンは、この請願を庶民院で討議に付さないよう要求した[28]。それがフィーニアン運動を助長し英国陸軍を侮辱しているようにみえたからである[29]。ミルはアンソンを批判して、この請願を庶民院から「排斥」しなければならないならば、ミルをも「排斥」すべきであると主張した[30]。

この請願にはミルの承認しない意見が一つもなかった。かれはその意見をことごとく「もっとも絶対的に」支持した。この請願はフィーニアンの行為が「高潔だけれどもあやまったひと」によるものであるとのべていた[31]。スィアボールド＝ウルフ＝トウン――フランス革命戦争中の一七九八年にフランスの援軍をえてアイルランド反乱をおこしたユナイテッド＝アイリッシュメンの創設者。反乱に失敗してとらえられ死刑を宣告され自殺――、ロバート＝エメット――一八〇三年にダブリンで暴動をおこし、失敗してとらえられ反逆罪で絞首――、エドワード＝フィッツジェラルド――一七九八年のアイルランド反乱で逮捕されたさいにうけた傷がもとで獄死――は「あやまって行動」したにせよ「愛国的英雄の供給源」にほかならなかった。ミルのかんがえによれば、フィーニアンは無罪ではなく、きびしくとがめられるべきであった。その行為がイギリスとアイルランドの「公益」に反するものだったからである。しかし、その「あやまり」は「俗悪な精神」「通常の犯罪と非行をおかすような精神」をしめすものではなく「英雄的行為と高尚な善行をなしうる精神」をしめすものであった。それは「もっとも献身的にして立派なひと」による行為であった[32]。したがって、フィーニアンを厳罰に処せば、かれらは「いみきらわれず同情されるだけ」であることが予想された[33]。ミルからみれば、アンソンの演説はこの請願にたいする「下品な攻撃」であった[34]。

二　イギリスの悪政にたいする批判

一一月一六日にミルは医師にして実証主義者だったジョン＝ヘンリ＝ブリッジズにあてた手紙のなかで「イギリスは、アイルランドがイギリスの統治に満足するよう、アイルランドを統治しなければならないか、あるいはアイルランドが自由に自治をおこなうことができるようにしなければならないか」という問題について、前者を選択する意志をしめした。[35] かれは五月二五日にセント゠ジェイムズ゠ホールで開催された「全国選挙法改正連合」の集会で「主として労働者からなる多数の会衆」に「イギリスはその統治をアイルランド人にとって満足なものにしえなくても、アイルランドを従属させつづける権利を有するとおもいますか」と質問した。すると、その集会のおそらく全員が「おもいません」と熱狂的にさけんだ。それは建物のそとにきこえたかもしれなかった。しかし、ミルは、アイルランド人にイギリスからの分離をもとめるように刺激する言動をとることが「きわめて不適当」であるとかんがえていた。その理由は、アイルランドだけよりもグレイト゠ブリテンと共同したほうが、アイルランドをはるかによく統治することができるということにあった。また「なおいっそうおおきな理由」は、分離をこころみれば、大部分のアイルランド国民がそれを支持するとしても「イギリスの豪腕」によって鎮圧され、アイルランドに甚大な苦痛をもたらし、アイルランド人とイギリス人の感情と、アイルランドにおける分離を支持するひとびととそうでないひとびととの感情を、はなはだ害することにあった。アイルランドの分離主義者は「非常に興奮しやすく常識を欠如させている」ので、グレイト゠ブリテンはかれらに「非常にわずかな刺激」をもくわえてはならなかった。[36]

ブリッジズはミルに、ハンガリーとオーストリアの関係と、アイルランドとグレイト゠ブリテンの関係が、類似していると示唆したけれども、[37] ミルはそれを否定した。[38] オーストリア帝国は一八六六年に普墺戦争にやぶれ、翌六七年に領内のマジャール人にハンガリー王国の建国とその大幅な自治をみとめるかわりに、オーストリア皇帝がハンガリー国王をかねることで妥協して、オーストリア゠ハンガリー二重帝国が誕生した。ミルによれば、ハンガリー人は「もっともおどろくべき量の行動性――良識、手段と目的にかんする穏当にして賢明な認識――」を随所でしめしてきた。それは、かれらが「国家の独立と自由な制度」を獲得・維持するのに十分ふさわしいことを証明していた。こうした点において、ハンガリー人はアイルランド人とまったく対照的であった。また、ハンガリー人は十分な軍隊の資質・資力をそなえていた。オーストリア＝ハンガリー二重帝国でみられた「同一国王の支配下における二つの独立した立法府・行政府の実験」がアイルランドとグレイト＝ブリテンのあいだで成功することはありえなかった。

フィーニアンは法改正によるイギリスとの合同「撤回」ではなくて、武力によるイギリスからの「分離」をめざしていた。ミルの推測によれば、かれらはオーストリア＝ハンガリー二重帝国におけるような「分離した立法府」を有しても満足せず「完全な分離」をのぞんでいた。しかるに、イギリス人がアイルランド人を教会と土地の問題にかんして十分正当に処遇し、アイルランド人の教育的・経済的利益のためになしうることをすべてして、アイルランド人がイギリス人との合同にたいする嫌悪感をよわめれば、フィーニアンがのぞむアイルランドの「共和国」化とイギリスからの「完全な分離」は不要であった。両国が分離すればアイルランドに「内乱」がおこるかもしれなかった。ミルは、イギリスの自由主義者がアイルランドにおける分離主義の党派を利するのではなくて、分離主義をとらない党派との「同盟関係」を創出することを期待した。

一二月一三日、フィーニアンはクラーケンウェルのミドルセックス刑務所を破壊してリチャード＝オサリヴァン＝バークとジョウジフ＝ケイシというフィーニアンの囚人を救出しようとした。[39]しかし、刑務所の壁の一部を爆破したにすぎず、刑務所を破壊することも囚人を救出することもできず、爆発によってその地区の住民を死傷させた。一八六八年五月二六日、この爆発に関与したマイケル＝バレットは、イギリスで公開の絞首刑に処せられる最後のひととなった。ミルの推測によれば、イギリスの公衆はフィーニアン運動にいくらか異常に興奮していたけれども、ウィリアム＝ユーアト＝グラッドストンがランカシャでおこなった演説によって「普段の平静さと通常の分別」をとりもどすものもいた。[40]グラッドストンは一八六七年一二月一八日と一九日にランカシャのオウルダム・オームズカーク・サウスポートで演説をおこなった。[41]たとえば一八日にはオウルダムでつぎのとおりのべている。

「わたくしたちがわすれずに自問しなければならないのは、アイルランドがそのあるべき状態にあるか、わたくしたちが自分のおかしたあやまりをただしてきたか、この国〔アイルランド〕に賢明にして公正な立法という十分な利益を供与してきたかということです。……いわゆる『フィーニアン運動』が消滅するまで傲慢であってはならず、救済方法にまったく問題がないだろうといってはなりません。[42]」

一八六七年は「フィーニアンの猛威」がふきあれた年であった。[43] アイルランド人が最良の状態では信頼できない子どもであって、最悪の状態では非常に危険な子どもであると確信するひとびとが増大した。しかし、グラッドストンはこの確信を共有しなかった。かれにとってフィーニアンの猛威はアイルランド人の不満が強烈であることの証左であった。かれの断定したところによれば、フィーニアンがひとびとを爆殺するのは「はげしい不公平感」を有しているからであった。[44]

その間、アイルランドの不満の兆候はいっそう明確になり、英国とアイルランドを完全に分離せよという要求が「脅迫的な」様相を呈してきた。[45]「アイルランドに英国との結合を甘受させる」にはアイルランドの「徹底的な改革」が必要だった。[46] ミルはこうした問題意識をもって一八六八年に『イギリスとアイルランド』を公刊した。その主旨は、アイルランドにとってもイギリスにとっても両国の分離がのぞましくないということと、アイルランドの小作人に、国家の適切な調査のあとに評価する定額の地代をしはらう終身土地保有権をあたえることによって、土地問題を解決することであった。[47]

アイルランドにたいする悪政の改善によってアイルランド人を憤慨させる不平の原因はことごとく消滅したという「幸福の幻影」にひたっていたイギリス人にとって、すくなくともその上流階級と中産階級にとって、フィーニアン運動の「爆発」は青天の霹靂のごとく予期せぬ理解しえないことだったため、それに対処する準備がまったくできていなかった。[48] かれらが除去したと信じていたアイルランド人の不満は突然、露呈した。[49] それはかつてないほど「強烈・猛烈・無節操・広範な」ものだった。アイルランドの住民はフィーニアン運動の成功を祈念するものと、その手段・目的に賛成しないけれども同情するものに分裂していた。フィーニアンの反乱はアイルランドで武力によって鎮圧されたけれども、イギリスではイギリスうまれというだけでフィーニアンを立腹させるものを殺戮しつづけていた。フィーニアンの憎悪の念は非常につよいので、運動の成果を期待しえなくても、イギリス人に危害をくわえるためだけに、あらゆる危険をおかすことが予想された。イギリスの支配者はこうした敵意のあらたな噴出を処理することができなかった。その原因がかれらの悪政にあることを理解しえなかったからである。[50] かれらはフィーニアンの反乱を「不平あるいは苦痛」によるものではなくて「国家的独立（nationality）という理念のための反乱」とみなしていた。ミルによれば、悲嘆すべきはこうした「無責任な支配者の独善的な無知」であった。フィーニアンの反乱による惨禍よりも悲惨なのは、多数のイギリス人がそれを理解しえないと告白するさいの「まぎれもない誠実さと正直さ」であった。フィーニアンの「不満」はイギリスの「支配者にたいする嫌悪」をしめしていた。その反乱は、こうした不満がながいあいだ鬱積して絶頂に達したときにおこった。イギリスの支配者はこの不満の原因を除去することができなかった。かれらはイギリスの支配にたいするアイルランド人の反感には理由がないとみなしていた。それは、かれらがその反感をしずめる決定的な好機をかつてとらえる可能性があったのに、ほとんどのがしてきたことの証左であった。かれらはアイルランド人に、いかなる条件でもイギリスに支配されないという「つよい決意」をいだかせてきた。反乱をおさえられなくなるのは、それが「理念のための反乱」となったときである。「現実の虐待にたいする暴動」はもろもろの「譲歩」によっておさえることができるかもしれない。けれども「現実の不平」がことごとく「独立への要求」にまとまったら「独立」をみとめる以外のいかなる「譲歩」もあらそいをしずめることができなくなる。

アイルランドが「立腹」している理由と、アイルランドにくわえている「危害」と、アイルランドに「利益」をもたらす方法をしらないことはイギリスの「犯罪」であった。イギリス国民はアイルランドのような「社会と文明の状態」にあるところに必要な法律と制度を理解しなければならなかった。フィーニアンは「自暴自棄」になってイギリスによる「善政」「恩恵」「不満の軽減」「損害賠償」をもとめず、イギリス人をアイルランドからおいはらうことだけを要求した(51)。それは「国家的独立のみをもとめる暴動」であった(52)。イギリス人がアイルランドをアイルランド人のために統治する方法をしっていたら、両国の国民は一つになっていたであろう。しかし、それをしらなかったし、しらないということをしらなかった。

アイルランドの小作農に、かれが「革命」をおこせば獲得しうるだろうすべてのことを、すなわち「定額の負担を条件とする終身の土地占有」をみとめなければ、アイルランドとの「和解」は不可能だった(53)。このような変革は「革命的」かもしれないけれども、この「革命」は「暴力的」でも「不当」でもなかった。イギリスはアイルランド住民の農地との関係に影響をおよぼす法律・規則にかんする「平和な立法的革命」を遂行すべきであって、イギリス人の「手にあまる任務を放棄してアイルランドに自治をゆだね」てはならなかった(54)。自治をゆだねることはアイルランドにとっても「有害」だった。アイルランドを分離すれば、フランスという「軍事大国」がアイルランドを「侵攻・征服」するかもしれなかった(55)。あるいはアイルランドがアメリカ合衆国と同盟して、イギリスと敵対するかもしれなかった。

ミルの推測によれば、アイルランド国教会を排除しても、アイルランドにおける不満の増大をおさえることはできなかった。[56]その不満の「真の原因」を解消するものでも「生存と安全にかかわる基本的な利益」を保障するものでもなかったからである。[57]アイルランドの小作人が「土地問題の永久的解決策」として容認する政策を実施しなければ、フィーニアン運動を阻止することはできなかった。イギリスはこの土地問題を解決せずにアイルランドを軍事力でおさえておこうとすれば「自由な統治の愛好者・擁護者」であるという名声をうしなって、フランスやアメリカ合衆国という「世界の列強」と「不和」になって「戦争」し、アイルランドを手ばなさなければならなくなるかもしれなかった。

イギリスは一八二九年にカトリック解放[58]をおこなったけれども、アイルランドにイギリスの「統治」とイギリスとの「合同」を十分に甘受させることができなかった。[59]ロバート＝ロウは「フィーニアンの共同謀議という非常に遺憾な現象」の理由を説明するために、アイルランドの不平の原因を徹底的に調査することはまったく不要であるとかんがえた。[60]『イギリスとアイルランド』を国会でもっともつよく非難したロウは、[61]ミルの主張を否定して「土地にかんする革命的な政策」を採用しても「フィーニアンの共同謀議」はなくならないとかんがえた。[62]フィーニアンが「土地」問題などにかんする改善をまったく要求していないため、かれらの目的が「定額の地代をしはらう土地保有権」を獲得することにではなくて、アイルランド人を「かも」にすることに、すなわち「不動産貸主にとってかわって、アイルランド人をだましてできるかぎりのものをまきあげること」にあったとみなしたからである。[63]したがって、ロウはアイルランド問題を論じるさいに「フィーニアンの共同謀議をまったく捨象」しようとした。ミルは、フィーニアンの運動に配慮する理由がなくて、それがとるにたりないものであるというロウと意見を異にしていた。フィーニアンはイギリスからの「アイルランドの暴力的な分離」を「反感と敵意」にみちて要求していた。たしかに一八六七年におけるフィーニアンの反乱は「なさけない」ものであった。[64]けれども、真の「脅威」はアメリカ合衆国におけるアイルランド人が増加して、同国の政治にたいする影響力を増大させながら、イギリスにたいする「憎悪」をつよめていることと、イギリス人にたいするアイルランド人の不満が「国家的独立」をもとめるものとなっていることであった。[65]その原因はイギリス人がアイルランド人を「征服」して「徹底的に異教的な方法」で処遇してきたことにあった。[66]

三　「ジャクメル」号事件にかんする言動

すでにのべたとおり、一八六七年は「フィーニアンの猛威」がふきあれた年であった。九月一八日にフィーニアンはトマス＝ジェイムズ＝ケリとティマスィ＝デイシというフィーニアンの囚人をのせた護送車をマンチェスタで襲撃して、かれらを救出した。[67]そのとき一名の護衛警官を殺害し「マンチェスタの殉難者」としてしられるマイケル＝ラーキン、マイケル＝オブライアン、ウィリアム＝フィリップ＝アレンという三名のフィーニアンが一一月二三日に絞首刑に処せられた。

四月一二日にジョン＝ウォリンとオーガスティーン＝Ｅ・コステロウをはじめとするアメリカ合衆国のフィーニアンはアイルランドのフィーニアンに武器弾薬をもたらすために「ジャクメル」号――航行中に「エリンの希望」号と改名――でニューヨークから航行してきた。[68]かれらは六月一日にアイルランドに上陸して逮捕され、一一月に審理され有罪判決をうけた。大部分は一八六八年五月六日に釈放されたけれども、ウォリンとコステロウは長期の拘禁刑を宣告されていた。

アメリカ合衆国の商人・興業主・著述家にして自称「このうえない変人」だったジョージ＝フランシス＝トレイン

は英国をおとずれ、拘禁されたフィーニアンのために活動していた[69]。かれは六月九日にミルとあって、政府がウォリンとコステロウの刑を減免する意志を有するかどうかを庶民院で質問してほしいと依頼し、同意をえた。ミルは庶民院で質問するまえに政府の回答を確認した[70]。その回答は、政府が「ジャクメル」号の全乗組員のうちウォリンとコステロウだけに長期の拘禁刑を宣告したのは、ほかのものに「責任」がないからではなくて、この二名の「みせしめ」で十分だからであるというものであった。そこで、ミルはこの質問をすれば「政府が寛容であるとして称賛される」だけでウォリンとコステロウのためにならないだろうとトレインに七月二日付の手紙で説明した。とはいえ、トレインとウォリンとコステロウはミルがこの質問をすることをのぞむならば、ミルはそうすることに「いささかの異存」もなかった。しかし、かれは刑の減免を提案するのをうけあえないということと「アメリカ市民」によるイギリスにたいする「私戦」の続行を処罰せずに許容すべきであると主張しえないということを、トレインにつたえた。にもかかわらず、トレインはミルがこの質問をすることを希望したので、ミルはそうする決意をした[71]。

一六日にミルは庶民院でアイルランド大臣リチャード＝サウスウェル＝バーク（メイオウ伯爵）に、英国政府がウォリンとコステロウの「非常におもい刑を免除あるいは軽減してもよい時期が到来した」とかんがえるかどうかと質問した[72]。メイオウの回答によれば、ウォリンとコステロウは、武装した船にのってアイルランドにきて、ヴィクトリア女王にたいして武装蜂起しようとして有罪を宣告された[73]。かれらはアイルランドの各地で蜂起した一八六七年三月五日以前からフィーニアン同盟に所属していた。反逆罪法にしたがえば、かれらは、アイルランドで審理され有罪を宣告された大多数のフィーニアンの囚人とすこしもことならなかった。したがって、かれらの刑を「減刑あるいは免除する」時期はまだ到来していなかった。メイオウはかれらを「例外」あつかいしようとしなかった[74]。

ウォリンとコステロウが釈放されたのは一八六九年であった[75]。そのときかれらはアイルランドでイギリス政府に反抗する講演をおこなってからアメリカ合衆国に帰国した。

一八六八年七月二日にミルがトレインにあてた手紙は一八日付の新聞『アイリッシュマン』で公表された[76]。これをよんだ国会議員ジョン゠ヴァンスは、政府がウォリンとコステロウの刑を減免する意志を有するかどうかを庶民院で質問すれば「政府が寛容であるとして称賛される」だけでウォリンとコステロウのためにならないだろうという理由で、ミルは「囚人ウォリンとコステロウについて質問することに反対したのでしょうか」とたずねた[77]。それにたいしてミルは、反対したことは「すこしもなく」実際に庶民院で質問したと回答している[78]。

ミルは「たとえばクラーカンウェルの非道な行為に関係しているかどで、あるいはフィーニアンによるカナダへの侵攻に参加したかどで、刑務所にいるのがもっともなものをことごとく釈放すべきである」とはかんがえなかった[79]。一八六六年六月一日にアメリカ合衆国のフィーニアンはバッファロウにちかいナイアガラ川を横断してイギリス領カナダに侵攻したけれども、翌二日、英軍に撃退された[80]。ミルは「流血の惨事をおこさなかったか、アイルランド国のための公正あるいは正当な暴動といえよう方法で流血の惨事をおこした政治犯」に「十分な恩赦」をあたえることをねがっていた。けれども「反乱」について「正当な」ものと「不正な」ものを区別することは「戦争」についてとおなじく「熟考」を要した。

おわりに

ミルはフィーニアンを厳罰に処することに反対した。それはイギリスから独立する要求を承認したからではなくて、かれらが英雄あつかいされて独立の気運がたかまるのを阻止するためであった。ミルはアイルランドのナショナリズムにたいする愛情を過度に有していたわけではない[81]。「ナショナリズムというかたちの道徳的発達[82]」を「イギリスによる悪政の予想外の結果」としてみいだしたのでもない[83]。ミルがアイルランドの独立に反対した政治的な理由は、アイルランドに自治をみとめるよりもイギリスが統治したほうが善政を期待しうるということにあった。したがって、ミルを「自由論者」「急進主義者」よりもむしろ「愛国者」「確信的な『帝国主義者』」とみなす解釈[84]は一面的であろう[85]。ミルの判断によれば、進歩した文明国は「進歩のおくれたひとびと」の利益を促進する可能性を有していた[86]。かれのアイルランド統治論は、イギリス国内で抑圧されていた子ども・労働者・女性の自由を拡大しようとしたこころみと軌を一にしている。ミルの主要な関心事は「人間の自由」を擁護することであって「個々の民族の文化か生活様式」を保護することではなかった[87]。女性・貧者・少数者の権利のためのミルの活動は大部分が立派で称賛にあたいするのであって、植民地主義と文明の普及にかんするかれの基本的な姿勢は問題をふくむとはいえ、その短所はかれの格闘して達成したほかのすべてを台なしにするものではなかろう[88]。

（1）Mill, John Stuart, *Autobiography* (1873), *CW*, I, pp. 277, 279.　山下重一訳註『評註ミル自伝』（御茶の水書房、二〇〇三年）三七一、三七四頁。

（2）Ellis, P. Berresford, *A History of the Irish Working Class* (London : Gollancz, 1972), p. 138.　堀越智・岩見寿子訳『アイルランド史：民族と階級［上］』（論創社、一九九一年）一九六頁。

（3）Mill, J. S., "The Fenian Convicts (25 May, 1867)," *CW*, XXVIII, p. 165, editor's note. Do., "Letter to John Elliot Cairnes (May 26. 1867)," *CW*, XVI, p. 1272, n. 8.

（4）Do., "The Fenian Convicts," p. 165, editor's note.

（5）Kinzer, Bruce L., Ann P. Robson and John M. Robson, *A Moralist In and Out of Parliament : John Stuart Mill at West-*

minster, 1865–1868 (Toronto ; Buffalo : University of Toronto Press, 1992), p. 161.

(6) Mill, J. S., "The Fenian Convicts," pp. 165–166.

(7) Ibid., p. 166, n. 1. Do., "Reform of Parliament (25 May, 1867)," *CW*, XXVIII, p. 171, n. 8.

(8) Do., "The Fenian Convicts," p. 166.

(9) Ibid., pp. 166–167.

(10) Ibid., p. 167.

(11) Do., "Reform of Parliament," p. 167, editor's note.

(12) Ibid., p. 171.

(13) Ibid., p. 171, n. 7.

(14) Ibid., p. 172.

(15) Ibid., pp. 172–173.

(16) Do., "Letter to G. W. Sharp (June 1, 1867)," *CW*, XVI, p. 1275.

(17) Do., "Reform of Parliament," p. 173.

(18) Ibid., pp. 173–174.

(19) Ibid., p. 174.

(20) Do., "Letter to John Elliot Cairnes," p. 1272.

(21) Do., "Letter to [Daniel O'Donoghue?] (October 20 [1866])," *CW*, XVI, p. 1207, n. 1.

(22) The O'Donoghue, [Daniel], "Speech on Ireland—The Fenian Convict Burke (May 27, 1867)," *Hansard's Parliamentary Debates*, 3rd ser., Vol. CLXXXVII, col. 1131.

(23) The Chancellor of the Exchequer [Disraeli, Benjamin], "Speech on Ireland—The Fenian Convict Burke (May 27, 1867)," *ibid.*, cols. 1131–1132.

(24) Mill, J. S., "Letter to Helen Taylor (May 27, 1867)," *CW*, XVI, p. 1274.

(25) Bright, [John], "Speech on Presenting a Petition on Fenianism (May 3, 1867)," *Hansard's Parliamentary Debates*, 3rd ser.,

Vol. CLXXXVI, col. 1930.
(26) Ibid., cols. 1930–1931.
(27) Ibid., col. 1931.
(28) Anson, [Augustus Henry Archibald], "Speech on Ireland—Petition on Fenianism (June 14, 1867)," *Hansard's Parliamentary Debates*, 3rd ser., Vol. CLXXXVII, col. 1886.
(29) Ibid., col. 1889.
(30) Mill, J. S., "Petition Concerning the Fenians (14 June, 1867)," CW, XXVIII, p. 188.
(31) Ibid., p. 189.
(32) Ibid., pp. 189–190.
(33) Ibid., p. 190.
(34) Do., "Letter to Dr. William W. Ireland (June 22, 1867)," CW, XVI, p. 1282.
(35) Do., "Letter to John Henry Bridges (November 16, 1867)," CW, XVI, p. 1328.
(36) Ibid., pp. 1328–1329.
(37) Ibid., p. 1329, n. 3.
(38) Ibid., p. 1329.
(39) Do., "Letter to Edwin Chadwick (December 22. 1867)," CW, XVI, p. 1335, n. 3. Ellis, P. B., *op. cit.*, p. 140.　堀越・岩見訳二一〇頁。
(40) Mill, J. S., "Letter to Edwin Chadwick," p. 1335.
(41) Ibid., pp. 1335–1336, n. 4.
(42) "Mr. Gladstone at Oldham," *The times* (December 19, 1867), p. 7.
(43) Marlow, Joyce, *Mr and Mrs Gladstone : An Intimate Biography* (London : Weidenfeld and Nicolson, 1977), p. 130.
(44) *Ibid.*, pp. 130–131.
(45) Mill, J. S., *Autobiography*, p. 279.　山下訳三七四頁。

（46）*Ibid.*, pp. 279-280.
（47）*Ibid.*, p. 280. 三七四—三七五頁。
（48）Do., *England and Ireland* (1868), *CW*, VI, p. 508. 高島光郎訳『イギリスとアイルランド』『エコノミア』第四一巻第三号（一九九〇年）二〇—二一頁。Cf. do., "England and Ireland : First Draft (December, 1867-January, 1868)," *ibid.*, pp. 535-543.
（49）Do., *England and Ireland*, p. 508. 二一頁。
（50）*Ibid.*, p. 509.
（51）*Ibid.*, pp. 509, 511. 二二頁。
（52）*Ibid.*, p. 511.
（53）*Ibid.*, p. 518. 二八頁。
（54）*Ibid.*, p. 521. 三一頁。
（55）*Ibid.*, p. 523. 三二頁。
（56）*Ibid.*, pp. 531-532. 三八—三九頁。
（57）*Ibid.*, p. 532. 三九頁。
（58）"An Act for the Relief of His Majesty's Roman Catholic Subjects [13th *April* 1829],' 10 George IV, c. 7, *The Statutes of the United Kingdom of Great Britain and Ireland*, Vol. XI (London : Printed by George Eyre and Andrew Strahan, Printers to the King's Most Excellent Majesty. And by Andrew Strahan, Law Printer to the King's Most Excellent Majesty, 1829), pp. 693-698.
（59）Mill, J. S., "The State of Ireland (12 March, 1868)," *CW*, XXVIII, p. 249. 高島光郎訳「アイルランドの状態に関するマガイア氏の動議に関する演説」『エコノミア』第四二巻第二号（一九九一年）三七頁。
（60）Lowe, [Robert], "Speech on State of Ireland (March 12, 1868)," *Hansard's Parliamentary Debates*, 3rd ser., Vol. CXC, col. 1484.
（61）Kinzer, B. L., A. P. Robson and J. M. Robson, *op. cit.*, p. 177. Kinzer, Bruce L., *England's Disgrace? : J. S. Mill and the Irish*

Question (Toronto : University of Toronto Press, 2001), p. 195.

(62) Lowe, [R.], op. cit., cols. 1484-1485.

(63) Ibid., col. 1485.

(64) Mill, J. S., "The State of Ireland," p. 249.　高島訳二三八頁。

(65) Ibid., p. 250.　二三八—二三九頁。

(66) Ibid., p. 251.　二三九頁。

(67) Do., "Questions before Committees of the House of Commons II. Select Committee on Extradition (19 May, 1868)," *CW*, XXIX, p. 555, n. 20. Ellis, P. B., *op. cit.*, pp. 138-140.　堀越・岩見訳一九七—二〇〇頁。

(68) Mill, J. S., "Letter to George Francis Train (July 2, 1868)," *CW*, XVII, p. 2015, n. 2. Do., "The Fenian Prisoners [1] (16 July, 1868)," *CW*, XXVIII, pp. 310-311, n. 2.

(69) Do., "Letter to George Francis Train (July 2, 1868)," p. 2015, n. 1.

(70) Ibid., p. 2015.

(71) Do., "Letter to George Francis Train (July 8, 1868)," *CW*, XVII, p. 2016.

(72) Do., "The Fenian Prisoners [1]," p. 310.

(73) The Earl of Mayo [Bourke, Richard Southwell], "Speech on Ireland—Fenian Prisoners, Warren and Costello (July 16, 1866 [1868])," *Hansard's Parliamentary Debates*, 3rd ser., Vol. CXCIII, col. 1282.

(74) Ibid., col. 1283.

(75) Mill, J. S., "The Fenian Prisoners [1]," p. 311, n. 2.

(76) Do., "The Fenian Prisoners [2] (21 July, 1868)," *CW*, XXVIII, p. 315, editor's note.

(77) Vance, [John], "Speech on Ireland—Convicts Warren and Costello (July 21, 1868)," *Hansard's Parliamentary Debates*, 3rd ser., Vol. CXCIII, col. 1556.

(78) Mill, J. S., "The Fenian Prisoners [2] (21 July, 1868)," *CW*, XXVIII, p. 315.

(79) Do., "Letter to Josiah Sherman (February 8, 1869)," *CW*, XVII, p. 1559.

(80) Ellis, P. B., *op. cit.*, p. 137.　堀越・岩見訳一九五頁。
(81) Kinzer, B. L., A. P. Robson and J. M. Robson, *op. cit.*, p. 166.
(82) Zastoupil, Lynn, "Moral Government : J. S. Mill on Ireland," *The Historical Journal*, Vol. XXVI, No. 3 (1983), p. 717.
(83) Kinzer, B. L., *op. cit.*, p. 169.
(84) Steele, E. D., "J. S. Mill and the Irish Question : Reform, and the Integrity of the Empire, 1865-1870," *The Historical Journal*, Vol. XIII, No. 3 (1970), p. 450.
(85) Kinzer, B. L., A. P. Robson and J. M. Robson, *op. cit.*, p. 179. Kinzer, B. L., *op. cit.*, p. 183.
(86) *Ibid.*, p. 184.
(87) Mayall, James, *World Politics : Progress and its Limits* (Cambridge, UK : Polity Press, 2000), p. 63.　田所昌幸訳『世界政治：進歩と限界』（勁草書房、二〇〇九年）九五―九六頁。
(88) Habibi, Don A., *John Stuart Mill and the Ethic of Human Growth* (Dordrecht ; Boston : Kluwer Academic, 2001), p. 205.

第九章　介入／不介入論

――アメリカ南北戦争を事例として――

はじめに

一八六一年四月一二日にアメリカ合衆国の北部が南部（アメリカ連合国）の攻撃をうけて南北戦争がはじまった。ジョン＝スチュアート＝ミルの『ミル自伝』(1)によれば、この戦争は南部の奴隷所有者による「奴隷制度の領域を拡大する侵略的な企図」であった。かれらは奴隷制度によって「金銭上の利益」を追求し「傲慢な気質」をそなえ「階級的特権」に固執していた。かれらが勝利すれば「進歩の敵」を勇気づけ、文明世界のいたるところにいる、その味方の意気を消沈させるであろう。同時に、奴隷制度という最悪の、もっとも反社会的な形態の暴虐な行為に基礎をおく、おそるべき軍事大国を創出し、アメリカ合衆国という「偉大な民主主義共和国」の威信をそこない、ヨーロッパの特権階級にあやまった自信をあたえるであろう。しかるに、イギリスでは、上流・中流階級のほとんどすべてのひとびとが猛烈に南部を支持した。ミルはそれをみて、有力階級が「永久的な進歩」を追求しようとせず、かれらがつねに有するふりをしてきた「進歩的な見解」はほとんど無価値であることを痛感した。おおくのイギリス人は、その島国以外の世界でおきているいかなることにもつねに無頓着であるため、開戦後一、二年間は争点が奴隷制度にあることをしらず、綿花等の輸出を促進すべく自由貿易をのぞむ南部と、自国の工業製品をまもるために保護貿易をもとめる北部が「関税」をめぐって対立しているか、南部がアメリカ合衆国からの「独立」を希求してたたかっているものと信じていた。

ミルがこうしたあやまった世論に抗議しようとしたときに、アメリカ合衆国の艦長が英国船の船内にいた南部の使節を逮捕した「トレント号事件」が発生する。イギリスの世論はこれを中立国の権利の侵害とみなして激昂し、アメリカ合衆国との戦争を予想した。ミルは戦争の心配がなくなった一八六二年に「アメリカの抗争」と題する論文を『フレイザ＝マガジン』にかいた。これは反自由主義的な意見の潮流に圧倒されていると感じていた自由主義者を激励し、北部を支持する意見の中核となった。同年にはジョン＝エリオット＝ケアンズの著書『奴隷大国』(2)の書評を『ウェストミンスタ評論』に発表してもいる。本章ではミルの論文「不介入にかんする小論」をとおして外国への介入についての理論をみたあと、イギリスが南北戦争にどのように対応すべきであるとかれがかんがえていたのかを究明してみたい。

一　外国への介入にかんする理論

周知のとおり、ミルの政治思想を結晶させた『代議政治論』は全一八章のうち第一六章以降を国際政治論にあてているけれども、その主題は「ナショナリティ」「連邦制度」「属領統治」などであって、外国への介入をめぐる問題をかならずしも正面からあつかっているわけではない。論文「不介入にかんする小論」は、この点を補足するきわめて重要な資料であるといえよう。ミルがこれを執筆した目的は、イギリスの外交政策が特別に利己的であるというヨーロッパ大陸の非難にたいしてイギリスを弁護するとともに、イギリス人にそのようにうけとられないよう警告することにあり、かれはこのなかで「国際道徳の真の諸原理」の提示と、その「正当な修正」をこころみている[3]。本論文は、これを掲載した『フレイザ＝マガジン』一八五九年一二月号七六六―七七六頁のなかの右頁欄外みだしにしたがえば「イギリスの外交政策にたいするヨーロッパ大陸の認識」「イギリスの意見の誤伝」「スエズ地峡の問題」「インド藩王国と英国の関係」「ある自由政府がほかの自由政府を援助してよい方法」という五章から構成されている[4]。以下で順に内容をみていきたい。

(1) イギリスの外交政策にたいするヨーロッパ大陸の認識

ミルによれば、イギリスはほかの国家をかまわないでおくことを、その外交政策の原理として言明している[5]。イギリスは小国を侵略したり、その支配権をもとめて大国とあらそったりすることをしない。イギリスはほかの国に影響をおよぼそうとするとき、イギリスよりもむしろほかの国の役にたつことをねがっている。すなわち「諸外国間で勃発するあらそいにおいて仲介すること、手におえない内戦を停止すること、交戦国を調停すること、敗戦国にたいする寛大な処遇をもとめてとりなすこと、あるいは最後に、ある国家による犯罪と奴隷売買のような人道上の恥辱を放棄させること」をめざしている。イギリスはほかの国家を犠牲にして自国の利益をえることをのぞまない。自国のために要求するものをなんであれ、全人類のために要求する。隣国が保護貿易をおこなってもイギリスは自由貿易をおこなう。

こうした政策を採用する国家は世界のなかで非常にめずらしいので、多数のひとびとはそれをみても信じることができず、イギリスの外交政策を「自己中心主義と利己主義の典型」とみなして「隣国をだしぬいて策略でかつことだけをかんがえる国家」という悪評をあびせている。これがヨーロッパ大陸でもっとも広範に流布している、イギリスの外交政策にたいする評価である。(6) イギリスに敵意をもたないひとでさえ、イギリスの政治家が外交問題にかんしてなにかをのべたりおこなったりするのは、イギリスに特有の利益にかかわるときだけであると確信している。(7) それを否定することは「あまりにばかげたほどみえすいたこころみ」とみなされる。イギリスはつねに公言することとちがう目的をもっていると信じられている。たとえば、一八三三年に西インド諸島などの奴隷所有者に総額二、〇〇〇万ポンドの補償金をしはらって大英帝国の植民地で奴隷制度を廃止したときも、(8) イギリスはこうした自己を犠牲にする行動によって、ほかの国家を弱体化させようとしていると信じられてきた。イソップ物語の「しっぽのない狐」によれば、自分のしっぽをうしなった狐は、仲間を説得してかれらのしっぽをとらせようとした。イギリスの隣国はこれとおなじように、イギリスが他国も奴隷制度を廃止するよう勧誘して、それが自国の利益となることを期待して「自分のみごとなしっぽを、あらゆるしっぽのなかでもっともおおきくてもっとも立派なものを、切断した」とかんがえた。

このようにうけとられる理由は、イギリス人がその長所を公言することを非常にためらって短所を公言しがちな性癖をもっていることや、ほとんどすべてのイギリスの政治家が、外国人にあたえる印象に無頓着であると同時に、自国の利益のみを追求するという「低俗な目標」をもっとも重要視することが、国民の支持をえるうえでつねに得策であるとかんがえる「愚鈍なまちがい」をおかしていることにある。(9) イギリスの政治家は他国の誤解をまねく演説あるいは行動を回避しなければならず「卑俗な動機」から行動すると公言してはならなかった。にもかかわらず、かれらはその演説あるいは行動の過失によって、イギリス国民の性格と政策にかんする「不当な誤解」をうみだしている。

(2) イギリスの意見の誤伝

イギリスの政治家はその選挙区民にたいして「わたくしたちはイギリスの利益になんらかかわらなかったので干渉しなかった」「わたくしたちはイギリスの利益がなんら関係しないところに干渉すべきでない」という「ふるぼけた繰言」をはてしなく反復している。[10] そのため、イギリスは自国の利益をみいださないかぎり、他国に関心をもたない国とみなされている。[11]「ある国家が介入の問題にかんしてとりうるあらゆる姿勢のなかでもっとも卑俗にして最悪なのは、干渉するのが自国の目的にかなうときだけだと公言することである。」ほかの国家がのべるところによれば、イギリスにとって不干渉は「原理にかかわる問題」ではない。イギリスが干渉をひかえるとしたら、それがあやまっているとかんがえるからではない。イギリスは他国の福利に関心をもたず、自国のために利益を獲得しうるならば自発的に手をだす。

しかし、ミルが弁護するところによれば、イギリスの政治家の真意は、自国の安全がおびやかされるか、その利益が敵国によって不当に危険にさらされるときに、いつでも行動するということにすぎない。これは「普通の自衛権」である。にもかかわらず、外国からは「自衛」ではなくて「国力の拡張」とみなされる。イギリスは自国の製造工業のための新市場をたえまなく獲得することが死活問題であって、そのためにはつねにいつでも「公共道徳あるいは国際道徳のあらゆる義務を蹂躙する」というのが、ヨーロッパ大陸の政治家の意見である。[12] ミルの慨嘆するところによれば、このような無知と誤解が不幸にもヨーロッパ大陸において非常に一般的であった。イギリスは隣国に脅威をあたえることを、良心の呵責によっておもいとどまる唯一の国である。イギリス国民が自国の利益あるいは栄光を口実として不正な行為をしようとすることはない。ほかの国では、領土を獲得するか政治的な影響力を拡大する政府の行為を称賛するけれども、イギリス国民はそれを警戒して疑惑の目で批判的に注視する。イギリスはすくなくとも国際道徳における否定命題にかんして、ほかの国家よりもすぐれていた。

(3)　スエズ地峡の問題

イギリスはほかの国家の福利をまったく顧慮せず、それと自国の福利とが両立しえないとかんがえて、ほかの国家が利益をえることを、それがイギリスの共有しうる利益であっても阻止すると、誹謗されないよう注意しなければならなかった。にもかかわらず、こうした指摘を正当化するような「致命的な、ほとんどばかげた」まちがいをスエズ運河の問題にかんしておかした。フランスでひろくみられる信念によれば、スエズ運河の建設にさいしてイギリスがこれを頓挫させようとしていることが「真の唯一の頑強な障害」であった。ヘンリ゠ジョン゠テンプル（パーマストン子爵）首相の発言はこうしたフランスの確信をうらづけるものであって、スエズ運河の建設に、それがイギリスの利益をそこなうという理由で反対した。[13] かれは、フランスがエジプトを支配してインドにおけるイギリスの権益の確保を阻害することを懸念していた。[14] ミルは、人類の福利をめざす義務を放棄する演説をおこなったパーマストン首相の「愚劣さ」と「不道徳性」を糾弾した。[15]

ミルによれば、スエズ運河は商業に便宜を、生産に刺激を、それぞれあたえて、交通と文明化を促進するであろう。また、経費節約という目的にもかなうものであった。これによってアフリカ大陸の周航が不要になるためである。後進国にとっても、商業への接近を容易にし、物質文明をもたらし、道徳をうみだして、先進国との距離をちぢめるものであった。文明世界と未開世界にとってのこうした重要な恩恵が、イギリスに特有の利益をそこなうことはなかった。フランスがスエズ運河をとおってインドをイギリスからうばうと想像することは「なみなみならぬほど臆病にして愚鈍な」ことであった。自国の利益と人類の利益が両立しがたいということは、自国が人類の敵であると公言することにほかならなかった。[16] そうすれば、ほかの国ぐにはイギリスに対抗して結束し、イギリスが自国の私利を人類全体の繁栄よりも優先させることができなくなるほど国力を衰弱させるまで、攻撃しつづけるであろう。英国民はこうした「下劣な感情」を共有しなかった。かれらは世界の富の増大と文明化を促進することに自分の利益をみいだしていた。スエズ運河にたいする反対は、英国民によるものではけっしてなく、パーマストン個人によるものであった。

(4)　インド藩王国と英国の関係

ミルは外国にたいする不干渉にかんする理論を「まったく道徳的な問題」として考察する。[17]「ある観念のために戦争を開始することは、それが侵略戦争であって自衛のための戦争でないならば、領土か収益のために戦争を開始することとおなじくらい犯罪的である。というのは、わたくしたちの観念をほかの国民におしつけることは、ほかのいかなる点でもわたくしたちの意志にしたがうようかれらにしいることとおなじく、ほとんど正当とみとめられないからである」といわれる。しかし、ミルによれば「自国が攻撃されていないか攻撃されそうでないのに、戦争を開始することを容認しうるばあいが確実にある。」他国の問題に介入することの是非を明確かつ合理的に識別する規則あるいは基準を確立することは、倫理学者と政治学者の急務であった。

それを確立するさいに注意しなければならないことは、文明国同士の国際関係と、文明国と未開人の関係を混同してはならないということである。文明国間の国際的慣習と国際道徳の規則が、文明国と未開人のあいだでも通用しうるとかんがえることは「重大なあやまり」である。これは「安全にして無責任な立場から政治家を批判するもの」がおちいりやすいけれども、政治家がおかしてはならないあやまりであった。文明国間の国際道徳の規則を、文明国と未開人のあいだで適用しえないもっとも重要な理由は二つある。第一は、普通の国際道徳の規則が互恵主義をふくんでいるけれども、未開人が恩恵にむくいないだろうということである。未開人が規則を遵守するとは信じられない。かれらの知性はそうした重要な努力をなしえないし、みずからの意志が「とおい目的」に左右されることもありえない。第二の理由は、未開人が文明国に征服されて従属するのが、かれらのためになるということである。「独立と自立（nationality）」は未開人にとって障害となる。[18] 文明国がたがいの「独立と自立」においている神聖な義務は未開人を拘束しない。[19] ローマ帝国がガリア・ヒスパニア・ヌミディア・ダキアを属州としたのは妥当であった。「未開人はできるかぎりはやい段階で国民（*nation*）となるのにふさわしくなるようにあつかわれるような権利をのぞけば、国民としてのいかなる権利をも有しない」というのがミルの信念であった。これこそが「文明化した政府と未開の政府との関係にかんする唯一の道徳律」であって「人間間の道徳の普遍的な規則」でもあった。

したがって、ミルによれば、アルジェリアにおけるフランス人の、あるいはインドにおけるイギリス人の行為にたいする批判のおおくは、あやまった原理にもとづいていた。未開人を文明国民とおなじようにあつかうことは、未開人を「改善」せず「改悪」するだろう。文明化した政府は未開の隣国をもたざるをえない。前者は後者にたいして「防御的な立場、たんに攻撃に抵抗する立場」にいることに満足せず、やがて後者を「征服」するか、前者に「依存」させるよう後者の意気をくじくことを、せざるをえないと気づく。そのとき、前者は後者の政府を設立あるいは解体し、後者の悪政にたいする「道徳的な責任」を有するようになる。これが英国政府とインド藩王国との関係の歴史であった。英国政府はインド藩王国の軍事力をなくして、そのかわりに英国の軍隊を駐屯させた。その結果、藩王国の「専制君主」が英国の「文明化した軍事力の保護」を確信して「国内の反乱か外国の征服のおそれ」がなくなったため、その政府は「非常に抑圧的あるいは強奪的に」なるか「非常に無気力にしておろかな状態に」おちいり、藩王国の荒廃あるいは混乱をまねいた[20]。英国政府はこうした「なげかわしい事態」に責任を感じた[21]。英国政府がこの事態を放置することは「最悪の政治犯罪者」となるにひとしいことであった。たとえばアワドの藩王にたいしても、行政を改革して英国政府の助言にしたがって統治する義務をおわせていたにもかかわらず、その約束が完全に無視されるのを許容してきた。イギリスはその間「暴政と無秩序にたいする道徳上の説明責任」を有してきた。一八五六年にアワド藩王国をとりつぶして、その国民に「我慢しうる政府を付与」したのは「ぜひともはたすべき任務の、犯罪的におそい履行」であった。

(5)　ある自由政府がほかの自由政府を援助してよい方法

文明国民すなわちキリスト教を信奉するヨーロッパのような諸国家の平等な社会の成員のあいだで生ずる問題の解決は、未開人とのあいだに適用すべき原理とまったくことなるものにもとづかなければならなかった。そこでは「征服戦争の不道徳性」は自明であった。文明化した国民をかれらの意志に反してほかの領土に併合することが不当であって、自分自身の利益をもとめて侵略戦争を開始することが邪悪であることは、説明するまでもないことであった[22]。問題となるのは、他国の内政に干渉することの是非である。すなわち「ある国家が他国の内戦か党派的な抗争に、どちらか一方の側にたって参加することが正当かどうか」「ある国家が、自由をもとめて闘争している他国の国民に当然に助力してよいかどうか」「ある国家がほかの国にたいして、その国自体にとって最善であるという理由で、あるいはその隣国の安全にとって必要だという理由で、特定の政府あるいは制度をおしつけてよいかどうか」という問題である。

自由をもとめて武装している他国の国民を支援するのは「微妙な」問題であって、それをめぐる道徳上の意見は対立する可能性がある。ある国の政府がその国民を抑圧するのを援助すること——不幸にも外国による介入のおおくはこれに該当する——は、わざわざ非難するまでもないことである。自国の市民に服従をしいるために外国の支援を必要とする政府は存在すべきでない。外国人がその政府にあたえる援助は「ある専制政府による、ほかの専制政府にたいする共感」にほかならない。熟考を要するのは「たがいにあらそう諸党派が非常に拮抗しているので、迅速に解決するみこみがまったくないか、たとえみこみがあるとしても、人間愛と両立しない、この国の永続する福祉にとって有害な、きびしいしうちによらなければ、勝利をえた側が敗北した側を制圧することを期待しえない、長期の内戦」の事例である。衆目のみとめるところでは、こうした「例外的な事例」において「この抗争をおえて、妥協した公正な条件で調停すること」を隣国が要求するのは正当とされているようにおもわれる。このような介入は、その正当性がいわゆる国際法の格言となったとみなすことができるかもしれないほど、ひろい賛同をえて再三実行されてきた。ギリシアのトルコからの独立や、エジプト＝トルコ戦争や、ベルギーのオランダからの独立にたいするヨーロッパ列強の干渉は、その好例であった。

ミルによれば、ある国が、自由な制度をもとめて自分の政府に対抗してたたかっているほかの国の国民を援助するのが正当かどうかという問題にかんして、その国民が対抗してたたかっているのが「完全に自国の政府」であるばあいと「外国の支援によってみずからを維持する政府」「外国人の政府」であるばあいとで、解答はことなる。(23) ミルは前者のばあいに介入の正当性が原則的にないとかんがえている。なぜならば、介入が成功しても、その国民自身のためになるとおもうことはめったにありえないからである。ある国民が民主的な制度にふさわしくなるには、自分自身の解放をめざして労苦と危険に勇敢にたちむかわなければならない。こうした意見は「自由民の美徳を奴隷制度という学校でまなぶことはできないのであって、ある国民が自由にふさわしくないとしても、そうなる機会をもつためには、かれらがまず自由にならなければならない」ので、そのために介入すべきであると批判される。しかし、ミルが反論するところによれば、かれらが国内の圧制者から自由を奪取しうるのに十分なほど「自由にたいする愛」をもっていなければ、ほかのものの助力によって自由をあたえられたとしても、それが実質的にして永続的なものとなることはなかった。ある国民はその自由をもとめてたたかって、それを維持するのに十分なくらい尊重することがなければ、たちまち「奴隷」となるだろう。その政府か、その転覆をもくろむ軍人か陰謀者の集団は、自由な制度をたんに形式的なものとすることに満足しなければ、即座に廃止するだろう。その国民の「自由の精神」が強力でなければ、行政府を掌握するものは容易に、いかなる制度をも専制政治のために運用するからである。すでに自由を獲得した国でさえ、こうした「なげかわしい結果」にいたるおそれがある。ある国民が自由を維持するのに必要な「感情と美徳」を発達させることのできない政府に支配されるという不運をもっていたとしても、かれらの感情と美徳が湧出する最良の機会をもつのは、かれら自身の努力によって自由になるよう根気づよく苦闘しているあいだであった[24]。したがって、自由な統治を有する国が、その「世論による道徳的な支援」以外の方法で、ほかの国の国民による支配者からの自由を奪取するこころみを援助することは、それが「正当な自衛の手段」であるばあいをのぞけば「賢明」でも「正当」でもなかった[25]。

しかるに「外国の支配」か「外国の軍隊によってささえられる自国の専制政治」に対抗してたたかっている国民にたいしては介入してよいというのがミルの見解であった。自由に愛情をいだいて自由な制度を擁護して適切に運用しうる国民が、はるかに強力なほかの国家の軍事力に敗北するということはありうる。このように抑圧されている国民を援助することは、勢力均衡を「阻害」することではなくて、すでに不当にはげしく阻害されている勢力均衡を「回復」することにほかならなかった。不介入の原則が道徳上の正当な原理となるには、あらゆる政府がそれを容認しなければならない。自由国家が不介入の原則を宣言しても、専制君主がこれを遵守しなければ、専制君主はほかの専制君主を支援してよいけれども、自由国家はほかの自由国家を支援してはならないという「不幸な結末」にいたるだけである。「不介入を強要する介入」は、つねに賢明というわけでないとしても、つねに正当で道徳的である。たとえば、三月革命後にハンガリーがオーストリアからの独立をもとめて「けだかく」たたかっていたなかで「ロシアの専制君主」が邪魔してオーストリアに援軍を派遣してハンガリーの独立を阻止したときに、イギリスとフランスがロシアにたいして不介入を強要していれば、ロシア軍の介入は生じなかったか、生じたとしてもロシア軍は英仏両軍に敗北しただろう。[26]しかし、英仏両国はこれをおこなわなかったため、クリミア戦争のさいにハンガリーの同盟をえずにロシアとたたかわなければならなかった。イギリスがロシアにたいして、ハンガリー人に発砲すべきでないという「気迫と勇気」をもっていたら、ヨーロッパ中の自由の支持者から崇拝されただろうし、自由を希求するハンガリー国民を即時に解放しえただろう。こうした国家は「自由な国民の同盟」を先導する非常に強力なものなので、それを打倒するために同盟する専制君主がいくらいても、それをものともしないだろう。こうした地位は、努力して手にいれるにあたいする「非常に光栄な」ものであった。イギリスはその英雄的資質ゆえにではなくて、自国の安全を考慮して、こうした「英雄的な役割」をはたすようしいられるときがやがてくるかもしれなかった。

二　アメリカ南北戦争についての言動

⑴　一八六二年以前

ミルは、ケアンズがダブリン大学で一八六一年春学期におこなった奴隷制度にかんする連続講義の原稿——これはのちに著書『奴隷大国』に結実する――をよんで「もっとも有益な論考」「現在とりわけ必要な論考」と判断した。[27]それまでにイギリスで出版されたほぼすべての著作は、奴隷制度が南北戦争の原因であることを指摘していなかった。イギリスの世論は、南部の連邦脱退を承認して奴隷制度をかまわないでおくことを要求しているけれども、奴隷制度は「自由」をさまたげるものであった。アメリカの奴隷制度を存続させるために、その農場を永続的に拡大することは、世界をますます未開にしつづけるにちがいなかった。それを阻止することは「あらゆる文明人の十字軍のための擁護論」となるであろう。ミルはこうした理由でケアンズの原稿を著書として出版するようすすめたのである。[28]

ミルもケアンズも南北戦争という「人間の歴史における重大な危機」にたいするイギリスの世論を「はずかしく、かなしく感じて」いた。[29]イギリス国民は「奴隷制度に反対する信念の誠実さと強固さ」を保持していたけれども、奴隷制度が南北戦争の争点となっていることを理解していなかった。南部はその存立のために奴隷制度の拡大を必要としていて、こうした「社会悪」をアメリカ大陸全土にひろげるために連邦から離脱した。これは「その制圧のために文明化した国民の全十字軍を必要として正当化するほど、世界にとって有害なものとなるまえに」壊滅しなければならないものであった。

ミルは論文「アメリカの抗争」のなかで、アメリカ連合国が勝利してヨーロッパの承認をえて国際社会の一員とみとめられたら、この「アッティラとチンギス＝ハンの原理が憲法の基礎であると公言するあたらしい大国」にたいして、イギリスがどのように対応すべきかを考察している。[30]アメリカ連合国軍はやがてメキシコと中央アメリカをも征服するだろう。それはイギリスが「自国のためにたたかうのに十分な理由」となるだろう。すなわち、イギリスはそこにいる私人の英国臣民にたいする権利侵害を救済するために遠征隊を派遣しなければならない。また、イギリスはアフリカの奴隷貿易をめぐって五年以内にアメリカ連合国と交戦すべきであった。[31]なぜならば、奴隷制度の拡大のためにつくられたアメリカ連合国の奴隷船にアメリカ・アフリカ間を自由に往来させておくことは「ひとさらいからアフリカを保護するこころみ」を放棄することにほかならなかったからである。イギリスが奴隷貿易をやめさせようとしても、南部はしたがおうとしないだろう。そのときは「文明化したヨーロッパの全十字軍」が必要になるかもしれない。

ミルは「不戦主義者」ではなかった[32]。かれはたんに「平和、平和とさけぶもの」と一線を画し、北部が南北戦争をたたかって勝利することをのぞんでいた。長期戦となることが予想されたけれども「正当な理由をもつ戦争」は、国民のこうむりうるもっともひどい害悪とはいえなかった。戦争は醜悪なことだけれども、もっとも醜悪だというわけではない。それよりもわるいのは、なにごとも戦争にあたいしないとかんがえるほど「道徳的にして愛国的な感情」を衰退させることである。「利己的な目的」のためにおこなわれる戦争は国民を堕落させる[33]。けれども「暴虐な不正行為からほかの人間を保護するための戦争」「正と善にかんする国民自身の観念に勝利をもたらす戦争」「国民が自由な選択によって、まっとうな目的のために遂行するかれら自身の戦争」は、しばしば国民を更生させる手段となる。こうした目的のためにすすんでたたかおうとせず「自分の安全」だけを気にかけるものは「自由」をみずから獲得・維持することのできない「あわれなやつ」であった。人間は「正義」のために「不正」とたたかわなければならなかった。ミルの認識によれば、南北戦争はこうした性格をおびていた。

ヘンリ゠フォーセットはミルに完全に同意して論説「アメリカの抗争」を有益とみなしていた[34]。「正当な見解」はサザークの集会でもみられた[35]。すなわち国会議員オースティン゠ヘンリ゠レアドは一八六一年一一月二一日にサザークの選挙区民にたいして、英国政府の中立政策を擁護しつつ、北部にたいする「共感」を表明して、喝采をうけた[36]。民主主義にはしばしば「重大な不正行為」がともなう。北部を支持しないものは「いっそう賢明な意見を擁護するまじめさ、勇気あるいは公共精神をもたずに沈黙をまもる」か「低俗な感情と偏見に屈従する」ものであった。

終戦によって南北が再結合するとしても、北部は南部の奴隷制度を容認してはならなかった[37]。北部が勝利すれば「奴隷制度の崩壊」をもたらすだろうけれども、南部が勝利すれば、その「正反対のこと」がおきると予想された[38]。一八六二年九月一七日にミルがアメリカ合衆国の歴史家にして外交官であったジョン゠ロスロップ゠モトリにあてた手紙によれば、北部が南部を「自由という原理」にもとづいて支配することができれば、イギリスの公衆はトーリ党員をのぞいて、北部を支持するであろう[39]。アメリカ合衆国がこの「かつて経験したなかでもっとも過酷な試練の一つ」をみごとにきりぬけることができたら「人類のすべての未来はいっそうあかるくなる。」そうでなければ「非常にくらくなる」であろう。

ケアンズの著書『奴隷大国』にたいするミルの書評によれば、南部によるメキシコとスペイン領アメリカの征服にともなう奴隷制度の拡大と、西インドの征服・併合と、アフリカ奴隷貿易の再開を阻止するには「自由なアメリカ」が「奴隷所有のアメリカ」に勝利しなければならなかった[40]。それは「人道上の問題」であった。

九月一七日にアンティータムのたたかいで連邦軍が南部連合軍を強襲して大打撃をあたえて、二二日にエイブラハム゠リンカン大統領が一八六三年一月一日をもって南部の奴隷を解放すると宣言したことが、アメリカの情勢をいちじるしく進展させた[41]。この宣言はミルがいかなるアメリカ人よりも歓喜してうけとめた「もっとも重要な」ものであった。「筋金いりのトーリ党員」は奴隷制度に賛成し、アメリカ合衆国の民主主義的な制度を非常に嫌悪して「アメリカ共和国の分断がイギリスの利益にかなうという下劣な理論」を展開していたけれども「ほとんどすべてのイギリスの自由党員」は南北の分裂を心から遺憾におもっていた[42]。トーリ党はアメリカの制度を損傷して信頼しえないものとすることをよろこぶけれども、自由党は北部の「味方・盟友」であった。

フランスの世論はミルの満足するものであり、進歩的なフランス人はことごとく開戦時から北部に同調していた。[43]フランス人はイギリス人よりも南北戦争を熟知していたわけではなかったけれども、その直観はただしかった。イギリスでは閣僚のなかに「非常に不適当な」発言をするものもいた。たとえばジョン＝ラッセル外務大臣は一八六一年一〇月一四日にニューカースルで、南北戦争の原因について、北部が「帝国」として南部を支配するために、南部が北部から独立して「権力」を掌握するために、それぞれたたかっているとのべていた。[44]また「非常に遺憾な」[45]ことに、ウィリアム＝ユーアト＝グラッドストン財務大臣は一八六二年一〇月七日にニューカースルで、南部のジェファーソン＝デイヴィスそのほかの指導者が「陸軍」を創設して「海軍」を新設しつつあるとともに「国家」を創出したと、南部の独立を承認するかのような演説をおこなった。[46]ヴィクトリア女王は一八六一年五月一三日に中立宣言を発していたけれども[47]「進歩的にして友好的なアメリカ人」からすれば、イギリスの世論は「悪評」の対象となっていた。[48]ミルはそれに「十分気づいて、心から悲嘆し、屈辱を感じて」いた。

「ある強烈なランカシャの奴隷制廃止論者」[49]の報告によれば、マンチェスタとリヴァプールにおける世論の論調は「好転」しつつあった。[50]かつてはそこの取引所にあつまるほとんどすべてのひとびとが南部にたいする共感を公然と表明していたのに、やがて南部と北部のどちらにもくみしないと言明するようになった。かれらはまもなく北部を支持すると予想された。しかるに、北部海軍が南部諸港を封鎖してイギリスへの原綿供給がとまったことによって生じた木綿飢饉により、ランカシャの労働者階級は経済的に非常に困窮していったにもかかわらず、一貫して北部を支援しつづけた。かれらはリンカン大統領を支持する声明を発表するために「奴隷制度の最後の日」となる一八六二年一二月三一日にマンチェスタで集会を開催した。ミルはこうしたことをよろこんだ。[51]

(2)　一八六三年以後

アメリカ合衆国の駐英公使チャールズ＝フランシス＝アダムズの判断によれば、奴隷解放宣言後にイギリスとヨーロッパ全土で北部にたいする支持が「増大」した。[52] ミルはイギリスの世論が「進歩」しているという印象をアダムズと共有していた。[53]

一八六三年一月二日にテネシー州マーフリーズボロで連邦軍は南部連合軍を撃退した。[54] ミルはイギリスの世論について「非常に良好な感情」をいだくようになった。[55] 奴隷解放宣言のあとにイギリスの公衆は北部を支持するようになった。[56] かれらをあやまらせたのは「悪意」ではなくて「無知」であった。かれらは奴隷制度が南北戦争の原因ではないと信じていた。イギリスには「奴隷制度に反対する感情」がわきおこっていた。ジェイムズ＝スペンスというリヴァプールの商人はアメリカ連合国を応援していて、奴隷解放宣言の発布によって連邦政府にたいする支持を決議した一七日のリヴァプールにおける集会を阻止しようとしたけれども、できなかった。[57] 二〇日にジョージ＝ダグラス＝キャンベル（アーガイル公爵）王璽尚書はエジンバラの集会で、米国聖公会の南部の主教が黒人奴隷制度を肯定したことを公然と非難した。[58] 二一日にはトマス＝ミルナ＝ギブソン商務庁総裁がアシュトンで選挙区民にたいしてアメリカ合衆国と「対立」してはならないと演説し、奴隷解放宣言をおこなったリンカン大統領を称賛して、大喝采をうけた。[59] このような「国民全体と議員全員の強烈な連帯感（sense of the *Solidarité*）」が重要であった――ミルはイギリスに *Solidarité* の「簡潔な同義語」はないとのべている[60]――。

南北戦争はアメリカ合衆国民の「英雄的資質と堅固な志操」を喚起すると同時に「だれもがなにごとにもふさわしいという公衆の致命的な信念から生ずる無能力と不始末」を、戦争を遂行するさいの「完全な財政上の無責任」というかたちで露呈した。けれども、北部が南部を制圧して、奴隷所有者に補償したうえで奴隷を解放して、かれらを占有されていない土地の自由な所有者として定住させて、戦費を調達するために発行した国債を償還すれば、イギリスのたかい評価をえるであろう。[61]南北戦争は、それがたかめた「高尚な精神」と、それにもとづく「真摯な反省」によって、右記のような「無能力と不始末」を是正することができれば、アメリカ合衆国にとっての「永遠の祝福」と、人類の将来にとっての「はかりしれない進歩の源泉」となろう。

南北戦争が終結したあとに北部が経済上のしくみのことなる南部と完全な再結合をなしとげるのは容易なことではないけれども、それが可能ならば「奴隷制度をみとめない統治の原理」を南部にも貫徹しなければならなかった。[62]三月二六日にセント＝ジェイムズ＝ホールで北部を支持する労働組合の集会が開催され、ジョン＝ブライトが司会をつとめ、ミルも参加した。[63]同月二七日に国会議員ウィリアム＝エドワード＝フォースタは、イギリスの中立政策に違反して自称アメリカ連合国の軍艦をイギリスの港で艤装することが、アメリカ合衆国との友好関係をそこなっていることに政府の注意をうながした。[64]ミルはフォースタがこうした指摘をもっとはやくすべきであったとかんがえていた。

七月一八日にミルが元連邦議会議員にして歴史家であったジョン＝ゴーラム＝ポールフリにあてた手紙によれば、イギリスでは多数のひとが「極悪な奴隷所有の陰謀に共感すること」によって、かれら自身とイギリスに恥をかかせて「暴君に味方する習慣」を身につけてきた。[65]そうしたことをまぬがれたのは「比較的少数の崇高な個人」をのぞけば「労働者階級」と「知識階級のなかの優秀なひとびと」だけであった。[66]九月二四日にミルがジェレミ＝ベンサムの門弟であったメイン州最高裁判所首席裁判官ジョン＝アップルトンにあてた手紙によれば、イギリスでは首相からもっとも小規模な新聞の記者にいたるまで、ほとんど全員が南北戦争の争点について「無知」であった。[67]「労働者階級」と「知識階級のなかのすぐれたひとびと」をのぞくほぼすべての階級が南部にたいする「共感」をしめしたのは「まったく不名誉な」ことであった。しかし、事態は「好転」しつつあった。まず『タイムズ』はイギリスで交戦団体たる南部のために軍艦を艤装することが、あやまってもいるし不得策でもあると主張するようになった。また、イギリスの閣僚のなかでは、最初から北部の「熱烈な味方」であったアーガイル王璽尚書とミルナ゠ギブソン商務庁総裁のほかに、ラッセル外務大臣も北部を支持するようになった[68]。ミルの予測によれば、北部が最終的に勝利するのであれば、南北戦争はながびけばながびくほど「奴隷制度を維持する妥協」の可能性をせばめて、国民の性格を高尚にする「原理にかんする戦争」となるだろう[69]。かれは戦後に北部が南部の黒人奴隷を「完全に解放」して、かれらに「土地」を付与するのみならず「教員」を配置し「自由な移動」をみとめて、白人が黒人を尊重して政治的・社会的に平等なものとみなすことと、奴隷制度という「もっとも重要な問題」を熟考して「民主主義の真の根本的な危険」である「知力の停滞」を阻止することを期待した。こうした意味で、南部を「征服」することが「不愉快な結果」をもたらすことはなかった[70]。

南部を支持するイギリスの新聞は北部に有利な事実を隠蔽してきた[71]。とくに『タイムズ』と『サタデイ評論』は「知識のないまったく無責任な主張」で「もっともひどい虚偽」をかたってきた[72]。『デイリ゠ニューズ』は「正当な見解」を、十分な知識をもって、偏見をもたずに支持して、北部に有利な事実を公平に発表する唯一の日刊紙であった[73]。『タイムズ』のニューヨーク特派員チャールズ゠マッケイは「貧弱な野次馬」であって「ニューヨークのいかがわしい徒党からきいたたわごとをうけうりしているだけで」あった。この徒党のほとんど全員が商売か政治をとおして個人的に奴隷制度に利害関係を有していて、イギリスの新聞のなかでは「民主主義の最悪の部分」として「恥辱」とされるのがつねであった。かれらの従者は主として「アイルランド移民の下層民」から構成されていた。しかるに「高尚にして知的にして高潔な、あるいは北部でイギリスにつねに友好的だったもの」はことごとく南北戦争に身も心もうちこんでいた。

イギリスのだれもが――トーリ党も自由党も――アメリカ合衆国と交戦することを、あるいは国際法にもとづく戦争の正当な理由を同国にあたえることを、のぞんでいなかった。[74] したがって『タイムズ』と『サタデイ評論』でさえ、アメリカ連合国のためにリヴァプールの造船所で砲艦を建造することに反対していた。[75] その代表例がアラバマ号であった。[76] それはアメリカ連合国の私掠船であった。[77] アラバマ号はアメリカ合衆国の商船を捕獲しておおくの損害をあたえたので、同国はイギリスに賠償を要求し、戦後に両国をふくむ五か国の代表からなる仲裁裁判所がイギリスの中立義務違反を確定して賠償をしはらうよう命じた。ミルは「国際法を研究してこなかった」ため、この問題について論文を執筆しようとしなかった。ミルにとって南北戦争はなによりも道徳問題であって「北部の勝利」と「奴隷制度の急速な破壊」と「黒人にたいする白人の反感・軽蔑の急速な消滅」を促進するものであった。

ミルはグラッドストン財務大臣にアメリカ合衆国の法律家チャールズ＝G・ローリングの著書『イギリスと合衆国の中立関係』[78] をおくった。[79] 一八六四年一月二二日にミルがグラッドストンにあてた手紙によれば、ローリングは中立国イギリスが交戦団体たる南部に軍艦を完全に売却してはならないと決定することを歓迎するであろう。[80] ミルの推測によると、グラッドストンはこの著書をよんだあと「中立国が交戦団体に軍艦を売却すること」は「合法的な商業」でないとみなすようになった。[81] ミルは財務大臣という要職にあるグラッドストンのこうした「進歩」を非常によろこんだ。

『ニューヨーク＝ヘラルド』が奴隷制度の廃止に反対していたけれども賛成するようになったのは「もっとも重要な」できごとだった。[82] 『タイムズ』も同様の態度をとるようになったとはいえ、旧来の論調にもどることもあった。たとえば『タイムズ』の経済記者マーマデューク＝ブレイク＝サンプソンはブラジルの鉄道会社の重役であって、その記事が「世論を害する」こともあった。[83] かれは奴隷が採掘する大規模な鉱山地区に通じる鉄道に個人的に利害関係を有する、アメリカ連合国の熱心な支持者であった。

南北戦争は「正義に味方して進行して」いた[84]。ミルはリンカン大統領が再選されれば、終戦が確実にちかづくと予想した。ラッセル外務大臣は一〇月八・九日に、バーケンヘッドのレアド造船所がアメリカ連合国のために建造した二隻の蒸気エンジン付装甲衡角艦を没収した[85]。リンカンが大統領に再選されたとき、ミルはこの選挙結果と南北戦争の「希望にみちた展望」をよろこんだ[86]。

『経済学原理』（第六版一八六五年）によれば「偉大なアメリカ共和国」は「奴隷制度という不幸の種」を投棄するために「自由州の最善のひとびとの流血」を犠牲にしたけれども、かれらの精神的・道徳的価値を無限に上昇させた[87]。かれらは「いっそう高潔な大志と英雄的な美徳」をしめした[88]――ミルは経済成長がおわったあとに「富と人口の停止状態」が到来することを悲観しなかった。前者の時期は「出世」欲が支配的であるのにたいして、後者の状態は「いっそう高潔な大志と英雄的な美徳」をかならずしも破壊するとはかぎらないからである。かれはまた経済成長が地球環境を破壊するという観点から「富と人口の停止状態」をのぞましいものとみなした[89]。こうしたミルの思想は現代の「持続可能な発展」という観念に継承されている[90]――。

しかるに、英国の国民はアイルランドについてと同様、アメリカについても無知であった[91]。歴史家であったゴウルドウィン＝スミスも南部の連邦脱退の「正当性」を承認したうえでの「再建」による「和平」を唱道するという、あたかも土台の崩壊した家屋を、その土台を修復せずに改築するかのようなあやまりをおかした[92]。

(3) 終　戦　後

一八六五年四月九日に南部連合軍の総司令官ロバート＝エドワード＝リー将軍が連邦軍に降伏したあと、多数のイギリス人が突然、北部の味方に転向した。[93]ミルはこうした「尊敬にあたいしない転向」に「嫌悪感」をいだいた。[94]

七月八日、庶民院議員に立候補したミルはウィンチェスタ＝ストリートで選挙演説をおこなった。かれは「庶民院が富者か富裕な親類をもつひとだけから構成されることが正当で最良である」とかんがえなかった。[95]こうしたことがのぞましくない理由の一つは「富者が自然に富者に共感する」ということであった。富者が貧者に十分な共感をいだくのは、貧者が富者のまえに「あわれみの対象」としてあらわれるときだけであった。富者はほぼ例外なく貧者に「一種の守護的にして庇護的な同情」をいだく。けれども、それはあたかも羊飼いが自分の羊の群にいだくかのような同情であって、それをいだくのは羊の群がつねに羊らしくふるまうときだけであった。もしも羊が自分自身のことがらについて発言権を有しようとこころみるならば、かなり多数の羊飼いたちが狼をよびいれようとするだろう。ミルはこうした「富者の富者にたいする共感」の例として、イギリスの上層階級がアメリカの奴隷所有者の勝利を念願したことをあげている。前者が後者に共感をいだくのは、奴隷制度を愛好していたからではなくて、それが奴隷所有者の気まぐれによって人間に非常な苦痛をあたえ死にいたらしめるものであることを、理解していなかったからである。奴隷所有者が確立しようとした統治は「幸運にも挫折した。[96]」それは「一種の悪の支配」であり「ボウイナイフと輪胴式連発ピストル」によるものであって「純粋な民主主義の統治」ではなかった。[97]イギリスの特権階級はこうしたことを熟考しなかった。かれらは「特権階級がその特権をとりあげることをのぞんでいるものによって妨害されている」ととらえて奴隷所有者を「紳士の共感すべき紳士」とみなした。しかし、一八五六年五月二二日にマサチューセッツ州選出の上院議員にして奴隷制度廃止論者であったチャールズ＝サムナを鞭でうって気絶させたサウスカロライナ州選出の下院議員プレストン＝スミス＝ブルックスは「紳士」でなかった。[98]ブルックスの行為を是認した奴隷所有者の妻と娘も「淑女」でなかった。しかし、これらの非道な行為に率先して反対した哲学者・詩人ラルフ＝ウォルドウ＝エマソン、ユニテリアン派牧師セオドア＝パーカ、作家ジェイムズ＝ラッセル＝ロウエル、歴史家・外交官ジョージ＝バンクロフトたちは「紳士」ではなくて「粗野な急進派にして俗悪な扇動家」とみなされた。イギリスの特権階級は「非常に盲目」なので、かれらの攻撃しているひとびとがイギリスに友好的であることをしらなかった。イギリスでは非常に多数のひとびとがこうした「感情の一般的堕落に屈した。」

ミルは質疑応答のさいに労働者から「投票権をもつことによって生じる利益とはなにか」と質問されて「投票権をもつものが市民になることと、自分が市民であると感じること」だと回答して大喝采をあびた。[99] アメリカでは「愛国心」が堂々と誇示されていた。それは世界中のひとびとの驚嘆すべきものであった。民衆はその「国民的感情（nationality）」のために自分の家族の生命をささげて、国債をおう覚悟をした。ニューイングランドではあらゆる家族が戦死者をだした。こうした国民全体の感情がうまれたのは、万人が投票権をもっているからであった。ミルによれば「市民権（citizenship）」とは「発言の機会をえて、国事に影響をおよぼすのに参加して、意見をもとめられ、はなしかけられて、政治についてひとと同意・検討する平等な権利」であり「人間の自尊心を向上させ涵養して、同胞を顧慮する感情を強化するのに役だつ」ものであった。これこそが「利己的な人間」と「愛国者」の相違であった。ひとびとに政治への関心をもたせることは「人類を向上させる崇高なこと」であった。アメリカ合衆国の「民主主義と普通教育」は英雄的行為の必要なときに全国民を「英雄」にして、その必要がなくなるやいなやふたたび「平和な市民」にした。[100] かれらは一八六五年四月一四日のリンカン暗殺に憤慨しても復讐心をまったくもたなかった。

一八六七年にミルが回顧したところによれば、南北戦争は「英雄的にして光栄な戦闘」であった。[101] 無数の軍人がたたかったのは「自分自身の自由」のためとはいえ、主として「他者の自由」「自由という普遍的な主義」のためであった。ほとんどの家族が服喪したにもかかわらず、勝利するまでたたかいつづけ、その後「鋤と織機」をもちいる

「市民生活」を再開した。かれらは「軍人生活をつづけること」あるいは「隣国に不快な侵入をすること」を二度とかんがえなかった。これこそがイギリスに必要な「防衛軍」「防衛隊」であった。イギリスの軍隊を「増強」して「侵略」のためのものにすることにたいしては「もっとも精力的に反対すべき」であった。ミルがのぞんだのは「防衛隊」であった。かれはイギリスの国民がかれら自身の「主義」のために、あるいは利害関係のないことに関心を感じるように、訓練をうけ、武装し、たたかって前進する覚悟をすることを念願した。

軍事費を増大させる政府の提案に抗議する「労働者平和協会」――これは普仏戦争のあいだの英国の中立を推進するためにウィリアム゠ランダル゠クリーマが一八七〇年に組織した労働者の委員会を前身として、その翌年に「労働者平和協会」となったものをさすとおもわれる[102]――の集会が一八七一年三月一〇日にセント゠ジェイムズ゠ホールで開催され、ミルは司会をつとめた[103]。かれによれば、南北戦争は「職業軍人」でない「市民兵士」が軍務を「十分に迅速に」まなびうることを証明していた[104]。イギリスは「熟練兵士をもつ強国」から攻撃されたとき、それをもたなければ「やや不利」となるけれども、プロイセンのように人数のおおさで補完すればよかった。「国民」を「軍隊」にすることが「真の軍事改革」であった。「従来よりも費用のかかる常備軍」をそなえて国民自身を「防衛隊」にしようとしない政策は「改革」ではなくて「悪弊の継続とその深刻化」にほかならなかった。

おわりに

南北戦争にたいするミルの態度は、論文「不介入にかんする小論」でおこなった外国の問題への介入にかんする道徳上の根拠についての分析を反映していた[105]。かれによれば、南北戦争は奴隷制度を拡大しようとする南部とこれを阻止しようとする北部の内戦であり、ミルは後者を支持した。とはいえ、イギリスが後者を軍事的に支援すべきであるとまではのべていない。北部の国民は「外国の支配」か「外国の軍隊によってささえられる自国の専制政治」に対抗してたたかっているわけではなかったからである。イギリスが介入することによって、北部の国民の「自由の精神」をよわめてはならなかった。イギリスで許容されるのは「世論による道徳的な支援」だけであった――当時の英国海軍が現在の米国空軍に匹敵するものだったにもかかわらずである[106]――。しかし、南部が勝利してその隣国にいる私人の英国臣民の権利を侵害したばあい、イギリスは「正当な自衛の手段」を発動しなければならなかった。同時に「自由な国民の同盟」を先導するという「英雄的な役割」をはたすかもしれなかった。

ある国が、自由な制度をもとめて自分の政府に対抗してたたかっているほかの国の国民を援助するのが正当かどうかという問題にかんして、その国民が対抗してたたかっているのが「完全に自国の政府」であるばあい、介入の正当性が原則的にないというミルの見解については、異論がみられる。すなわち「圧制」は国内の政府によるものであろうと外国の政府によるものであろうと「原理的に相違はない」という反論[107]や「国内の暴君」にたいしては独力で自由を獲得しなければならないのに「外国の支配者」にはなぜそうでないのかという疑問[108]が呈され、とくに冷戦終結後に頻発してきた内戦にたいする人道的介入のありかたを議論するなかで、ミルの主張は極論とされる[109]。けれども、ミルからすれば、そこに論理的な矛盾はない。かれの「国際道徳における不干渉原理」[110]は論文「不介入にかんする小論」とおなじ一八五九年に出版された『自由論』の中核をなす個人の「自己防衛」[111]「自己決定と自助」[112]の原理を当時の国際社会における国家に応用したものである。ミルがある国によるほかの国の「体制変革」をゆるそうとしなかったのは、その「自助」論にもとづいている[113]。

現在はミルの時代とことなって「国際市民社会」が発展し、ＮＧＯという非軍事的な組織が他国の自由政治を、その国民に必要な「自助」をそこなわずに支援している。[114] ヒューマン゠ライツ゠ウォッチやアムネスティ゠インターナショナルのような集団が「体制変革」のために有効に機能している。かれらは自由という「光栄な」目的物を追求するさいに、いかなる国家の軍事的な協力を要請することもない。かれらは新体制を強制しない。かれらの任務の成功は究極的に、現地の精力と熱意によるものである。かれらが自由と民主主義を促進するために提供する支援を「連帯」と呼称することができよう。それは「感情と知力の介入」であって「軍隊の介入」ではない。ミルがいまいきていれば、こうした「自助」をそこなわないかたちでの介入を志向するのではなかろうか。

このようにミルの国際政治思想を考察するさいには、それとかれの国内政治思想に一貫するものをみていくことが重要であろう。このことは外国への介入だけでなく、ナショナリティ――本章と前章でみてきたとおり「国民的感情」「国家的独立」などの意味を有する――についてもあてはまる。ミルによれば、ことなるナショナリティから構成された国において、自由な制度はほとんど不可能であった。[115] ナショナリティは熟議民主主義に必要な連帯感をうみだすものとしてグローバル化に抗する文脈で積極的に評価される。[116] しかし、それは他国民への敵意と自国民への強制的同質化を助長しないであろうか。ナショナリティは『代議政治論』第一六章の主題だけれども、それを正当化する主たる根拠が自由な代議政治に潜在的に資することにあるという観念を、ミルが最初に明確にのべたのは論文「一八四八年フランス二月革命の擁護」（一八四九年）においてであった。[117] かれの信念によれば、オーストリア・ロシア・トルコという多民族帝国よりも、民族解放運動の成功によってうまれる国民国家（たとえばロシアから独立したばあいのポーランド[118]）のほうが、自由を獲得するみこみがあった。[119] しかし、ミルはナショナリティと国内における個人の自由との緊張関係を明確に理解していた。かれが前者を支持したのは、それが後者の必要条件であるとおもわれるばあいだけであった。ミルが統一前のイタリアの愛国者パスクワレ゠ヴィラリにあてた手紙によれば「ひとはある時点で自由よりもナショナリティを優先させました。わたくし〔ミル〕はそれをゆるすことさえできるでしょう。自由はしばしば、それが存在するためにナショナリティを必要とするからです。[120]」かれがナショナリティを容認したのは、それ以外の目的の手段としてのみであった。ミルはナショナリティそれ自体か民族文化の維持に本質的な価値をみいださなかった。かれは社会における結束が必要であることを認識していたけれども、[121]それはアレクシ＝ドゥ＝トクヴィルの『アメリカにおけるデモクラシーについて』の書評[122]で重視したような「市民精神[123]」を意味する「啓発された愛国心[124]」あるいは全人類の幸福を追求する「コスモポリタンな愛国心[125]」にもとづかなければならなかった。ミルは「部族根性」を非難した。[126]他民族の権利・利益に無頓着か、すくなくとも無関心であることは「未開人」の特徴であった。[127]かれがナショナリティを重視したのは、おなじ政府のもとで生活する人間が仲間意識をもたず、結束してその自由を維持するか主要な世論を形成することができなければ、政府は人種・民族をたがいに対抗させることによって、すべてのひとびとの自由を抑圧しうるからであった。[128]オーストリア帝国においてボヘミア人がウィーン人の自由を阻止するのに加担しようとしていたり、クロアチア人とセルビア人がハンガリー人を圧倒したがったり、だれもが結束してイタリアをオーストリア皇帝に隷属させつづけたがったりするならば、自由な国制を樹立することは不可能であった。[129]ナショナリティは自由を獲得する手段としてのぞましいものであった。イタリア人がイタリアを統一しようとしたり、プロイセンの支配下にあったポズナンがポーランドになろうとしたりする企図に共鳴する理由は、こうしたことであった。不介入やナショナリティにかんするミルの主張には、共同体のもつ意義を無視しなかったという意味でコミュニタリアン的な要素がみられるけれども、[130]それらをとおして個人の自由をまもり、国境をこえてひろげようとしたかれの思想は基本的にコスモポリタニズムの系譜に位置づけられよう。[131]

ミルの国際政治思想から国内政治思想に目を転じれば、かれはイギリスの教育制度を拡充したうえで労働者や女性に選挙権をあたえることによる「市民」としての「公共精神」の涵養と「権利・利益」の保障を目的とした政治参加論を展開している。また、選挙浄化・地方政治の改革・イギリス国教会の廃止などをめざして特権階級批判をおこなっている。その延長線上にアイルランド国教会の廃止論と、アイルランドの革命秘密結社フィーニアンを厳罰に処することへの反対と、本章でみてきた南北戦争においてアメリカ黒人奴隷を解放すべくおしすすめた国際道徳論が存在する。「市民」の創出と「国際市民社会」の発展のためにミルが一歩ずつつづけた努力を継承していくことは、なお重要な課題であるようにおもわれる。

（1）Mill, John Stuart, *Autobiography* (1873), CW, I, pp. 266–268.　山下重一訳註『評註ミル自伝』（御茶の水書房、二〇〇三年）二五六―二五九頁。

（2）Cairnes, J[ohn] E[lliot], *The Slave Power: Its Character, Career, & Probable Designs: Being an Attempt to Explain the Real Issues Involved in the American Contest* (London: Parker, Son and Bourn, 1862).

（3）Mill, J. S., *Autobiography*, pp. 263–264.　山下訳二五二―二五三頁。

（4）Do., "A Few Words on Non-Intervention," *Fraser's Magazine for Town and Country*, Vol. LX (December, 1859), pp. 766–776, right running titles.

（5）Do., "A Few Words on Non-Intervention (1859)," CW, XXI, p. 111.

（6）Ibid., pp. 111–112.

（7）Ibid., p. 112.

（8）Cf. "An Act for the Abolition of Slavery throughout the *British* Colonies; for promoting the Industry of the manumitted Slaves; and for compensating the Persons hitherto entitled to the Services of such Slaves [28th *August* 1833]," 3 & 4 William IV, c. 73, *The Statutes of The United Kingdom of Great Britain and Ireland*, Vol. XIII (London: Printed by George Eyre and

Andrew Spottiswoode, Printers to the King's most Excellent Majesty, 1835), pp. 358–371.

（9）Mill, J. S., "A Few Words on Non-Intervention," p. 113.

（10）Ibid., pp. 113–114.

（11）Ibid., p. 114.

（12）Ibid., p. 115.

（13）Ibid., pp. 115–116.

（14）Viscount Palmerston [Temple, Henry John], "Speech on Isthmus of Suez Canal—Resolution (June 1, 1858)," *Hansard's Parliamentary Debates*, 3rd ser., Vol. CL, cols. 1379–1384.

（15）Mill, J. S., "A Few Words on Non-Intervention," p. 116.

（16）Ibid., p. 117.

（17）Ibid., p. 118.

（18）Ibid., pp. 118–119.

（19）Ibid., p. 119.

（20）Ibid., pp. 119–120.

（21）Ibid., p. 120.

（22）Ibid., p. 121.

（23）Ibid., p. 122.

（24）Ibid., pp. 122–123.

（25）Ibid., p. 123.

（26）Ibid., p. 124.

（27）Do., "Letter to John Elliot Cairnes (August 18. 1861)," *CW*, XV, p. 738.

（28）Ibid., pp. 738–739.

（29）Do., "Letter to John Elliot Cairnes (November 25. 1861)," *CW*, XV, p. 752.

（30）Do., "The Contest in America (1862)," *CW*, XXI, p. 140.　山下重一訳「アメリカの抗争」『國學院法學』第三二巻第一号（一九九四年）六三頁。

（31）Ibid., p. 141. 六四頁。

（32）Varouxakis, Georgios, *Mill on Nationality* (London : Routledge, 2002), p. 109. Do., "The International Political Thought of John Stuart Mill," Ian Hall and Lisa Hill ed., *British International Thinkers from Hobbes to Namier* (New York : Palgrave Macmillan, 2009), p. 127.

（33）Mill, J. S., "The Contest in America," p. 142.　山下訳六五頁。

（34）Do., "Letter to Henry Fawcett (March 6. 1862)," *CW*, XV, p. 776.

（35）Ibid., p. 777.

（36）"Mr. Layard and His Constituents," *The Times* (November 22, 1861), p. 10.

（37）Mill, J. S., "Letter to John Elliot Cairnes (June 15. 1862)," *CW*, XV, p. 783.

（38）Do., "Letter to Theodor Gomperz (September 17, 1862)," *CW*, XV, p. 795. Do., "Letter to Theodor Gomperz (September 17. 1862)," *CW*, XXXII, p. 132.

（39）Do., "Letter to John Lothrop Motley (September 17th, 1862)," *CW*, XV, p. 797.

（40）Do., "The Slave Power (1862)," *CW*, XXI, p. 157.　山下重一訳「奴隷制権力」『國學院法學』第三二巻第一号（一九九四年）七八頁。

（41）Do., "Letter to John Lothrop Motley (October 31, 1862)," *CW*, XV, p. 800.

（42）Ibid., p. 801.

（43）Ibid., p. 802.

（44）"News of the Week—Home," *The Spectator* (October 19, 1861), p. 1135.

（45）Mill, J. S., "Letter to John Lothrop Motley (October 31, 1862)," p. 803.

（46）Morley, John, *The Life of William Ewart Gladstone*, Vol. II (London : Macmillan, 1903), p. 79.

（47）Mill, J. S., "Letter to John Lothrop Motley (October 31, 1862)," p. 803, n. 24.

(48) Ibid., p. 804.
(49) Do., "Letter to John Elliot Cairnes (December 16. 1862)," *CW*, XV, p. 810.
(50) [Kyllmann, Max], "Letter to John Stuart Mill," quoted in ibid.
(51) Do., "Letter to John Elliot Cairnes (December 16. 1862)," p. 811.
(52) "Deputation to the American Minister," *The Times* (January 17, 1863), p. 9.
(53) Mill, J. S., "Letter to an unidentified correspondent (January 17. 1863)," *CW*, XV, p. 823.
(54) Do., "Letter to John Lothrop Motley (January 26. 1863)," *CW*, XV, p. 827, n. 4.
(55) Ibid., pp. 827–828.
(56) Ibid., p. 828.
(57) Ibid., p. 829, n. 15.
(58) "The Duke of Argyll on Slavery and Free Discussion," *The Times* (January 22, 1863), p. 10.
(59) "Mr. Milner Gibson at Ashton," *ibid.*, p. 9.
(60) Mill, J. S., "Letter to John Lothrop Motley (January 26. 1863)," p. 830.
(61) Ibid., p. 831.
(62) Do., "Letter to John Elliot Cairnes (March 25. 1863)," *CW*, XV, p. 851.
(63) "Mr. Bright, M. P., on the American Question," *The Times* (March 27, 1863), p. 12.
(64) Forster, W[illiam] E[dward], "Speech on United States—The Foreign Enlistment Act (March 27, 1863)," *Hansard's Parliamentary Debates*, 3rd ser., Vol. CLXX, col. 33.
(65) Mill, J. S., "Letter to John Gorham Palfrey (July 18, 1863)," *CW*, XV, pp. 869–870.
(66) Do., "Letter to Thomas Bayley Potter (August 24. 1863)," *CW*, XXXII, pp. 141–142.
(67) Do., "Letter to John Appleton (September 24. 1863)," *CW*, XV, p. 885.
(68) Ibid., pp. 885–886.
(69) Ibid., p. 886.

(70) Do., "Letter to Henry Fawcett (October 14. 1863)," *CW*, XV, p. 891.
(71) Do., "Letter to William Thomas Thornton (October 23. 1863)," *CW*, XV, p. 892.
(72) Ibid., pp. 892–893.
(73) Ibid., p. 893.
(74) Do., "Letter to John Elliot Cairnes (December 16. 1863)," *CW*, XV, pp. 909–910.
(75) Ibid., p. 910.
(76) Ibid., p. 910, n. 9.
(77) Do., "Letter to John Lothrop Motley (January 26. 1863)," p. 827, n. 3.
(78) Loring, Charles G., *Neutral Relations of England and the United States* (Boston : William V. Spencer, 1863).
(79) Mill, J. S., "Letter to William E. Gladstone (December 26. 1863)," *CW*, XV, p. 913.
(80) Do., "Letter to William E. Gladstone (January 22. 1864)," *CW*, XV, p. 916.
(81) Do., "Letter to John Elliot Cairnes (January 24. 1864)," *CW*, XV, p. 917.
(82) Do., "Letter to John Elliot Cairnes (April 2. 1864)," *CW*, XV, p. 934.
(83) Do., "Letter to William Dougal Christie (September 12. 1864)," *CW*, XV, p. 956.
(84) Do., "Letter to John Elliot Cairnes (October 3. 1864)," *CW*, XV, p. 957.
(85) Do., "Letter to Edwin Chadwick (October 28, 1864)," *CW*, XV, p. 961, n. 5.
(86) Do., "Letter to Rowland G. Hazard (December 13, 1864)," *CW*, XV, p. 982.
(87) Do., *Principles of Political Economy : With Some of Their Applications to Social Philosophy*, 6th ed. (1865), *CW*, II, p. 250. 末永茂喜訳『経済学原理（二）』（岩波書店、一九六〇年）一一〇頁。
(88) *Ibid.*, *CW*, III, p. 754. 末永茂喜訳『経済学原理（四）』（岩波書店、一九六一年）一〇五頁。
(89) *Ibid.*, p. 756. 一〇九頁。
(90) Daly, Herman E., *Beyond Growth : The Economics of Sustainable Development* (Boston : Beacon Press, 1996), pp. 3–4. 新田功・藏本忍・大森正之訳『持続可能な発展の経済学』（みすず書房、二〇〇五年）四—六頁。

（91）Mill, J. S., "Letter to John Elliot Cairnes (February 9. 1865)," *CW*, XVI, p. 994.
（92）Cairnes, J. E., "Letter to John Stuart Mill (February 5. 1865)," quoted in ibid., p. 994, n. 5.
（93）Brace, Charles Loring, "Letter to John Stuart Mill," quoted in Mill, J. S., "Letter to Charles Loring Brace [June, 1865]," *CW*, XVI, p. 1064, n. 2.
（94）Ibid., p. 1064.
（95）Do., "The Westminster Election of 1865 [4] (8 July, 1865)," *CW*, XXVIII, p. 32.
（96）Ibid., pp. 32–33.
（97）Ibid., p. 33.
（98）Ibid., p. 33, n. 1.
（99）Ibid., p. 39.
（100）Do., "Letter to Rowland G. Hazard (November 15. 1865)," *CW*, XVI, p. 1118.
（101）Do., "Political Progress (4 February, 1867)," *CW*, XXVIII, p. 129.
（102）Lee, Matthew, "Cremer, Sir William Randal (1828–1908)," H. C. G. Matthew and Brian Harrison ed., *Oxford Dictionary of National Biography : In Association with the British Academy : From the Earliest Times to the Year 2000* (Oxford ; Tokyo : Oxford University Press, 2004), Vol. XIV, p. 144.
（103）Mill, J. S., "The Army Bill (10 March, 1871)," *CW*, XXIX, p. 411, editor's note.
（104）Ibid., p. 414.
（105）Reeves, Richard, *John Stuart Mill : Victorian Firebrand* (London : Atlantic Books, 2007), pp. 337–338.
（106）Walzer, Michael, "Mill's 'A Few Words on Non-Intervantion' : A Commentary," Nadia Urbinati and Alex Zakaras ed., *J. S. Mill's Political Thought : A Bicentennial Reassessment* (Cambridge [U. K.] : Cambridge University Press, 2007), p. 356.
（107）Beitz, Charles R., *Political Theory and International Relations : With a New Afterword by the Author* (Princeton, NJ : Princeton University Press, 1999), p. 87.　進藤榮一訳『国際秩序と正義』（岩波書店、一九八九年）一二七頁。
（108）Hoffmann, Stanley, *Duties Beyond Borders : On the Limits and Possibilities of Ethical International Politics* (Syracuse, N. Y. :

Syracuse University Press, 1981), p. 66.　最上敏樹訳『国境を超える義務：節度ある国際政治を求めて』（三省堂、一九八五年）八一頁。

(109)　押村高『国際政治思想：生存・秩序・正義』（勁草書房、二〇一〇年）一三一頁。

(110)　Vincent, R. J., *Nonintervention and International Order* (Princeton, N. J.: Princeton University Press, 1974), p. 345, n. 37.

(111)　Benn, Stanley I. and Richard S. Peters, *Social Principles and the Democratic State* (London: G. Allen & Unwin, 1959), p. 361.

(112)　Walzer, M., *Just and Unjust Wars: A Moral Argument with Historical Illustrations*, 4th ed. (New York: Basic Books, 2006), p. 87.　萩原能久監訳『正しい戦争と不正な戦争』（風行社、二〇〇八年）一九四頁。

(113)　Varouxakis, G., "The International Political Thought of John Stuart Mill," p. 124. Varouxakis, Georgios and Paul Kelly, "John Stuart Mill's thought and legacy: A timely reappraisal," Georgios Varouxakis and Paul Kelly ed., *John Stuart Mill—Thought and Influence: The Saint of Rationalism* (London: Routledge, 2010), p. 9.

(114)　Walzer, M., "Mill's 'A Few Words on Non-Intervention': A Commentary," p. 356.

(115)　Mill, J. S., *Considerations on Representative Government* (1861), *CW*, XIX, p. 547.　水田洋訳『代議制統治論』（岩波書店、一九九七年）三七六頁。

(116)　Miller, David, *On Nationality* (Oxford: Clarendon Press; New York: Oxford University Press, 1995), p. 98.　富沢克ほか訳『ナショナリティについて』（風行社、二〇〇七年）一七〇頁。

(117)　Varouxakis, G., *Mill on Nationality*, pp. 22–23.

(118)　Mill, J. S., "Poland (*Penny Newsman*, 15 March, 1863)," *CW*, XXV, p. 1203.

(119)　Varouxakis, G., *Mill on Nationality*, p. 23.

(120)　Mill, J. S., "Lettre à Pasquale Villari (le 28 mars 1859)," *CW*, XV, pp. 610–611.　矢島杜夫『ミルの『自由論』とロマン主義：J・S・ミルとその周辺』（御茶の水書房、二〇〇六年）二三八頁。

(121)　Varouxakis, G., *Mill on Nationality*, pp. 23–24.

(122)　Mill, J. S., "De Tocqueville on Democracy in America [I] (1835)," *CW*, XVIII, p. 87.　山下重一訳「トクヴィル氏のアメリカ

民主主義論Ⅰ」杉原四郎・山下重一編『J・S・ミル初期著作集3』（御茶の水書房、一九八〇年）一七〇頁。Varouxakis, G., *Mill on Nationality*, pp. 24, 112.

(123) *Ibid.*, p. 24.

(124) Mill, J. S., "Lettre à François Barthélemy Arlès-Du Four (October 29, 1870)," *CW*, XVII, p. 1769. Varouxakis, G., *Mill on Nationality*, pp. 24, 116, 148, n. 10.

(125) *Ibid.*, pp. 24, 123.

(126) *Ibid.*, p. 92.

(127) Mill, J. S., "Vindication of the French Revolution of February 1848 (1849)," *CW*, XX, p. 347.

(128) Ibid., pp. 347–348.

(129) Ibid., p. 348.

(130) Brown, Chris, *International Relations Theory: New Normative Approaches* (New York: Harvester Wheatsheaf, 1992), pp. 73–75.

(131) Shapcott, Richard, *International Ethics: A Critical Introduction* (Cambridge: Polity, 2010), pp. 34–39. 松井康浩・白川俊介・千知岩正継訳『国際倫理学』（岩波書店、二〇一二年）三九―四五頁。

あとがき

『ジョン＝スチュアート＝ミル著作集』は一九六三年に刊行がはじまり、一九九一年に全三三巻をもって完結した。その翌年には『院内外の道徳家：一八六五年から一八六八年までのウェストミンスタにおけるジョン＝スチュアート＝ミル』Kinzer, Bruce L., Ann P. Robson and John M. Robson, *A Moralist In and Out of Parliament : John Stuart Mill at Westminster, 1865–1868* (Toronto ; Buffalo : University of Toronto Press, 1992) が出版された。これはミルの「公開演説と国会演説」を収録した『ジョン＝スチュアート＝ミル著作集』第二八・二九巻に依拠して、主として「選挙法改正・アイルランド・ジャマイカ・女性選挙権」にかんするミルの国会議員時代の言動を分析したものである。本書はこの文献に触発されて、それがかならずしも十分にあつかってはいない問題をもとりあげ、議員時代以外の言動をも網羅的に把握しようとしている。歴史の学習には、村岡健次・木畑洋一編『イギリス史：近現代』(山川出版社、一九九一年）をはじめとする『世界歴史大系』や松村赳・富田虎男編『英米史辞典』(研究社、二〇〇〇年）などのすぐれた和書が大変役だった。イギリスとフランスの法律集は、国立国会図書館の議会官庁資料室で所蔵するものを使用した。

二〇〇六年はミル生誕二〇〇周年にあたる。これを記念して出版された『J・S・ミルの政治思想：二〇〇周年の再検討』Nadia Urbinati and Alex Zakaras ed., *J. S. Mill's Political Thought : A Bicentennial Reassessment* (Cambridge [U. K.] : Cambridge University Press, 2007) の序論によれば、自由と自由主義にかんするミルの著作が二次文献において

非常に注目されてきたのにたいして、ミルの民主主義の理論と実践は相対的に軽視されてきた。本書はこうした研究状況を背景として、ミルの思想を現代の民主主義理論へ架橋することをこころみている。ロンドンでミル生誕二〇〇周年を記念する研究集会が開催されたときの基調講演をもとにして刊行された『ジョン＝スチュアート＝ミル――思想と影響：合理主義の聖人』Georgios Varouxakis and Paul Kelly ed., *John Stuart Mill—Thought and Influence: The Saint of Rationalism* (London: Routledge, 2010) の第一章「ジョン＝スチュアート＝ミルの思想と遺産：時宜をえた再評価」によれば、二〇世紀後半のミル研究はかれの哲学・経済思想・政治理論の国内的な面に焦点をあてていた。政治理論にかんするかぎり『自由論』と『代議政治論』がもっともよく分析される著作であった。しかし、すくなくとも一九九〇年代末以来、国際関係・ナショナリティ・帝国にかんするミルの思想が非常に注目されるようになった。こうした傾向は「国際政治思想」への関心の増大と関係している。本書もこうした研究動向と軌を一にしている。ミルの思想は今後も、民主主義理論と国際政治思想をふくむさまざまな分野でかえりみられるであろう。その時代を超越した普遍的な価値を追究しつづけていきたい。

各章の原論文は、序章をのぞいてすでに公刊されている。初出は左記のとおりである。

第Ⅰ部第一章　「J・S・ミルの労働者教育論」『中央大学社会科学研究所年報』第二号（一九九八年）

同　第二章　「J・S・ミルにおける労働者の選挙権と代表」『法学新報』第一〇一巻第五・六号（一九九五年）

同　第三章　「J・S・ミル女性選挙権論の形成」『法学新報』第一一三巻第一一・一二号（二〇〇七年）

「庶民院議員J・S・ミルの女性選挙権論」『法学新報』第一一二巻第七・八号（二〇〇六年）

「一九世紀イギリスにおける市民社会論――晩期J・S・ミルの女性選挙権論を中心として――」

『武蔵野大学政治経済研究所年報』第二号（二〇一〇年）
第Ⅱ部第四章「J・S・ミルの体制変革思想――選挙浄化をとおして――」池庄司敬信編『体制擁護と変革の思想』第四章（中央大学出版部、二〇〇一年）
同　第五章「J・S・ミルの地方政治論」『法学新報』第一〇七巻第三・四号（二〇〇〇年）
同　第六章「デモクラシーとリベラリズム――J・S・ミルのイギリス国教会改革論を中心として――」星野智編『公共空間とデモクラシー』第三章（中央大学出版部、二〇〇四年）
第Ⅲ部第七章「J・S・ミルのアイルランド国教会廃止論」『中央大学社会科学研究所年報』第六号（二〇〇二年）
同　第八章「J・S・ミルのアイルランド政治論――フィーニアンへの対応を中心として――」中央大学社会科学研究所『革命思想の系譜学：宗教・政治・モラリティ』第六章（中央大学出版部、一九九六年）
同　第九章「J・S・ミルの介入／不介入論――アメリカ南北戦争を事例として――」『法学新報』第一一五巻第九・一〇号（二〇〇九年）

本書はこれらをまとめて中央大学に提出した博士論文を原型としている。星野智先生からは学位の申請より本書の公刊にいたるまで、懇篤なご高配をたまわった。廣岡守穂先生と中島康予先生は論文審査をしてくださった。中央大学出版部の小島啓二氏には、きびしい出版事情のなかで企画の段階からご尽力をいただいた。

佐竹寛先生と池庄司敬信先生は大学院で指導教授をつとめてくださった。山下重一先生はミル研究をご指導くださった。田中浩先生はイギリス政治思想史をご教授くださった。泉谷周三郎先生は各章の原論文を批評してくださった。

中央大学では武山眞行先生と滝田賢治先生と星野先生を、東海大学では望月昌吾先生を、武蔵野大学・同大学院では中村孝文先生を、それぞれはじめとするおおくのかたがたのお世話になりながら、講義・演習を担当させていただいてきた。謝意を表するとともに、お名前をあげることのできなかったかたがたにおわびもうしあげたい。最後に妻の奈津子に感謝したい。

グローバル化にともなって「公益」よりも自己とその属する組織・集団の「私益」を優先させる雰囲気がつよまるなかで、おおくのひとがいきづらさを感じているようにおもう。すべてのひとが「個性」と「公共精神」を発揮して「幸福」にいきること——私生活を自分で、社会・政治のありかたを自分たちで、それぞれ決定していくことにともなうよろこびをあじわうこと——をめざすミルの思想が、そうしたいきづらさを解消する手がかりとなることを念願して、本書を世におくる次第である。

二〇一三年四月

著　者

人名索引

生没年については『ジョン＝スチュアート＝ミル著作集』第33巻のほか，各国の人名辞典を参照した。

アーガイル → キャンベル
アダムズ（1807-1886年） 279
アッティラ（406頃-453年） 275
アップルガース（1834-1924年） 33
アップルトン（1804-1891年） 280
アリストテレス（前384-322年） 103
アレン（1848-1867年） 253
アンソニ（1820-1906年） 111
アンソン（1835-1877年） 245-246
アンダソン（1836-1917年） 104-105, 115
アンバリ → ラッセル，ジョン（アンバリ子爵）
イソップ（前600年頃） 266
イーデン（1825-1898年） 67, 225
ヴァンス（-1875年） 255
ヴィクトリア（1819-1901年） 91, 95, 145, 240, 244-245, 254, 278
ヴィラリ（1826-1917年） 288
ウィリアム４世（1765-1837年） 216
ウィルコックス（1842-1898年） 123
ウォード（1797-1860年） 219
ウォリン 253-255
ウォルシュ（1798-1881年） 219-220
ウッド 111, 115
ウラ（1786頃-1853年） 16
エア（1815-1901年） 150
エスキロス（1812-1876年） 156
エマソン（1803-1882年） 285
エメット（1778-1803年） 246
エラストス（1524-1583年） 203
エリザベス１世（1533-1603年） 95
オウエン（1771-1858年） 71
オウドナヒュー（1833-1889年） 245
オコンネル（1775-1847年） 217-218
オースティン（1790-1859年） 50-51, 176-177
オッジャ（1813-1877年） 33, 67, 69
オブライアン（-1867年） 253
オールトラップ → スペンサ
カニンガム（1815-1884年） 155
カーペンタ（1807-1877年） 108-109, 119
カーライル（1795-1881年） 192, 194
ガリバルディ（1807-1882年） 243

カルノウ（1801-1888年）　48
キケロ（前106-43年）　143
ギズバン（1794-1852年）　194
キーブル（1792-1866年）　203
キャニング（1770-1827年）　214-215
ギャレット　→　アンダソン
キャンベル（1823-1900年）　279, 281
ギルピン（1815-1874年）　67, 225, 242
キングズリ（1819-1875年）　119
グラッドストン（1809-1898年）　27-28, 58-60, 99, 118, 142, 145, 154, 156, 225-229, 248-249, 278, 282
グリーヴズ（1803-1879年）　226
クリスティ（1816-1874年）　145-148, 150
グリフィス（1805年-）　97
クリーマ（1828-1908年）　69, 226, 286
クリントン，ヘンリ　93
クリントン，ヘンリ＝ペラム＝ファインズ＝ペラム（1785-1851年）　142
グレイ，ジョン（1816-1875年）　245
グレイ，チャールズ（1764-1845年）　172, 192, 215-217
クレメンス５世（1264頃-1314年）　204
グロウヴナ（1834-1918年）　57, 67-69, 154-156, 224-227
クローフォード，エドワード＝ヘンリ＝ジョン（1816-1887年）　149
クローフォード，サミュエル＝ジョンソン（1835-1913年）　107
ケアンズ（1823-1875年）　107, 228, 264,274-275, 277
ケイシ　248
ゲイソーン＝ハーディ（1814-1906年）　244
ケリ（1833-1908年）　253
コウルリッジ（1772-1834年）　192, 194
コステロウ（-1909年）　253-255
ゴールウェイ　→　モンクトン＝アランデル
コンスタン（1767-1830年）　179
コント（1798-1857年）　17
サマヴィル（1780-1872年）　110
サムナ（1811-1874年）　284
サン＝シモン（1760-1825年）　17
サンプソン（-1876年）　282
ジェイムズ２世（1633-1701年）　198
シーニア（1790-1864年）　174, 218-219
シューマン（1819-1896年）　30
スターリング（1806-1844年）　194
スタントン，エリザベス＝ケイディ（1815-1902年）　111
スタントン，ヘンリ＝ブルースタ（1805-1887年）　111
スタンリ（1799-1869年）　29, 63, 65, 145, 178, 193, 216-217, 226, 239-242
ストウン（1818-1893年）　112
スネル　70
スプリング＝ライス（1790-1866年）

18
スペンサ（1782-1845年）　192
スペンス（1816年-）　279
スポファス（1825-1907年）　155
スミス，ウィリアム＝ヘンリ（1825-1891年）　57, 69, 154, 156, 228
スミス，ゴウルドウィン（1823-1910年）　283
ソクラテス（前469-399年）　2
ダービ　→　スタンリ
チェイス（1808-1873年）　107
チャドウィック（1800-1890年）　29-30, 33, 110, 144-146, 173-174
チャプマン（1821-1894年）　98
チンギス＝ハン（1162-1227年）　275
デイヴィス，エミリ（1830-1921年）　98
デイヴィス，ジェファーソン（1808-1889年）　278
デイヴィス，パライナ＝ケロッグ＝ライト（1813-1876年）　115-116
ディケンズ（1812-1870年）　31
デイシ（1838頃-1880年）　253
ディズレイリ（1804-1881年）　29, 65, 98, 141, 147-149, 152, 224, 226, 245
テイラ，クレメンティア（1810-1908年）　98, 112, 115
テイラ，ハリエット　→　ミル，ハリエット＝テイラ
テイラ，ヘレン（1831-1907年）　30, 64, 98, 108-109, 111
テイラ，ヘンリ（1800-1886年）　20-21
ディルク（1843-1911年）　118
デシュタール（1804-1886年）　17, 35, 107
デューイ（1859-1952年）　73
デュポン＝ウィット（1807-1878年）　179-180
テンプル（1784-1865年）　27, 144, 268-269
デンマン（1819-1896年）　150
トウン（1763-1798年）　246
トクヴィル（1805-1859年）　62, 103, 167-168, 176, 179, 289
トッド　145
トレイン（1829-1904年）　253-255
ナイティンゲイル（1820-1910年）　108-109
ナポレオン1世（1769-1821年）　169-171
ナポレオン3世（1808-1873年）　49-50
ナルヴァエス（1800-1868年）　244
ニューカースル　→　クリントン，ヘンリ＝ペラム＝ファインズ＝ペラム
ニューマン（1801-1890年）　203-204
ノガレ（1260-1313年頃）　204
ハウ（1819-1910年）　112
ハウエル（1833-1910年）　68
ハウリ（1766-1848年）　197-198
パーカ（1810-1860年）　285
バーク，エドマンド（1729-1797年）　51, 73, 143
バーク，トマス＝フランシス

（1840-1889年）　239-245
バーク，リチャード＝オサリヴァン（1838-1922年）　248
バーク，リチャード＝サウスウェル（1822-1872年）　254
バクストン（1822-1871年）　54, 56
バジョット（1826-1877年）　53
バーデット（1770-1844年）　215
バトラ（1828-1906年）　124
ハーバーマス（1929年-）　73
パーマストン　→　テンプル
バレット（1841-1868年）　248
バロ（1791-1873年）　179
バンクロフト（1800-1891年）　285
ピット（1759-1806年）　213
ピュージ（1800-1882年）　203
ヒューム（1777-1855年）　214-215
フィッツジェラルド（1763-1798年）　246
フィリップ４世（1268-1314年）　204
フィリップス（1811-1884年）　112
ブーヴァリ（1818-1889年）　149-150
フォースタ（1818-1886年）　31, 280
フォーセット，ヘンリ（1833-1884年）　115, 141, 145, 152-156, 276
フォーセット，ミリセント（1847-1929年）　115
フォックス（1786-1864年）　17-18, 91, 192-193
フライ（1780-1845年）　89
ブライト，ジェイコブ（1821-1899年）　118, 124
ブライト，ジョン（1811-1889年）　28, 106, 245, 280
ブラウン　17
ブラックバーン（1813-1896年）　150
ブラドロー（1833-1891年）　68-69, 110, 112, 156, 225
ブラームス（1833-1897年）　30
フーリエ（1772-1837年）　71
ブリッジズ（1832-1906年）　246-247
ブルックス（1819-1857年）　284
ブルム，ウィリアム（1795-1886年）　174
ブルム，ヘンリ（1778-1868年）　18-19, 173, 175, 194-195, 197, 215
ブレット（1815-1899年）　152-153
ヘア（1806-1891年）　52-56, 65, 67, 93, 95
ベイリ（1791-1870年）　86, 95
ベッカ（1827-1890年）　124
ペリエ（1777-1832年）　170
ベリズフォード＝ホウプ（1820-1887年）　29
ヘルプス（1813-1875年）　22
ベンサム（1748-1832年）　1-2, 5, 15, 17, 21, 25, 46, 95, 168, 173-174, 198, 280
ヘンリ　→　イーデン
ホエイトリ（1787-1863年）　191
ホースマン（1807-1876年）　59
ボディション（1827-1891年）　98
ボナパルト　→　ナポレオン１世

ボニファティウス８世（1235頃-1303年）　204
ポールフリ（1796-1881年）　280
ホワイトサイド（1804-1876年）　98
マカファティ（1838年-）　241
マキァヴェッリ（1469-1527年）　123
マクルア　241
マッケイ（1812-1889年）　281
マルサス（1766-1834年）　16
ミッチェル（1831-1873年）　147-148
ミル，ジェイムズ（1773-1836年）　1, 5, 15, 17, 85, 167, 198, 214
ミル，ハリエット＝テイラ（1807-1858年）　21, 30, 85-87, 91, 107, 116
ミルナ＝ギブソン（1806-1884年）　279, 281
ムラヴィヨフ（1796-1866年）　244
メイ（1845-1923年）　30
メイオウ　→　バーク，リチャード＝サウスウェル
メッテルニヒ（1773-1859年）　88
メルボーン　→　ラム
モウルズワース（1810-1855年）　20, 175, 222
モット（1793-1880年）　111
モトリ（1814-1877年）　277
モリス（1805-1872年）　119
モンクトン＝アランデル（1805-1876年）　106
モンテスキュー（1689-1755年）　143
ラヴェット（1800-1877年）　91
ラーキン（1835頃-1867年）　253
ラッセル，キャサリン＝ルイーザ（1842-1874年）　97
ラッセル，ジョン（アンバリ子爵，1842-1876年）　95, 97, 151
ラッセル，ジョン（ラッセル伯爵，1792-1878年）　28-29, 58, 63, 92, 95, 278, 281, 283
ラッセル，リチャード　64
ラム（1779-1848年）　219
リー（1807-1870年）　283
リドル　97
リトルトン（1817-1876年）　31
リンカン（1809-1865年）　277-279, 283, 285
ルイ＝ナポレオン　→　ナポレオン３世
レアド（1817-1894年）　276
レイ（1835-1905年）　110
レイング（1812-1897年）　106
ロウ（1811-1892年）　28, 59-60, 63, 252
ロウエル（1819-1891年）　285
ロウズ（1816-1883年）　148, 150
ロウバック（1802-1879年）　19-20, 174-175
ロリマ（1818-1890年）　53, 93, 95
ローリング（1794-1868年）　282
ロールズ（1921-2002年）　73

著者略歴

下《しも》条《じょう》慎《しん》一《いち》

1967年　出　生

1997年　中央大学大学院法学研究科博士後期課程退学

現　在　中央大学・東海大学・武蔵野大学兼任講師，博士（政治学）

J．S．ミルの市民論

2013年 8月 31日　初版第1刷発行

著　者　下　條　慎　一

発行者　遠　山　　曉

発行所　中央大学出版部

東京都八王子市東中野742－1

郵便番号 192－0393

電話 042(674)2351　FAX 042(674)2354

http://www2.chuo-u.ac.jp/up/

印刷・製本　㈱千秋社

ISBN 978-4-8057-1150-7